심재 한태동 전집 1

성서로 본 신학

심재 한태동 전집 1

성서로 본 신학

2003년 3월 15일 초판 1쇄 인쇄
2025년 5월 21일 개정판 1쇄 발행

지은이   한태동
엮은이   연세대학교 한국기독교문화연구소
펴낸이   김영호
펴낸곳   도서출판 동연
등 록   1-1383호(1992. 6. 12)
주 소   서울시 마포구 월드컵로 163-3
전화/팩스   02-335-2630 / 02-335-2640
이메일   yh4321@gmail.com
인스타그램   instagram.com/dongyeon_press

ISBN 978-89-6447-801-1 04100
ISBN 978-89-6447-800-4 04100(심재 한태동 전집)

성서로 본 신학

한태동 지음 | **연세대학교 한국기독교문화연구소** 엮음

동연

개정판을 펴내며

　연세대학교 신과대학 110주년이 되는 2025년에『심재 한태동 전집』의 개정판을 발간하게 된 것을 매우 기쁘게 생각합니다.『심재 한태동 전집』은 신과대학의 역사이며 산 증인이신 한태동 교수님의 사상과 가르침을 모아 후학들이 출판한 큰 의미가 있는 저술입니다.

　한태동 교수님은 1924년 1월 8일 중국 상해에서 태어나 중국에서 의학을 공부하시고, 1947년 한국으로 귀국하셨습니다. 그러나 의사의 길을 택하지 않고 미국으로 유학을 떠나 미국 프린스턴신학대학원(Princeton Theological Seminary)에서 1953년 신학석사를 그리고 1956년에 한국인 최초로 신학박사 학위를 취득하셨습니다. "역사 방법론: 랑케와 토인비의 방법론 연구"(Methodology of History: A Study of Method from Ranke and Toynbee)라는 논문으로 박사학위를 마친 한태동 교수님은 1957년 연세대학교 신과대학 부교수로 임용되어 교회사를 가르치셨으며, 이후 32년 동안 연세대학교에 재직하며 많은 후학을 양성하는데 큰 기여를 하셨습니다.

　이번에 개정된『심재 한태동 전집』은 연세대 출판부에게 출간되었던 6권 중 먼저 3권을 출판하게 되었습니다.『심재 한태동 전집』은 그동안 교수님이 연세대학교에서 가르친 내용과 논문들을 후학들이 모아서 출판한 서적입니다. 한태동 교수님은 자신의 이름으로 서적을 남기려고 하지는 않으셨지만, 후학들은 교수님의 사상과 가르침을 정성껏 모아서 전집으로 엮어 놓았습니다. 이번에 출간되는『심재 한태동 전집』은 제1권『성서로 본 신학』, 제2권『기독교 문화사』, 제3권『사유의 흐름』으로 구성되어 있으며, 교수님이 평생을 걸쳐 연구하셨던 사유의 근본과 동서양의 철학을 설명한 교수님의 강의와 논문으로 구성되어 있습니다. 초판 머리말을 쓰신 손보기 교수님이 평하신 것처럼,『심재 한태동 전집』은 그리스 사상과 기독교 신학 그리고 서양 철학을 두루 연구하고 동양 철학과 역사학을 분석 정리하였으며, 더 나아가 수학과 천문학 그리고 물리학까지 자연과학의 주요 학문을 포괄하였습니다. 한태동 교수님은 서양 사상에 경도되어 있는 기독교 신학의 한계를 지적하고, 동서양의 융합적 연구를 통해 인간 사유의 근본과 구조를 제시함으로써, 신학의 새로운 가능성을 제안하셨습니다. 2003년에 초판으로 발행된『심재 한태동 전집』을 연세대학교 신과대학 부설 한국기독교문화연구소(이하 기문연)에서 올해 다시 개정판으로 출판하게 된 것을 대단히 기쁘게 생각합니다.

기문연은 1965년에 설립되어 세계의 기독교 신학에 공헌할 수 있는 자생적인 한국의 신학을 발전시키고 지역과 교파를 뛰어넘어 하나가 되는 교회라는 에큐메니칼 정신을 체현하고자 하는 목표로 설립되었습니다. 기문연은 2023년부터 연구소 장기 프로젝트로 "연세신학 아카이브 프로젝트"를 진행하여, 연세신학의 진리와 정신을 보존하며 새로운 미래를 제안하고 있습니다.『심재 한태동 전집』은 연세신학 아카이브 프로젝트의 일환으로 동양과 서양을 연결하고, 지역과 교파를 통합해 온 연세신학의 정신을 계승하는 주요 성과로 볼 수 있습니다. 특별히 신과대학 110주년을 맞이하는 2025년에 이 프로젝트를 위해 밤낮을 가리지 않고 수고해 주신 전임 기문연 소장 손호현 교수님께 진심으로 감사드립니다. 지금 현재 기문연 연구소장을 맡아 연세신학 아카이브를 진행하고 있는 김정형 소장님께도 감사드립니다. 또한 개정판을 위해 교정과 출판을 담당해서 헌신적으로 수고해주신 도서출판 동연 김영호 대표님께도 진심으로 감사를 드립니다.

『심재 한태동 전집』을 통해 연세신학이 지금까지 걸어온 발자취를 확인하고 교수님의 신학적 전망을 통해 연세신학 200년을 계획할 수 있는 학문적 담론의 장이 펼쳐지기를 기대합니다. 감사합니다.

2025년 2월
연세대학교 신과대학 학장 김현숙

　　심재 한태동님은 깨우침을 쉬이 일깨워 주는 스승이다. 많은 학인들에게 쉽고도 알기 쉽게 사유와 논리를 알게 하고 동서양의 철학을 쉬이 터득케 하는 학인들의 사표이시다. 이러하신 심재님은 중국 상해에서 진교 어른의 아드님으로 태어나셨다.

　　원래 진교 어른은 1887년에 태어나신 후 1914년 중국 상해에 광복을 주선하는 해송양행을 세우시고 황성린, 선우혁님과 더불어 상해에 독립지사의 자제를 훈육하는 인성학교를 세우시고, 1919년에는 민국의 임시정부를 세우는데 참여하여 임시의정원 위원까지 되셨다. 이어서 조동호님 등과 신한청년당을 결성하여 청년운동을 주도하여 마침내 1977년 건국포장을, 1990년에는 애국장을 받으신 겨레의 선각자이셨다.

　　이러한 선친의 정훈 아래 심재님은 여운형님들의 보살핌까지 받아 지·덕·체의 함양은 물론 국권회복에 대한 안목과 포부도 길렀다. 그리고 한편 김두봉, 김구 선생의 사랑과 가르침은 물론 주시경, 신채호, 김규식 선생들의 훈도에도 크게 영향받은 바도 적지 않았다.

　　이렇듯 남다른 정훈과 훈도를 받으신 심재님은 일제 식민지 굴레를 탈피한 올곧고 강건한 학인으로 우뚝 서셨다. 그리하여 심재님은 사유의 근본과 동서양의 기초 소양과 철학의 기본 과정을 두루 갖추면서 양의 동서를 망라한 고전을 모조리 섭렵하면서 그리스 사상, 기독교의 신학, 아우구스티누스, 보카치오, 갈릴레이, 비베스와 발라, 루터, 칸트와 헤겔, 만하임과 마르크스, 부르크하르트 역사학, 베이컨과 불 등 빠짐이 없으리 두루 연구하였다.

그러나 서양 학문에만 치우치지 않고 동양의 역사학에서 공자의 논어, 묵자의 의협, 한비자의 법, 석가의 금강과 심경 그리고 퇴·율의 도학까지 정리하여 우리로 하여금 교양과 문화인으로서의 긍지를 음미케 하셨다.

사유와 학문에 대해서도 토인비의 사학방법론, 유대 철학, 콰인의 수리논리학, 중용소석, 미래학의 가치관, 역위의 역사철학, 도교의 자연관, 의상과 원효의 사상, 의상의 법계도와 원효의 판비량론, 이데올로기와 유토피아, 묵자의 변증론들을 두루두루 다루고 있다. 이에 덧붙여 심재는 거칠 것이 없는 풀이로 사고와 사유를 달리하면서 모택동, 유소기, 김일성 등을 다루고 있다. 이어서 한국의 종교 전통, 한국 종교의 상징성, 한국 종교의 현대성 등을 다루고 있다.

나아가서 구석기 문화의 이해 그리고 모계사회를 갑골문의 발달과 사회구조와 시대관계의 연관에서 인식하고 풀이하는 시각과 인식은 뛰어난 것으로 여겨진다. 훈민정음의 음성구조를 과학적 방법으로 풀어내고 악학궤범의 완성이 현대 서양음악 이론보다 선행한 업적이었음을 밝혀낸 철학자요, 자연과학자로서 뛰어난 관찰, 실험 그리고 증명한 것은 길이 남을 업적이라 하겠다.

심재의 아버지가 길이 빛나고 질년을 넘기면서 하느님의 축복이 깃들기를 바라마지 않는다.

2003년 2월
연세대학교 박물관 연구실에서 파른 손보기

차례

일러두기

이 책은 2002년 7월 4일부터 9월 26일까지 연세대학교 위당관 채플에서
있었던 한태동 교수 특별초청강단의 내용을 녹취하여 그대로 옮긴 것입
니다.

제1강

십계명과 주기도

십계명

하나님이 이 모든 말씀으로 일러 가라사대 나는 너를 애굽 땅, 종 되었던 집에서 인도하여 낸 너의 하나님 여호와로라.

너는 나 외에는 다른 신들을 네게 있게 말지니라.

너를 위하여 새긴 우상을 만들지 말고 또 위로 하늘에 있는 것이나 아래로 땅에 있는 것이나 땅 아래 물속에 있는 것의 아무 형상이든지 만들지 말며, 그것들에게 절하지 말며 그것들을 섬기지 말라. …

너는 너의 하나님 여호와의 이름을 망령되이 일컫지 말라. 나 여호와는 나의 이름을 망령되이 일컫는 자를 죄없다 아니하리라.

안식일을 기억하여 거룩히 지키라. 엿새 동안은 힘써 네 모든 일을 행할 것이나 제 칠 일은 너의 하나님 여호와의 안식일인즉 너나 네 아들이나 네 딸이나 네 남종이나 네 여종이나 네 육축이나 네 문 안에 유하는 객이라도 아무 일도 하지 말라. …

네 부모를 공경하라. 그리하면 너의 하나님 나 여호와가 네게 준 땅에서 네 생명이 길리라.

살인하지 말지니라.

간음하지 말지니라.

도적질하지 말지니라.

네 이웃에 대하여 거짓 증거하지 말지니라.

네 이웃의 집을 탐내지 말지니라. 네 이웃의 아내나 그의 남종이나 그의

여종이나 그의 소나 그의 나귀나 무릇 네 이웃의 소유를 탐내지 말지니라

(출애굽기 20:1-17).

하늘에 계신 우리 아버지여,

이름이 거룩히 여김을 받으시오며,

나라가 임하옵시며

뜻이 하늘에서 이룬 것 같이 땅에서도 이루어지이다.

오늘날 우리에게 일용할 양식을 주옵시고,

우리가 우리에게 죄지은 자를 사하여 준 것 같이

우리 죄를 사하여 주옵시고,

우리를 시험에 들게 하지 마옵시고,

다만 악에서 구하옵소서.

나라와 권세와 영광이 아버지께 영원히 있사옵나이다.

아멘(마태복음 6:9-13).

제자들에게 박수를 받는다면 제가 성적을 잘못 주었다는 말인데, (청중 웃음) 이다음에도 박수를 치면 낙제되었던 학생으로 생각하면 괜찮겠어요. (청중 웃음) 그리고 너무 신경 쓰시지 말고, 우리가 오늘 모인 것은 하늘이 우리보고 이렇게 모이라고 했는데, 다 가능하게 됐으니까 참 감사합니다. 그다음에 우리가 이런 일을 하는 데에 있어서 너무 또 무엇을 찾아보려고 하지 마세요. 찾아보려고 하면 안 됩니다. 찾아보려고 하면 세상에 자기 얼굴밖에 안 보여요. 그러니까 마음 턱 놓으

시고, '내게 어떠한 것이 오느냐?' 그것을 기다려서 자연스럽게 들어주세요. 제가 사실은 이것도 다 하늘이 저보고 하라고 해서 하는 겁니다. 뭐 제가 잘나서 하는 것은 아닙니다. 그건 꼭 기억해 주세요. 그리고 그동안에 이렇게 한번 모여서 했으면 좋겠다 하는 이야기가 있어서 이번에 이루어진 것이니 그렇게 이해해 주세요.

열두 주일을 설교한다는 것은 다른 것이 아닙니다. 일 년이 열두 달 아닙니까? 예수에게 열두 제자가 있다고 해서 갑자기 열둘이 아닙니다. 여러분에게 일 년 설교할 때 전체를 하나의 단위로 만들어 보려고 열두 시간을 가지려고 합니다. 그러면 한 시간에 무엇을 해야 하느냐 하면 설교 네 가지가 포함되어야 합니다. 왜냐하면 한 달에 평균 네 주일이 있기 때문입니다. 그래서 이런 의미에서 열두 주일 동안 시간을 가지고, 우리가 한 주일에 설교 넷을 가질 것입니다. 설교 넷을 하려면 예배 시간이 몇 시간 걸립니까? 꽤 많이 걸리거든요. 그래서 여기서는 틀을 만들어 드리고, 가능하면 사례 같은 것도 다 보실 수 있도록 조금 제시하고자 하지만, 우리가 너무 세부적인 것은 다 다루지 않을 것입니다. 이것이 한 번에 약 한 시간 반이 걸릴 것입니다. 그리고 여러분이 끝난 다음에나 혹시 그사이에 문제가 있으면 설교하는 여러분이 이 설교를 다시 만드는 것으로 생각해 보세요. 그리고 그때 '맞추기가 힘듭니다' 하는 것을 느끼면 자유로이 물으세요. 그때 또 우리가 함께 처리해 봅시다. 오늘은 네 가지를 말씀드리려고 합니다. 이 네 가지가 한 단위입니다.

우리가 설교할 때 제일 실수하는 것이 있습니다. 말은 하나님의 말을 한다고 하고 소리는 내 소리를 합니다. 그러니까 이것이 결국은 약점이 되어서 아무리 강조하지만 잘 안 됩니다. 그런데 누가 설교자에게 그걸 원해요? 누가 자기 소리하는 걸 듣길 원해요? 다 싫어합니다. 모두 하나님 말씀을 해보려고 하는데, 이것이 되질 않아서 그래요. 그렇지 않아요? 솔직히 얘기해 보세요. 누가 강단에 가서 "이게 내 소리다" 하는 사람이 어디 있습니까? 없어요. 하나님의 말씀을 하나님의 말씀대로 이야기해 보려고 하는데 어디에서 탈이 나고 잘못되어서 자기 소리를 하고 내려옵니다. 그래서 그걸 어떻게 수정을 해야 하느냐? 어디서 탈이 났는가? 그런 것을 모두 살펴보아야 합니다.

구교(가톨릭)도 약점이 많지만, 우리 신교에서 큰 약점 하나를 자백해서 이야기하면 하나님의 말씀을 해석할 자유가 내게 있다는 것입니다. 내게 해석할 자유가 있다면 문제가 하나 걸립니다. 이것은 자유가 없다는 말이 아닙니다. 자유가 다 있을 수가 있어요. 그러나 하나님 말씀을 내 입장으로 내게 자유롭게 계시가 된다고 하는데, 조심해야 할 것은 하나님 말씀이 내게 이르러서 내가 이야기할 때 '나'란 것이 존재하게 됩니다. '나'란 것이 말씀을 가져다가 없앨 수가 있다는 것입니다. 그것을 늘 의식하자는 것입니다.

제가 잘못되었다고는 안 합니다. (청중 웃음) 하나님께서 이렇게 만들었는데 뭐 어떻게 합니까. 이다음에 뭐 잘못되면 이렇게 하세요. 당신들 기도할 때 잘못하는 것이 있어요. 무엇이 있냐 하면, "오, 하나님이시여, 이 죄를 사해주옵소서"라고 기도합니다. 그렇게 하지 마세요. 당신들이 해결할 문제가 아닙니다. 똑똑히 보고 생각하세요. 이것에 대해 머리를 침착하게 쓰세요. 그리고 잘못되어도 여러분 너무 나쁘게 생각하지 마세요. 잘못했다고 하는 것도 잘못된 것입니다. 그러니까 하나님의 뜻대로 해본다고 할 때 그것을 솔직하게 넘는 과정이 있어야 하는데, 우리에게 이것이 없을 때는 자꾸 나를 탓하고, 내가 무슨 큰 죄를 지은 것처럼 생각합니다. 기독교인이 그래서 위선을 많이 합니다. 매번 주일날 우리가 기도할 때 어떤 말로 시작해요? 우리가 한 주일에 못 한 일을 말합니다. 누가 당신보고 하라고 했습니까? 하지도 못할 사람이고, 할 힘도 없는 사람이고, 그런 일을 생각지도 못한 것이면서 괜히 와서 온 천하의 죄를 자기가 지려고 하는데, 그런 죄는 하나님이 우리에게 씌우지도 않았고, 씌울 필요도 없어요. 그래서 이런 것을 벗어나는 방법이 필요합니다. 조금 벗어나기 위해서 여러분이 조금 함께 진지하게 하나님 앞에서 성경 말씀을 공부한다고 생각합시다. 저도 여러분에게 솔직하게 이야기하겠습니다. 나도 회개하는 마음으로 이번에 강단에 나온 것이지 뭐 새것을 발견했다고 해서 훈계하러 나온 것이 아닙니다.

우선 우리가 성경을 하나로 묶어서 하나님의 뜻이 무엇인지를 제대로 찾아 놓아야 합니다. 그 틀이 있어야 합니다. 그것이 없으면 안 됩니다. 그것이 없으면 내 뜻을 자꾸 '하나님의 뜻대로'라고 내 입에서 말하고는 내 말을 하고 맙니다. 이것을 어떻게 타파해서 건너갈 수 있느냐?

첫째로 누구의 공상으로 의존해서 하지 말고, 성경에서 이걸 어떻게 처리했나를 생각해 보자는 겁니다.

여러분, 이제 읽으신 십계명(Decalogue)이 어디에 있습니까? 십계명이 어디에서 나왔어요? (청중 대답: 출애굽기입니다) 예, 출애굽기에서 나온 것이 있고, 또 신명기에서 나온 것이 있습니다. 이것은 모든 것을 다 지나고 오경(Pentateuch) 안에서 정리되어서 나온 것입니다. 사실은 다른 나라의 율법 같은 것을 보면 처음에 신(神)이 나옵니다. 하늘의 신, 땅의 신, 인간의 조상의 신, 이런 세 가지 신이 나옵니다. 함무라비 코드(Hammurabi code) 같은 것을 보세요. 이 세 신이 사람에게 법을 주는 것입니다. 그런데 이 법에 또 무엇이 있냐 하면 법이 사람의 지위에 따라서 차별을 두고 있습니다. 그리고 사건에 의해서 또 자세하게 설명이 되어 있습니다. 그러니까 장로가 범죄할 때 평인이 범죄할 때 등등 다 구별되어 나옵니다. 그리고 평인이라는 것도 직업별로 다 구분되어 있습니다. 그래서 그 직업을 가진 사람이 잘못할 때 어떻게 하면 뭐가 잘못되고 그런 것이 다 되어 있습니다. 그런데 우리가 구약성경을 보면, 구약성경에도 이러한 부분이 다 포함되어 있습니다.

여러분이 십계명에 대해서 신약시대의 바울의 말을 들었습니다. 바울이 율법은 너희들에게 죽음을 준다고 해서 많이 부정적인 감을 가져요. 그런데 십계명이 그렇게 된 것이 아닙니다. 그래서 여러분들과 다시 십계명을 그대로 읽으면서 정리하려고 합니다. 십계명은 구약에 있어서 모든 하나님의 가르침을 한번 요약해서 잘 정리한 것입니다. 그래서 이것이 중요한 겁니다.

하나님이 이 모든 말씀으로 일러 가라사대.

이것은 서론입니다. 하나님이 주셨다는 것입니다. 너희를 애굽 땅에서 종에서 인도해서 하나님 여호와의 자제로 만들겠다는 이유에서 이 십계명을 준 것입니다.

너는 나 외에 다른 신들을 내게 있게 하지 말라.

이것은 하나님 외의 다른 것을 만들지 말라는 겁니다. 그다음에

"너를 위해서 우상을 만들지 말라"고 그랬습니다. 그다음에 "그것들에게 뭐 절하지 말고…" 뭐 이런 사소한 것입니다. 결국 하나님 외에 다른 것을 두지 말라는 것입니다.

너는 너의 하나님 여호와의 이름을 망령되이 일컫지 말라.

그러니까 처음의 세 계명은 이렇게 되었습니다. "하나님 외에 다른 것을 두지 말고, 그것을 숭배하지 말고 주님의 이름을 망령되게 부르지 말라." 이렇게 셋입니다.

그다음에 **네 부모를 공경하라. 살인하지 말라. 간음하지 말라.**

이렇게 세 개가 들어 있습니다. 이것도 셋입니다. 처음에 셋이 있어서 한 단위가 되듯이 그다음 부분도 또 셋이 됐습니다. 처음의 셋은 하나님과 나 사이, 인간과 하나님 사이를 어떻게 해야 한다고 설명한 것입니다. 그다음의 셋은 사람과 사람 사이, 즉 네 생명을 준 부모를 공경하라는 것이고, 상대되는 인간과 인간 사이에서 상대를 죽이지 말고 더럽히지 말라는 것입니다. 그런데 여기엔 간략하게 요약되어 있지만, 특히 신명기에는 이런 법률을 아주 자세히 기록했습니다. 레위기에서는 예전에 의해서 어떻게 이걸 실현해야 하는 것을 자세히 기록한 것인데, 여기에서는 요약해서 사람과 사람 사이는 이렇게 세 계명을 두었습니다.

그다음에 **도둑질하지 말라. 네 이웃에 대하여 거짓 증거하지 말라. 남의 물건을 탐하지 말라.**

그러니까 이것은 사람과 물건의 관계에 관한 것입니다.

그래서 사실은 열 계명이지만 하나 빼면 아홉이 되는데, 아홉을 또 셋, 셋, 셋으로 해서 하나님과 사람, 사람과 사람 그리고 사람과 물질(자연)을 다시 전체 셋으로 말했습니다.

넷째 계명은 **안식일을 기억하여 거룩히 지켜라**.

이렇게 간단히 되었는데, 넷째 계명이 또 재미있게 되어 있습니다. 넷째 계명 안에 또 세 부분으로 되어 있어요.

그날 너희가 모든 일에서 쉬며. 이것은 사람과 자연에 대한 이야기를 간추려 놓은 겁니다.

그다음에 **너와 남종과 여종, 자녀들, 온 집안이**⋯ 즉, 사람과 사람이 모여서 무엇을 하라는 것입니다. 두 번째 사람과 사람의 관계와 같습니다. 여기에서 '종'들이 다 포함되어 있다는 점을 잊지 마세요. 이날에는 죄악의 상태에 놓여 있던 버림받은 인간들이 모두 하나님의 자녀로 돌아가는 일을 이루라는 의미가 있습니다.

그리고 그날에 **하나님을 공경하라**. 그러니까 이제 사람과 하나님의 관계에 관한 내용입니다. 그래서 넷째 계명은 나머지 아홉 계명을 셋으로 묶은 것을 다시 하나로 묶어 놓은 겁니다.

그런데 넷째 계명이 오늘날 완전히 오해를 받고 있어요. 일을 안 하면 안식이 되는 줄 압니다. 그래서 유대인들은 심지어 엄지손가락을 끈으로 맵니다. 그날에 일을 안 한다는 것입니다. 식사도 벌써 금요일 저녁에 다 준비합니다. 준비해 놓고 그 위에다가 보자기 씌워 놓습니다. 그런데 이게 여름에는 쉬게 되고, 겨울에는 차가워집니다. 그래서 그 사람들 먹을 때에는 꼭 술을 마셔요. 몸이 더워져야 하니까 그렇게 합니다.

출애굽기 31장에 **안식일을 범하는 사람은 죽여라**. 그랬습니다. 이건 도대체 이해가 되지 않습니다. 왜 그런 일로 "사람을 죽여라!" 왜 이렇게 명령했는지 도무지 이해가 되지 않습니다. 하나님이 좀 이상한 것 같지 않습니까? 여러분 이렇게 생각하세요. 요즘 월드컵 축제(2002년)

아닙니까? 사례를 비교하자면 축제 가지 않았다고 죽이라는 것입니다. 이거 좀 너무 과한 것처럼 들립니다.

넷째 계명이 왜 그렇게 중요한가 하면 다른 것이 아닙니다. 당신 보고 일요일에 일하면 안 된다는 것이 아닙니다. 손가락 움직이지 말라고 하는 것이 아니에요. 십 리 걸으면 안 되고, 오리 걸으면 되고, 뭐 그런 내용이 아닙니다. 이것은 하나님의 모든 뜻, 즉 하나님과 사람, 사람과 사람, 사람과 자연의 관계가 모두 종합된 계명이기 때문에 모든 계명의 핵심 계명입니다. 이것은 단지 쉬라는 것이 아닙니다. 다시 말하자면 하나님께서 이 세상을 아름답게 만드셨을 뿐 아니라 그 아름다운 관계를 가지고 계시다는 것입니다. 그것을 파괴한 사람은 죽이라는 것입니다. 그래서 죽이라는 것이지 안식일 날 손가락 움직였다고 죽이라는 것이 아닙니다. 안식일에 대해서 이 점을 기억해 주세요.

여러분, 이것이 십계명의 내용인데, 이걸 가지고 바울이 얘기하면서 십계명이 죽이는 것이라고 했다는데 사실 죽이는 것이 아닙니다. 바울은 여기에 표현이 '하지 말라'는 부정(Negation)으로 되어 있으니까 "너로 하여금 구속하고 너를 죽이는 것이다." 그렇게 말한 것입니다. 그러면 바울에게 있어서 은혜라는 것은 무엇이냐? 은혜는 긍정적으로 이야기하겠다는 것입니다. 그러면 긍정적으로 이야기한 것이 무엇입니까? 바울이 처음 이야기한 것이 아닙니다. 이것은 신약의 주기도문에서 나온 것입니다.

주기도문은 "하늘에 계신 우리 아버지, 이름이 거룩히 여김을 받으시오며" 이렇게 시작되는데 이것은 번역입니다. 번역이란 틀린 것도 아니고 그렇다고 옳은 것도 아니에요. 그런데 여기에 뭐가 생략되어 있습니까? 이 말씀의 배경이 완전히 생략된 것입니다. 다시 생각해 보세요. 구약 십계명의 처음 세 계명하고 지금 읽은 "이름을 거룩하게 해달라"는 것하고 어떻게 차이가 납니까? 아마 바울도 상당히 고생한 것 같습니다. 그래서 지금 우리도 여기에서 당장 빨리 이해하지 못합니다.

망령되이 부르지 말라고 한 것은 부정적입니다. 그런데 여기에서 **이름을 거룩하게 하**라는 것은 긍정적인 말 아닙니까? "다른 신을 만들지 말라", "우상을 만들지 말라", "이름을 망령되이 부르지 말라." 이렇게 이야기한 것을 신약에 와서 예수께서 "이름을 거룩하게 하옵소서"라고 정리한 것입니다. 그러니까 이것은 십계명의 처음 세 계명이 완전히 생활에 근거해서 나는 어떻게 해야 하겠다고 긍정으로 풀이해서 나온 것입니다. 그저 이름을 거룩하게 해달라 해서, 찬양할 때 입을 크게 벌려서 높이 소리 지르면 그게 거룩하게 되는 것이 아닙니다.

이것은 구약에 있어서나 우리 생활에 있어서 긍정적으로 풀이한 것입니다. 하나님의 이름을 망령되이 부르지 말라는 것을 조심하십시오. 부정의 말이 정말 무엇을 이해하게 하는 것이 아닙니다. 여러분, 보세요. (성경책을 들어 보이면서) 여기 이것이 성경책인데, 성경책 아닌 것이 무엇입니까? 지금 부정(Negation)한 것입니다. 제가 지금 이것을 부정한 것입니다. 그러면 성경책 아닌 것이 무엇입니까? 이것 성경만 빼놓으면 다 해당됩니다. 그러니까 부정적인 말은 힘든 것입니다. 어디로 가는지 모릅니다. 만약 전체가 오직 둘로 될 때는 하나가 아니면 다른 것으로 가니까 쉽지요. 그런데 조심하세요. 성경책 아닌 것은 무엇입니까? 우주 모든 것을 다 포함하고, 그러니까 하나님도 포함되고, 당신도 포함되고…, 누구를, 무엇을 이야기하는 것인지 모릅니다. 그래서 부정적으로 얘기하는 것의 약점이 어디 있는가를 조심하십시오.

주기도

그런데 신약에 와서는 긍정적으로 **이름을 거룩하게 하옵소서.**

여기에서 좋은 것은 거룩하다는 것만 설명되면 이 말이 설명됩니다. 그러나 망령되이 하지 말라는 것은 어디로 가야 할지 모릅니다. 사실 선생들은 제자들에게 부정으로 많이 이야기합니다. "거룩한 것이 무엇이냐?" 그러면 "더러운 것이 아니다." 이렇게 되면 조금 후에 전혀 포착하지 못합니다.

오늘날 우리에게 일용할 양식을 주옵시고.

여러분, 이 말을 어떻게 생각하십니까? 오늘 세계의 문제를 다룬다고 할 때 지금 기아 상태에 있는 것이 수억인데 내가 먹을 오늘 이 양식을 달라는 말입니까? 이것이 주님의 기도인데, 그렇다면 예수의 포부가 너무 작아요. 간디는 어떻게 기도했는지 아십니까? 억만 중생을 무한히 먹게 해달라고 기도했습니다. 그러니까 우리가 잘못 생각하면 기독교가 너무 작아지게 됩니다. 그러면 우리에게 일용할 양식을 달란 것은 무슨 뜻입니까? 아까 우리가 무엇을 이야기했어요? 하나님에 대한 것, 인간에게 대한 것, 자연에 대한 것입니다. 그러니까 이것은 사람하고 자연에 대한 것인데 하나님이 시시각각으로 사람과 물질 사이에 와달라는 겁니다. 다시 말하자면 이 삼자의 관계에 양자만 넣지 말라는 것입니다. 나하고 내 배 사이의 관계만 생각하지 말라는 겁니다. 먹는 것하고 인간하고만 연결하지 말고, 우리에게 하나님께서 항상, 같이 해 달라는 겁니다. 다시 말하자면 우리가 다시 셋으로 돌아가

자는 겁니다. 먹는 문제만 해결하려고 하지 마세요. 여기에는 하나님이 같이 와 주셔서 이 문제에 같이 수고를 해달라는 겁니다. 그래서 이것이 일용할 양식이지 그렇지 않으면 여러분이 아무리 이야기하려고 해도 예수님을 조그맣게, 협소하게 만드는 경향 밖에 가질 수가 없습니다.

우리가 우리에게 죄지은 자를 사해준 것 같이 우리의 죄를 사해주옵소서.

이건 무엇입니까? 지금 사람과 사람 사이를 이야기한 것 아닙니까? 그러니까 아까 십계명에서 말한 "부모를 공경하고, 살인하지 말고 간음하지 말고." 이 셋이 들어 있는데, 여기에는 하나의 조건이 있습니다. 이 이야기의 배경에는 인간의 타락을 전제로 한 것입니다. 그러니까 에덴의 이야기를 전제하고, 우리가 타락되었을 때 이 사람 사이가 소외되었는데, 이걸 피차 용서하면서 가까이하라는 것입니다. 그러니까 또 이것도 조심하십시오. 기독교에서 말하는 용서는 사람 대 사람이 하나님 앞에서 하는 거지, 뭐 누군가 다른 데서 머리 복잡하게 쓰는 것이 아닙니다.

하나님의 나라가 임하게 하옵시고 하나님의 뜻이 하늘에서 이룬 것 같이 땅에서도 이루어 주소서.

이것을 이루어 달라고 기도합니다. 십계명에서 하나님과 사람, 사람과 사람, 사람과 물질, 이 셋을 모두 안식일로 하나로 묶어서 된 것, 그것이 하나님의 뜻인데 신약에 와서는 "뜻이 하늘에서 이룬 것처럼 땅에서도 이루어 달라"는 것이 바로 하나님의 나라가 임하는 것입니다. 이것이 바로 우리 생활에 있어서 가장 중요한 주제가 됩니다. 그런데 하나님의 뜻을 이루는 데에 문제가 하나 있습니다.

우리를 시험에 들게 하지 마옵시고, 다만 악에서 구하옵소서.

이것은 번역이 조금 잘못된 것입니다. 이 하나님의 뜻을 하늘에서 이룬 것처럼 땅에서 이루어야 하는데 그때 와서 시험하는 자가 있다는 겁니다. 시험하는 자의 시험에 들지 않게 해달라고 기도하는 것입니다.

이걸 가져다가 그냥 이 이야기와 이 틀에서 끝나면 절대로 안 됩니다. 설교할 때는 바로 이것을 생활과 그리스도인의 중심, 그리스도 자체의 생활에서 이것이 있느냐, 없느냐 찾아보고 거기에 해당하는 것이 있는가를 살펴야 합니다. 처음에 우리가 십계명을 이야기했는데, 이 십계명을 긍정해서 이야기해 보고, 다 성경의 구체적인 사실로 들어가서 풀이해야 합니다. 그래서 지금까지는 두 번째 주제인 주기도문을 설명했습니다. 이다음에 설교할 때 주기도문을 한 단위로 해서 설교해 보세요.

아담의 시험

하나님의 뜻을 파괴하는 이야기가 있습니다. 그것이 바로 에덴동산의 이야기입니다. 에덴동산에서 뱀이 마귀의 위촉을 받아 하와하고 대화하는 것이 나와요. 그런데 왜 하와가 죄를 범했나? 사람들은 하와가 거짓말을 했다는 거예요. 하나님이 먹지만 말라고 했는데, 하와는 만지지도 말라고 했다는 겁니다. 그래서 거짓말을 해서 그만 실수로 시험에 빠졌다는 것입니다. 그렇습니까? 그런 말은 완전히 신문 4면에 나올 사건이지 성경에 있을 내용이 아닙니다. 이 중대한 일의 의미는 여기 있지 않아요.

여러분, 첫째 그 따먹지 말라고 한 과일의 이름이 무엇입니까? (청

중 대답: 선악과입니다) 그러면 선악과(善惡果)가 무엇입니까? 선과 악을 분별하는 과일이다? 이렇게 생각하면 안 됩니다. 그것은 당장 지금 성경과 동떨어져서 내가 해석한 거 아닙니까? 다시 그러면 선악이 무엇입니까? 다시 돌아가세요.

창세기에서 하나님께서 창조하실 때 빛이 있으라 하니 빛이 있었다 하셨습니다. 그때 빛을 보시고 뭐라고 했습니까? "좋다!", "선하다!" 이렇게 이야기했습니다. 그때 선악과의 선하다는 '선'이란 글자가 히브리말로 '토브'(טוב)입니다. 또 히브리말로 '라'(רע)는 '악'이란 것입니다. 여기에서 선악과의 '악'이라는 것은 바로 악한 마귀가 하나님의 뜻을 시험해서 파괴하는 겁니다. 이 두 사건이 연결된 사건(Event), 그 사건의 포인트가 선악과라는 것입니다. 괜히 뭐 하나님이 선악과를 만들었다? 선악과는 보기 좋게 여기에 하나님이 만들었는데, 마귀가 우리를 시험에서 빠지게 하는 아주 중요한 것이다? 그렇게 말하지 마세요. 그건 완전히 당신 생각입니다. 성경에는 그렇게 된 것이 아닙니다. 선악과는 하나님이 만물을 선하게 하셨는데 악이 와서 정말 악하게 만드는 것을 '판결하는 사건'이라는 것입니다. 거기에 있어서 '판결 사건'을 하나의 물체로 표현한 것이 선악과입니다. 절대로 선악과는 그냥 그저 하나님이 만물을 창조하는데 거기에 추가로 하나 더 주신 것이 아닙니다. 전체 하나님의 뜻이 하늘에서 이룬 것 같이 땅에서 이루어야 하는데, 하나님은 선하게 하셔서 이것을 이루시는데 이걸 악하게 왜곡해서 행하는 것의 사건을 집약해서 설명한 겁니다.

그러면 '생명과'(生命果)는 무엇입니까? 사람들이 욕심이 많아서 그것 먹으면 영생하리라고 생각합니다. (청중 웃음) 그렇지 않습니까? 생명과 먹으면 영생인데 그것을 먹을까 걱정이 되어서 먹지 못하게 내

쫓는다는 말입니까? 그런 것이 아닙니다. 어떻게 보아야 합니까? 하나님이 창조를 해서 거기서 생명이 흐르게 되었는데, 이것이 생명과로 표현된 것입니다. 그래서 그 사건을 비유로 구약에서 늘 '생명수'라고도 합니다. 이 생명이 흘러나와서 계승해 내려가는 겁니다. 그런데 마귀의 악에 빠진 인간에 의해 악이 계속 흐르면 어떻게 되겠습니까? 그래서 생명과는 먹지 말라 그렇게 이야기가 된 것입니다.

여러분, 창조의 틀에서 여기에 선악과 만들고, 저기에 원숭이 만들고, 여기에는 개를 만들었다가, 이것은 먹지 말고, 저것은 먹으면 큰일 나고…, 제발 이렇게 하나님을 좁게 보지 마세요. 창조는 우주의 드라마의 큰 장면입니다. 그걸 압축해서 거기에 표현한 것입니다. 읽으면 장황하고 크고 그런 것입니다. 그런데 이렇게 커다란 사건을 가져다가 우리의 눈이 작아서 이렇게 작게 보는 것일 뿐입니다.

그러면 이러한 사건이 어떻게 풀려야 됩니까? 하나님이 어떻게 하셨습니까? 첫째로 선악과를 먹어서 눈이 밝아져서 남녀가 앞을 무화과 잎으로 가렸다고 합니다. 이것이 말이 됩니까? 다시 그날 밤에 부부가 무화과 잎을 들쳐 놓고 부부생활 할 것 아닙니까? 남녀가 완전히 가렸다면 몰라도 어떻게 말이 됩니까? 이건 너무도 작게 생각해서 그래요. 하나님이 작은 것이 아닙니다. 여기에서 다시 들어가 보세요. 연(緣)에 대한 것이 아닙니까. 그러니까 여기에 대해서 잘못할 때 이 사이를 끊어요. 같이 끊습니다. 여기서는 사람과 사람 사이를 끊어 놓은 것입니다. 그래서 피차의 소외가 거기에서 나온 것입니다.

그다음에 사람과 물질에 대해서는 저주받는 것으로 표현됩니다. **너는 땀을 흘려서 먹게 되고, 네가 흙에서 났으니 흙으로 돌아가리라.** 자연과 사람의 관계를 역시 또 죽음으로 끊어 놓게 됩니다.

그러면 하나님과 사람은 어떻게 됩니까? 하나님과 약속을 어기고 결국 에덴동산에서 쫓겨나지 않습니까? 그러니까 선악과를 먹었으니까 무화과 잎으로 가리고, 쫓겨서 나갔다고 단순히 작게 해석하지 마세요. 하나님의 큰 드라마 안에서 보면 처음에 하나님이 뜻을 하늘에서 이루듯이 땅에서도 이루리라 했는데, 인간이 잘못되니까 악이 발생하므로 이것이 완전히 분리되고 파괴되는 겁니다. 그러니까 자를 때에도 이렇게 세 부분으로 단절됩니다.

예수의 시험

신약에서 예수께서 시험을 당했다고 해요. 40일 동안 기도하고 나서 마귀가 와서 시험했다는 것입니다. 여러분 조심하세요. 늘 마귀를 생각할 때 악하고 잔인하고…, 그런 것만 생각하지만, 마귀라고 할 때 어떤 상대입니까? 마귀는 우리를 쳐다보지도 않아요. 누굴 상대해서 도전하는 놈입니까? 마귀가 어떤 겁니까? 마귀는 하나님과 비슷한 급에 올라가 있는 것입니다. 그래서 여러분, 나중에 마귀가 시험할 때는 인간의 사소한 유혹이 아닙니다. 하나님을 공격해도 정면으로 공격하는 것이 마귀입니다. 이다음에 마귀를 생각할 때 너무 작게 생각하지 마십시오. 그놈은 인간보다는 수만 배 강한 놈입니다. 머리도 비상하고 다 볼 줄 아는 존재입니다. 그래서 이 마귀가 예수가 40일 동안 기도하고 내려왔는데 시험하는 것을 보세요.

첫째 무엇을 시험했어요? 크게 해요. 괜찮아요. 나 이제 성적 안 줘. (청중 웃음) 걱정하지 말고. 뭐 옛날같이 걱정할 게 뭐야. (청중 대답: 돌을 떡으로 만들어 봐라) 여러분이 보통 이렇게 생각해요. "돌로 떡을 만들라는 것은 안 된다!" 이것을 마귀의 시험이라고 생각하지 마세요. 그리스도가 떡으로 떡을 만드신 적도 있는데, 돌로 떡을 만든 것이 뭐가 잘못입니까? 그건 당연히 가능한 것입니다.

이것은 사람과 자연의 관계 아닙니까? 먹는 것하고 사람, 즉 사람과 자연의 관계인데 사람 마음대로 자연을 휘둘러서 만들어 보라는 겁니다. 요새 말로 하면 산업 발전이에요. 사실 산업 발전해서 인간이 바로 되는 법이 없습니다. 그런데 거기에서 뭐가 제거되어 있습니까? 나와 물질의 관계 이외에 누가 빠져 있습니까? **"일용할 양식을 주옵시고"** 에서 이야기했듯이 하나님이라는 요소가 빠져 있습니다. 그러니까 돌로 떡이 되는 것 자체가 문제가 아닙니다.

이제는 목사님들이 되어서 여유가 생겨 성지에 많이 다녔을 텐데, 성지 가보면 당장 눈에 보이는 것이 무엇입니까? 젖과 꿀이 흐르는 땅이 아닙니다. 전부 사막과 돌과 메마른 땅입니다. 그러니까 마귀가 착 내려와서 굶는 사람이 많은데, "너 힘 있는 인간이지?", "기적 행할 수 있는 인간이지?" 하고 먼저 테스트하는 겁니다. 예수를 시험하는 겁니다. 하나님의 뜻을 시험하는 것입니다. 이것은 "네 힘으로 돌로 떡을 만든다면 온 천하가, 로마제국뿐만이 아니라 온 천하가 무릎을 꿇을 것이다" 하고 유혹하는 것입니다. 이거 얼마나 좋은 시험이 됩니까? 예수도 들을 만해요. 그러니까 마귀 시험을 조심하게 생각하세요. 절대 쉽게 생각하지 마세요. 보통 머리가 아닙니다. 또 정수를 찌릅니다. 정수를 내려치면서 유혹하는 것입니다.

그때 예수의 대답을 다시 주목해 주세요. **사람은 떡으로만 사는 것이 아니다.** 즉, 나하고 물체만이 아니고 이 사이에는 반드시 하나님이 들어와야 한다는 것입니다. 잊지 마세요. 하나님과 사람과 자연입니다. 이 셋 가운데 어느 것도 빠지면 안 됩니다. 그러니까 예수께서 **사람은 떡으로만 사는 것이 아니라 하나님의 말씀으로 산다**고 대답합니다. 이거 보통 생각하기에는 말이 맞지 않는 것 같습니다. 떡 가지고 이야기했는데 왜 갑자기 하나님의 말씀이 나옵니까? 그렇지만 마귀는 분명히 알지요. 그래서 하나님의 뜻을 시험해 보려고 했던 것인데 예수의 대답은 하나님의 말씀으로 산다는 것입니다.

그런데 이건 또 조심하십시오. 사람들은 하나님의 말씀으로만 사느냐? 그런 것을 또 문제 삼는 수가 있습니다. 그러면 이때는 "떡도 필요합니다." 이 점을 반드시 이야기해야 합니다. 목회할 때 이것을 조심하세요. 자꾸 돌로 떡을 만들려고 합니다. 그래서 헌금 기도할 때 뭐 조금 낸 다음에 물질이 적지만 하나님의 복음을 온 천하에 전하는 데 도와달라고 합니다. 그런데 당신들 얼마 헌금했습니까? 만약에 만 원 냈다면 만 원 가지고 어디까지 갑니까? 버스를 타도 대전 가면 많이 갈 것입니다. 그런데 돈 만 원 내고 땅끝까지 복음을? 이건 무엇입니까? 하나님과 물질을 직접 붙여 놓은 것입니다. 그래서 이 물질을 과장하는데, 과장하는 것이 조금 잘못되면 물질의 욕심으로 변해 버립니다. 그래서 욕심이 되어서 교회가 이상한 변체(變體)가 되는데, 이것은 꼭 기억하세요. 사람과 물질 사이도 조심해야 하지만, 뒤집어서 하나님과 물질을 붙여 놓지 마세요. 이것은 아닙니다. 셋이 한결같이 어떤 하나님의 뜻을 이루는가를 늘 조심해서 봐야 합니다.

그다음에 둘째 시험은 뭡니까? (청중 대답: 성전 꼭대기에서 뛰어내리라) 예수께서 뛰어내리면 다리가 부러지겠어요? 난 안 부러진다고 봐요.

하나님의 아들인데 뛰어내려서 부러지면 안 되지. 그런데 왜 예수가 그걸 거부해야 합니까? 뛸 수가 있는데 말입니다. 대답해 보세요. (청중 침묵)

우리가 그렇게 오래 2,000년 동안 성경을 공부해 왔고, 설교를 2,000년 동안 해 왔는데 하는 소리 들으면 끔찍할 때가 있습니다. 그래도 어디 교회에 붙어 있는 것은 다 하나님의 은혜예요. (청중 웃음) 정말 하나님의 은혜입니다. 생각해 보세요. 왜 뛰어내리는 것을 예수께서 거부해야 합니까? 마귀가 말해서? 마귀 얘기는 무조건 거부해야 한다? 이건 또 다른 이야기입니다. 마귀의 얘기라고 하면서 누구 이야기든지 다 거부하려는 것은 기독교인의 자기 고집의 강한 방위입니다. 이건 마귀 얘기다 해서 다 틀렸다고 쫓아요. 그런데 재미있는 것은 이단들도 마귀의 이야기라고 하고, 정통들도 마귀의 이야기라고 하는데, 누가 누구의 마귀 이야기가 돼서 거부해야 하는지 우리가 판단 못합니다. (청중 웃음) 예수가 왜 이 시험을 거부했어야 합니까? 지금 우리 보통 평가대로 한다면 예수가 뛰어내렸어야 할 것입니다. 만약 그렇게 했으면 십자가에도 안 올라가요. 요새 축구 코치만 봐도 축구 이겨서 4등 만들었다(2002년 월드컵 4강)고 온 천하에 우상이 되는데, 왜 안 해야 합니까?

그런데 왜 예수가 이걸 시험으로 생각해서 거부합니까? 정확한 포인트가 어디 있습니까? 이것을 조심하세요. 사람과 사람 사이가 정상화되어야 하지 않습니까? 그런데 마귀가 와서 무얼 시험하냐면 "너는 사람 위의 사람이다"라는 것입니다. 사람 위의 사람 노릇 좀 해봐라. 그러면 온 천하가 네게 굴복하리라. 그러나 그렇게 되면 사람과 사람 사이가 정상적인 관계가 아닙니다. 그래서 예수께서 거부하신 것입니다.

여러분, 이게 제일 무서운 시험 중 하나인데 교회에서 가장 많이 빠집니다. 사람 위의 사람 되는 것 말입니다. 그래서 이것을 조심하십시오. 사람 위의 사람이 되어서, 그 위에 있어서 복음을 전하려고 하지 마세요. 예수의 둘째 시험에 빠져서 편히 지옥 가는 길입니다. 가도 아주 편히 가는 것입니다. (청중 웃음) 너무 마음 아프게 생각하지 마세요. (청중 웃음) 마치 자기는 천국 올라가는 줄 알지만, 사실은 지옥 가는 것입니다. 그러니까 심각하게 생각하세요. 사람 위의 사람이 되어서 복음을 전하지 마십시오. 그래서 예수께서는 이것을 당연히 시험으로 보았고, 완전히 거부하신 것입니다.

사람은 사람의 형제답게 복음을 전하세요. 내가 여러분에게 목사로서 설교하는 데 힘 있는 것을 하나 알려드리겠습니다.

예전에 한경직 목사님 설교집을 만드는데 저보고 좀 일을 맡아서 하래요. 그래서 저도 좀 노력해서 그분의 설교집을 만들어 보았습니다. 저는 한 목사님의 설교 원고가 있어서 그 원고를 정리하면 되는 줄 알았어요. 왜냐하면 한 목사님은 설교할 때 꼭 노트를 보고 하세요. 그래서 나도 그 노트를 가져다가 보니까…, 세상에 한 줄밖에 없어요. 그것도 완성된 문장이 아닙니다. (청중 웃음) '이걸 가지고 어떻게 설교를 하셨나' 하고 제가 궁리를 했습니다. 그런데 이분이 설교할 때 가만히 보니까 내용을 당신 머리 안에서 기억해서 하셨던 것 같아요. 그런데 제가 그분 설교에 왜 감명을 받았는가 하면, 한 목사님은 절대로 "예수 믿어라!" 하지 않아요. 이것은 "나는 믿고 너는 안 믿으니까 믿어라" 하는 것입니다. 지옥 갈 놈이 하는 소리입니다. 자기도 모르고 떠드는 것입니다. 하나 잊지 마세요. 한 목사님이 설교하실 때 "예수 믿어라!" 이렇게 하지 않았습니다. 어떻게 하셨겠어요? 이분은 "믿읍시다!" 이렇게 하셨습니다. 이것은 나도 믿어야 한다고 포함해서 이야기하는 것입니다. 사실 하나님이 사람이 됐다는 것이 믿기 쉬운 일입니까? 설교할 때 절대로 남은 못 하고 나는 하고 있으니까 너도 그거 하라고 하지 마세요. 이건 마귀 제자의 소리입니다. 마귀의 시험하는 소리예요. 이것 참 무서운 겁니다. 그래서 한경직 목사님은 눈을 꼭 감고 손을 꼭 쥐고 "믿읍시다!" 이렇게 하셨습니다. 이다음에 혹시 한 목사님 나오는 영상이 있으면 잘 보세요. 자기도 믿겠다는 걸 포함해서 설교하는 것입니다.

여러분, 사람 위의 사람이 되어서 복음 전도하지 마세요. 그건 복음이 아닙니다. 그것은 독선입니다. 자기도 포함해서 믿어야 하겠다고 꼭 그렇게 설교하세요. 이것이 둘째 시험인데 기독교에서 그동안 (이런 일을) 많이 범했습니다. 그러니까 믿으라 할 때 내가 사람 위에 서서 이런 기적을 행할 테니 믿으라 하는 것, 사람 위에 서서 복음을 전하는 것은 마귀의 시험에 완전히 빠진 자입니다. 그것은 하나님이 인정하지 않습니다.

흔히 방언한다고 하면서 하나님이 기적을 행한다고 하지 않습니까? 제가 예전에 방언 연구한다고 고생 참 많이 했습니다. 계룡산에 가면 영파(영매, 靈媒)들이 있어서 방언한다고 했어요. 거기에 가서 또 밤새도록 살펴보았습니다. 그런데 방언을 어떻게 하는지 보았더니 한 사람이 히브리어로 말합니다. 그런데 가만히 들으니까 단 한마디야 한마디! 그 한마디를 그저 반복하는 것입니다. (청중 웃음) 그거야 누가 못해요? 그건 방언이 아닙니다. 사람들 노래하는 후렴같이 자꾸 반복하는 것이지요. 제가 절대로 방언을 부정하는 것이 아닙니다. 사람에게 하나님의 은혜가 자기 마음에 올 때 방언이 나올 수 있는 것입니다.

나오지 못한다는 것이 아닙니다. 그러나 내가 방언하기 때문에 내가 말하는 것이 진리라는 것은 마귀의 시험에 빠진 것입니다. 사람과 사람의 동등한 관계에서 하는 것인데 사람 위에서 하려고 하니까 이게 둘째 시험이라는 것입니다. 마귀가 정말 머리가 보통이 아닙니다. 그래서 이다음에 너무 쉽게 생각하지 마세요.

셋째는 뭡니까? 크게 대답하세요. 목사가 설교할 때 그렇게 작게 하면 듣지도 못합니다. (청중 웃음) 예? (청중 대답: 마귀에게 절하라) 모든 걸 버리고 나한테 절만 해라. 간단히 하자면 그것입니다. 요새 속결(速決) 방법이 있지 않습니까? 요새 속결은 절이 아니고 돈이지요. 돈 내줄게! 요새 표현으로 하면 그런 것이지요. 그렇지 않아요? 하나님의 이름을 망령되이 하고, 그것을 버리고 쉬운 길로 가려고 하는데 일이 너무 많아요. 그런데 이런 사람이 누구에게 많냐 하면, 하나님의 일을 한다고 하는 사람들에게 시험이 더 찾아가게 됩니다. 그래서 이 셋째 시험은 '하나님과 사람', 그 사이의 시험입니다. 이 시험을 우리가 이겨야 합니다.

이 세 가지 시험에서 아담 때에는 범죄를 했기 때문에 이 하나님과 사람, 사람과 사람, 사람과 물질, 이 세 관계가 모두 다 단절이 되었지만, 그리스도가 마귀하고 겨룰 때는 이 세 시험을 다 제대로 넘었어요. 그러니까 (예수가) 하나님의 아들이라는 것이 자연히 되는 것입니다. 여러분, 그저 마리아 동정녀가 나서 하나님의 아들이라고 하는 것은 또 너무 육체적인 설명입니다. 하나님의 뜻이 하늘에서 이룬 것 같이 땅에 이루는 것에 있어서 이 모든 시험을 능히 소화해 내지 않았습니까? 소화해서 하나님의 뜻을 이룰 수 있는 첫 인간이 된 것 아닙니까?

그래서 그분이 우리의 구주로 오시는 겁니다.

이걸 합해서 십계명, 주기도문, 아담의 시험, 예수의 시험 이렇게 넷이 단위가 됩니다.

하나님의 뜻이라고 할 때 우리가 교회에서 어떻게 했고, 그동안 해 온 습관을 봅시다. 세상에 하나님의 뜻이라고 하면서 기도하는 것을 보면 너무 이상해요. 우리가 목사로서 이런 실수를 제일 많이 하는데 특히 주일날 목회 기도할 때 여러 가지가 많이 나와요. 내가 하지 못한 것도 회개하고, 이웃에서 뭐 사건 발생한 것도 기도하고, 아무가 암에 걸렸는데, 아무 사람이 어려운데, 모든 문제를 다 하나님 앞에 고하려고 합니다. 여러분, 하나님을 어떻게 믿습니까? 하나님을 전지전능하다고 그랬지요? 그렇게 말하고 왜 잡다한 소리가 많아요? (청중 웃음) 하나님께서 다 안다고 하고서 "야, 너 이거 못 들었지?" "너 못 봤지?" "여기 고생하고 있어. 이거 보지도 못하고 있니?" 왜 이렇게 말을 합니까? 이것 참 머리가 복잡합니다. 설교하는 목사가 머리가 복잡하니까 강단 아래 있는 교우야 더 복잡하지요. (청중 웃음) 복잡한 것을 만들어서 하는데, 이거 참 죄송스럽지만 우리 한번 생각하자는 겁니다. 그래서 기도할 때 바울이 한 말이 있습니다. "항상 기뻐하라"라고 그랬습니다. 그러니까 "하나님, 이 굶는 사람 못 봤소?" 이러지 말라는 겁니다. 하나님이 지금 우리와 같이 하늘에서 이룬 것 같이 땅에서 이루는데 항상 기뻐하자는 것입니다.

"범사에 감사하라." 이것은 여러분이 좀 어려운 것 같지만 이것처럼 좋은 것이 없습니다. 일이 안 되면 안 된다고 해서 제발 고집하지 마세요. 내가 생활해 보니까 참 이거 고마운 일입니다. 왜 그런가 하니, 그때 그게 되었으면 큰일 날 뻔했어요. 큰일 나요. 다른 곳으로 가서 완전히 만신창이가 되었을 것입니다. 그것이 안되면 안되는 것이 좋아서 그런 것입니다. 마귀의 시험으로 "이거 해보지 않겠니?", "돌로 떡을 만들어 보지 않겠니?" 이런 것이 옵니다. 그런데 이것이 표현이 꼭 그렇지를 않고 "지금 우리나라가 지금 이런데…", "뭐가 지금 비어 있는데", "이것을 당신이 와서 해주면 어떻습니까?" 이렇게 되어 나오는데 그때 그것 가서 해 주면 큰일 납니다. 또 하려고 하고 나서는 고맙다고 삼 개월 지나서 제거되고 육 개월 지나서 감옥 가고 뭐 그래요. (청중 웃음) 인생을 망치는 수가 많습니다. 그러니까 안 되는 것도 다 하나님의 뜻으로 보세요. 안 되는 일을 감사하게 생각하라 이겁니다. 그것을 내가 했으면 큰일 났다고, 그 후에 다 알게 됩니다. 그렇지 않아도 쓸데없는 거 괜히 가서 머리 아프게 하지 마세요.

제가 여기 왜 나왔는지 아세요? 다 준비되어 있어요. 집이 바로 여기 뒤에 생겼습니다. 그러니까 여기 와서 뭐 수고랄 것이 있겠습니까? 다 여러분이 모이게 되고, 저도 또 가만 생각하니까 저도 책임을 하나 안 한 것 같아요. (청중 웃음) 내가 책임을 하나 하지 않았어요. 그래서 내가 또 책임을 다해야 해요. 그래서 책임을 다하는 것입니다. 우리가 뭐 여기 와서 싸움을 하겠습니까? 솔직히 다 털어놓고 우리 자백하는 것인데 뭐가 어려워요. 그래서 다 하나님이 하라고 준비해 주시니까 하는 겁니다. 그런데 솔직히 얘기해서 제가 10여 년 동안 입 다물고 가만히 있었어요. 설교 안 했습니다. 그동안 누구 내 설교 들었으면 그 사람은 천당 갈 겁니다. (청중 웃음) 설교를 안 하게 된 것이 왜 지금 고마우냐 하면, 제가 만약 10여 년 동안 계속 설교했다면 오늘 이 시간은 없습니다. 반성할 시간이 없어요.

저도 교회에서 10여 년 동안 설교 들으면서 정말 어떤 때에는 '제발, 저러면 하나님이 큰일 나는데, 큰일 나는데…' 막 아슬아슬하였고, 집에 와서 그런 문제들을 기록해 두었습니다. (청중 웃음) 그래서 그것들을 가지고 여기 와서 풀어놓는 겁니다. 그러니까 10년 동안 입 다문 것이 결국 오늘 와서 이것 하라는 것 아닙니까? 그래서 절대로 하나님이 우리로 하여금 일하게 하신 것이지요. 내가 나가서 일한다고 생각지 마세요. 그리고 되는 것도 하나님이 다 "이놈이 이것 맛봐라." 그래서 머리도 깨져보고, 다리도 부러져 보고, 그다음에 "어떠니?" 이러면 "아, 하나님 감사합니다. 내 머리가 그때 깨지지 않았더라면 그때 목이 부러질 뻔했습니다. 다리가 부러져서 괜찮지, 그렇지 않으면 허리가 부러질 뻔했습니다" 하며 다 감사하게 돼요. 범사에 감사하라는 것이 그냥 되는 것이 아닙니다. 여러분, 고맙게 생각하세요. 하나님의 뜻이 하늘에서 이루는 것 같이 땅에서 이루는 과정에서 그런 것이니까 감사해야 하고, 찬송해야 하고, 기뻐해야 합니다. 지금 교회가 너무도 달달 떨어요. 떨어도 자기하고 아주 관계도 없는 것을 가지고 달달 떱니다. 이러지 말자는 것입니다. 이러면 교회가 제대로 서지 못해요. 즐겁고 감사하고 나와서 정말 하나님의 뜻이 이루는 것을, 이 자리에서 이루는 것을 눈으로 보이게 하세요. 그것이 목회입니다.

이 시대에 있어서 내용도 없고 공허하기가 짝이 없고, 이야기를 들어보면 다 부정입니다. 그래서 우리는 하나님의 뜻이 성경 전체를 통해서 나오는 것을 꼭 잡아야 합니다. 또 마귀도 일류 재사(才士)입니다. 보통 머리가 아닙니다. 선과 악의 그 다툼 안에서 마귀는 악을 배출해서 증식하려고 하고, 하나님께서는 선을 이루려고 그러시는데, 하나님의 뜻은 마지막에 하나님의 뜻대로 이루어지는 하나님의 나라를 바라시는 것입니다. 우리보고 그 일을 같이 해 달라고 하는 겁니다. 그래서 하나님의 뜻을 복잡하게 보지 마세요. 성경에 다 쓰여 있습니다. 하나님과 사람, 사람과 사람, 사람과 자연이 하나로 돼서 이루어지는 것입니다. 제가 지금까지 여러 종교를 공부해 봐도 이렇게 된 것은 없었습니다.

삼위일체

삼위일체라는 말이 있습니다. 그것도 사실은 일종의 잠재의식에 두고 하는 말입니다. 그래서 하나님의 뜻이라고 할 때는 꼭 하나님과 사람, 사람과 사람, 사람과 자연이 어떻게 합하여 그의 뜻을 하늘에서 이룬 것처럼 땅에 이루느냐 하는 것입니다. 이루어질 때 나오는 것이 바로 주기도문의 영광송(Doxology)인 것입니다. "나라와 권세와 영광이 하나님께 영원히 있으리라." 정말 멋있는 찬양입니다.

저는 공부할 때 조금 고생을 많이 했어요. 왜 고생을 많이 하고 시간이 오래 걸렸느냐 하면, 신학을 공부하는데 제일 문제가 신학에서 신학이 나오질 않았어요. 철학에서 나왔어요. 실존주의 철학이 나오니까 실존주의 신학이 나와요. 그다음엔 사회학에서도 나와요. 그러니까 신학이 뭐가 됩니까? 막간살이하는 것입니다. 그래서 화가 좀 났지요. 그다음에는 1학년이 되니까 그리스어를 가르치는데 미국 사람이 가르쳐요. 히브리어도 미국 사람이 가르쳐요. 구역질이 좀 나요. '내가 왜 부차적인 필드에 와서 내 중요한 이 생애를 없애냐?' 그래서 그것 좀 면해보려고 유대인 순종파가 다니는 '드롭시 칼리지'(Dropsie

College)라는 학교가 있었는데, 히브리 박사를 많이 배출하는 학교입니다. 거기 들어가서 공부했습니다. 그러니까 저보고 "한국계 유대인"(Korean Jew)이냐고 물어요. (청중 웃음) 히브리어를 그렇게 공부했습니다. 그다음엔 그리스어를 공부하려면 그 나라에 가야 될 것 같았습니다. 그래서 그리스의 케아(Kea)섬에 '판텔레'(Pantele)라고 있습니다. 아테네의 대리석 건물들이 다 그곳에서 온 것으로 지은 것입니다. 그곳에 판텔레수도원이 하나 있는데 완전히 대리석으로 되어 있어요. 정말 멋있어요. 그리고 저녁 식사 때에 꼭 술을 내옵니다. 사람이란 한 잔 먹은 다음에 더 먹고 싶잖아요? 그런데 술에다 뭐를 탔냐 하면 송진을 탔습니다. 그래서 한잔 먹으면 술에서 나온 송진이 입안에 다 붙어버려서 뻐득뻐득합니다. (청중 웃음) 그래서 두 잔을 못 먹게 되어 있어요. (청중 웃음) 아, 이것도 다 이렇게 해야지, "술을 먹지 말라" 할 것이 뭐 있어요? (청중 웃음) 술에다 송진을 타면 한잔 먹고 즐겁기만 하고 취하지 않으니 얼마나 좋아요. 거기서 그 그리스 사람과 지내면서 그리스어를 배워도 봤습니다.

공부하다가 제일 큰 문제는 2급적인 학문에서 어떻게 넘어야 하냐는 것입니다. 솔직히 여러분이 고백해야 합니다. 신학에서 근대에 와서는 미안하지만 100여 년 전에 슐라이어마허(Schleiermacher)가 한번 인류사에 던진 것이 있습니다. 그다음에는 신학자로서 일반 분야나 어느 문화나 분야에 리더십을 가지고 해본 때가 없습니다. 바르트(K. Barth)도 슐라이어마허의 영향을 많이 받은 제자입니다. 그리고 베토벤(Beethoven)의 제9번 교향곡도 슐라이어마허에서 쉴러(F. Schiller)를 통해서 작곡되어 나온 것입니다. 그분의 낭만주의에 대한 영향이 대단히 컸어요. 그래서 여러분은 제발 앞으로 2류적인 신학에 머물지 마세요.

성경 안에 들어가 보면 지금까지 이야기 못 했던 특이한 삼위일체론이 하나 나오는데, 이러한 삼위일체론은 세상에서 개발 못 했습니다. 우린 밤낮 "성부, 성자, 성신"이라고 합니다. 저는 집사람이 일을 많이 하기 때문에 결혼하고 평생의 3분의 2를 따로 살았어요. 한 사람은 저기에 가서 일하고 한 사람 여기에서 일하고, 그래서 남들이 외롭지 않냐고 물으면 난 농담으로 대답을 "성부 성자 성신이 늘 같이 있는데 무엇이 외로우냐?"라고 해줍니다. (청중 웃음) 그런데 이것은 말이고, 뭐가 삼위일체입니까?

이제는 구체적으로 안에 들어가서 뭘 설명해야 하는데, 그걸 한번 심각하게 생각하세요. 그러니까 우리가 하나님의 뜻이 이렇게 됐다고 할 때 단순하게 이야기하지 말고 자기 머리 안에서 삼위일체를 찾으면 안 됩니다. 삼위일체를 또 해석하려면 우습게 됩니다. 몸은 하나인데 머리가 셋이래요. 그건 도깨비지요. (청중 웃음) 몸은 하나에 머리가 셋이면 이건 괴물이에요. 성경의 삼위일체는 그런 것이 아니고 하나님과 사람, 사람과 사람, 사람과 자연, 그것이 어떻게 엮어서 되느냐의 문제입니다. 갑자기 한 어깨 위에 셋이라면 어떻게 됩니까? 그러면 다음에는 그것도 보세요. 단테(Dante)의 『신곡 *La Divina Commedia*』 지옥편에 보면, 지옥에서 마귀 루체펠로가 나오는데 머리가 셋입니다. 여기 어깨에 또 하나씩 있다는 것입니다. 그래서 머리 세 개에서 가롯 유다, 부루터스, 카시우스를 씹고 있는 것으로 묘사되어 있습니다. 그런데 단테는 완전히 상상한 것이고, 머리가 셋 달렸다고 해서 삼위일체가 될 수도 없고, 마귀도 되지 못합니다. 이제 이것을 앞으로 어떻게 변화시켜 나가야 하는지를 여러분이 아셔야 합니다.

셋이라는 의미는 하나님과 사람과 자연을 갖다가 이렇게 된 평면에서 이룬 평면의 셋이 아닙니다. 아까 이야기한 제4계명을 잊지 마세요. 한 포인트에다 또 세 개를 분리해 놓았습니다. 입체 삼각 구조(Simplex)입니다. 이것은 수학으로도 힘든 일이고, 논리학으로도 큰일이고, 앞으로 세상에 큰 변화를 줄 수 있는 재질을 우리 속에 갖고 있습니다. 여러분이 이걸 아시면 세상에서는 따라올 사람이 없습니다. 이 것을 비슷하게 만들어서 사는 사람이 누군지 아세요? 유대 사람들입니다. 모세가 이걸 히브리 사람들에게 남겨 주었습니다. 그때 애굽에 있던 유대 사람들의 입장이 천하기가 짝이 없습니다. 히브리 사람은 종이 아닙니다. 종의 종이에요. 여러분 이거 자세히 분간하세요. 종의 종이라는 것은 종이 아닙니다. 이건 종도 못 되는 사람들입니다. 그런데 그런 사람들에게 자부심을 가지고 살게 해 주었습니다.

구약성경에 보면 창세기에 윗물과 아랫물을 갈라놓았다는 표현이 있는데, 이것이 하늘에도 물이 있고, 땅에도 물이 있다고 알고 있습니다만 애굽 말로는 그런 의미가 아닙니다. 나일강에 상류가 있고 하류가 있지 않습니까? 그리고 아래로 가서는 바닷물과 연결되어 습지가 되지요. 그래서 그 나라 말로는 상류와 하류를 갈라놓았다는 뜻이 됩니다. 그런데 우리가 생각해야 할 것은 그렇게 하면 이분법이 된다는 것입니다. 성서에서 '셋'이라는 것은 그냥 평면에서의 세 포인트가 아닙니다. 삼각형이 아닙니다. 입체 삼각의 그 포인트가 구약의 모세를 통해서 주어진 것입니다. 여러분 신구약에 전체에서 모세는 아주 드문 사람인 줄 아세요. 그 사람 하나가 당시에 정규 교육받은 사람이에요. 그리고 그 사람만이 애굽의 상류사회에 들어갔던 사람입니다. 그 사람만이 광야에 쫓겨나서 또 40년을 지낸 사람이고 또 그 사람만이 하나님이 이렇게 하라고 해서 히브리 무리에 갖다주니까 종의 종들이, 즉 종도 못 되는 사람들이 세계에서 제일 강한 자부심을 갖고 있는 사람들이 됐습니다.

여러분은 목회하면서 늘 모세를 바라보세요. 민족의 머리를 한번 생각해 보세요. 우리 머리가 너무 깊이 없이 평면으로 되어 있고, 이원으로 되어 있어요. 그런데 성경에는 평면의 세 포인트가 아니라 입체의 3포인트가 나옵니다. 하나의 실례로 이스라엘 사람을 쉽게 보지 마세요. 뭐 그 사람들이 아브라함의 후예라고 하는데 천하에 그 사람들같이 대하기 어려운 사람이 없습니다. 둘이 만나면 떠들고, 셋이 만나면 싸움을 하는 백성들입니다. 거기에 비하면 우리나라 사람들은 다약과입니다. (청중 웃음) 우리나라 사람은 싸움해도 고함쳐서 싸움하는데, 이건 악을 써서 이론으로 만들어서 싸움하자고 하는데, 정말 진력이 나요. (청중 웃음) 그들은 괴상한 사람들인데, 하나는 꼭 기억하세요. 이 사람들은 입체의 3포인트가 있어서 세상이 부럽지 않아요. 그래서 남을 보면 다 아래에 있어요. 이것은 장점이 있어요. 우리 시대의 큰 문제를 해결할 수 있는 하나의 모형입니다. 문화적으로, 우리가 믿음을 가지고 문화를 리드하자 이겁니다. 지금까지는 문화에서 믿음이 나왔습니다. 그래서 우리가 결국은 종교를 믿는다고 하고 신학에 들어가서는 애굽에 400년 종살이하고, 우린 2,000년 동안 남의 소리 하고 앉아 있으니 주의하세요. 그러니까 다시 우리가 복음으로 돌아와서 하나님의 뜻이 무엇인가를 찾을 때, 이것이 우리에게 하나의 무서운 제안을 해줍니다. 이것이 문화에 있어서도 앞으로 신앙을 중심으로 해서 문화를 이끌고 가게 됩니다. 교회가 결국 무엇입니까? 하나님의 뜻대로 모여서 새로운 한 집단이 되고, 이것이 세계 문화 개혁에 공헌을 해야 될 것입니다.

제가 덧붙여서 하나만은 간략하게 이야기하는데 여러분, 용서하세요. 이건 그냥 들어만 주세요. 제가 유대 사람하고 같이 있는데 금요일에 기도해요. 안식일을 맞이하기 위해서 해가 질 때 기도하는데 주기도문과 거의 같은 것을 기도해요. 말의 서열이 조금 다를 뿐이에요. 그건 참 신기합니다. 그래서 남들이 "혹시 주기도문이 유대교의 전통의 요약이 아니냐"고 하면 또 겁내지 말아요. "전통은 전통인데 늘 부정적으로 한 것을 긍정적으로 만들어서 하나님의 뜻이 무엇인지를 이렇게 들고나온다." 이렇게 분명히 말하면 됩니다. 그런데 그런 문제는 혹시 제기될 수 있어요. 내가 솔직하게 왜 얘길 하냐 하면, 이 이야기를 안 하면 이다음에 누가 공격하려고 할 때 그런 문제를 들고나올 겁니다. 주기도문이 유대 사람이 안식일 저녁에 하는 공동의 기도가 아니냐 하고 물을 겁니다.

그러나 주님께서 이렇게 기도하셨습니다. 공동 기도라고 해도 주님이 이렇게 가르치셨습니다. 그것이 또 성경에 기록이 되어 있는 것입니다. 그래서 그런 문제가 생겨나도 여러분이 배경을 가지고 다루고 대하세요. 그러나 여러분, 입체 삼각 구조로 이렇게 이루어진 것은 인류 문화사에서 나오지 못했습니다. 아직도 개발이 안 된 것입니다. 그러니까 여러분이 걱정하지 마세요. 유대 사람들은 10계명을 가져다가 입체 삼각형으로 하지를 않고, 3-4-3으로 해서 10을 만들었어요. 그래서 가운데가 입체로 된 것이 아니고, 4로 해서 카발라(Kabala)로 되어 있습니다. 그러니까 그런 것도 걱정하지 마세요. 우리는 큰 테두리에서 창조의 하나님이시고, 구원의 하나님께서 그 뜻은 하늘에서와 같이 땅에 이루시는 것이라고 믿으면, 나머지는 다 지엽적인 문제니까, 그렇게 알아두었으면 좋겠습니다.

오늘은 십계명, 주기도문, 시험 그리고 하나님의 뜻, 이렇게 네 가지를 기억하세요. 그래서 여러분이 한 달 동안 그걸 잘 연구하시고, 잘 적용을 해보세요. 그리고 매번 30분 이상 설교하지 마세요 (청중 웃음) 30분 이상 설교하면 안 돼요. 자, 우리가 다시 한번 기도하는 마음으로 주님께서 가르치신 대로 함께 기도합시다.

하늘에 계신 우리 아버지여,
이름이 거룩히 여김을 받으시오며,
나라가 임하옵시며
뜻이 하늘에서 이룬 것 같이 땅에서도 이루어지이다.
오늘날 우리에게 일용할 양식을 주옵시고,
우리가 우리에게 죄지은 자를 사하여 준 것 같이
우리 죄를 사하여 주옵시고,
우리를 시험에 들게 하지 마옵시고,
다만 악에서 구하옵소서.
나라와 권세와 영광이 아버지께 영원히 있사옵나이다.
아멘.

(2002년 7월 4일 연세대학교)

제2강

성탄

헤롯왕 때에 예수께서 유대 베들레헴에 나시매 동방으로부터 박사들이 예루살렘에 이르러 말하되, 유대인의 왕으로 나신 이가 어디 계시뇨. 우리가 동방에서 그의 별을 보고 그에게 경배하러 왔노라 하니, 헤롯왕과 온 예루살렘이 듣고 소동한지라. 왕이 모든 대제사장과 백성의 서기관들을 모아 그리스도가 어디서 나겠느뇨 물으니 가로되 유대 베들레헴이오니 이는 선지자로 이렇게 기록된바, 또 유대땅 베들레헴아 너는 유대 고을 중에 가장 작지 아니하도다. 네게서 한 다스리는 자가 나와서 내 백성 이스라엘의 목자가 되리라 하였음이니이다. 이에 헤롯이 가만히 박사들을 불러 별이 나타난 때를 자세히 묻고 베들레헴으로 보내며 이르되 가서 아기에 대하여 자세히 알아보고 찾거든 내게 고하여 나도 가서 그에게 경배하게 하라. 박사들이 왕의 말을 듣고 갈새 동방에서 보던 그 별이 문득 앞서 인도하여 가다가 아기 있는 곳 위에 머물러 섰는지라. 저희가 별을 보고 가장 크게 기뻐하고 기뻐하더라. 집에 들어가 아기와 그 모친 마리아의 함께 있는 것을 보고 보배합을 열어 황금과 유황과 몰약을 예물로 드린지라. 꿈에 헤롯에게로 돌아가지 말라 지시하심을 받아 다른 길로 고국에 돌아가니라(마태복음 2:1-13).

예수의 족보

오늘은 예수께서 태어나신 이야기인데, 마태, 마가, 누가, 요한 이렇게 네 복음서에서 하나하나 살펴보겠습니다. 그래서 여러분이 이다음에 설교할 때 넷으로 나누어서 준비하시면 좋겠습니다. 지금은 마태복음 한 가지만 읽었지만, 여러분과 같이 네 가지 기록에서 이 이야기가 어떻게 나왔는가를 살펴볼 것입니다.

우선 우리의 생각을 조금 정리하려고 합니다. 이제 읽은 말씀 가운데 예수가 나섰다고 했습니다. 그런데 성탄절에 있어서 태어나신 분이 왜 예수고, 그분이 나시는 데 어떤 사건이 있었는데 그 사건에서 제일 중요한 대리인(Agent)이 누구입니까? 여러분이 생각해 보세요. 여기 이 이야기에서 중요한 줄거리의 바탕에 누가 어떻게 이 이야기를 만들었습니까?

첫째, 마태복음에는 꿈의 이야기가 나옵니다. 요셉의 꿈에 대한 이야기입니다. 둘째, 여기에 나오는 예수에 대한 중요한 기록의 재료에서 누가 와서 보았다고 했습니까? (청중 대답: 동방박사) 예, '동방박사'라고 그랬습니다. 여러분 다 아는 것과 같이 동방박사인데 그리스어는 '마고이'(μάγοι)고 영어로는 '매자이'(Magi)라고 그랬습니다. 요즈음은 박사가 전공이 다 있습니다만, 그때는 박사라고 하면 글자 그대로 많은 지식을 아는 사람입니다. 그러니까 '매자이'라고 하면 여러분 요술을 한다고 보지 마세요. 많은 지식을 알아서 많은 변동을 예측할 수도 있고, 변동을 시킬 수도 있는 그런 사람이라는 것입니다. 그런데 조금 고약한 말로 하면 '매자이'라는 사람은 점쟁이니까 사실 우리가 지금 받아들이는 상대가 아닙니다. 여러분 이거 어떻게 하면 좋겠습니까? 그래서 이 기록을 잘 봐야지, 잘못 보면 점쟁이의 소리를 듣고 예수 이야기한다고 하면 이 세상이 쉽지 않게 대항할 텐데 무엇으로 확실하게 이야기하시겠습니까?

마태복음 1장 1절에서 보면 누가 누굴 낳고, 누가 누굴 낳고…, 한참 14대를 이야기했고, 그다음 또 다음에 14대를 이야기했고, 그래서 결국 42명의 이름이 나옵니다.

제가 1948년에 미국에서 공부했어요. 그 후에 전쟁이 발발하고 우리나라에 누구 좀 보내서 일을 시켜야 될 텐데 그때 별로 한국에 가겠다는 미국 학생들이 없었습니다. 그런데 그때 두 사람이 한국으로 오겠다고 속으로 생각을 하고, 저한테 우리나라 말을 가르쳐 달라고 했습니다. 저도 외국에서 태어나서 우리나라 말이 익숙지를 않았고, 마땅한 교재도 없고 해서 성경을 가지고 가르치면 앞으로 공부하는 데 도움이 되겠다고 생각하고 신약성경을 열어 보았지요. 그래서 함께 첫 장을 읽는데 누가 누구를 낳고 또 누가 누구를 낳고 그러니까 좀 혼동을 하게 되었습니다. 이거 고국에 가서 종교적인 면도 이야기하려고 그랬는데 족보가 나오니까. (청중 웃음) 여러분, 이것을 문학적으로 보면 성경이 그렇게 질이 높은 작품이 아닙니다.

여러분이 성경을 읽는데 어쩌면 실망을 할 수가 있어요. 그러나 이 목적이 거기에 있지 않습니다. 그리고 여러분 성경 읽는데 1장 1절에서 읽어 내려가다가 몇 장이 되면 하나 끝나고 그렇게 하지 마세요. 이 이야기의 전체 구조가 있습니다.

족보에서 시작해서 그다음에 마리아의 변동에 대해서 요셉이 꿈을 꾸는 이야기로 연결됩니다. 그런데 지금 출생하는 아기의 이름이 '임마누엘'(Immanuel)이라고 나옵니다. 하나님이 사람과 같이 계시다는 것입니다. 하나는 인간의 족보로 42대를 이어가다가 그다음에 툭 끊어지고 갑자기 하나님이 사람이 되는 다른 족보가 하나 여기에 나옵니다.

여기에서 성령으로 잉태했다고 하는데 이것이 또 문제가 돼요. 사람이 성령으로 잉태했다고 하면 사람들이 정신을 차리지 못합니다. 성령이 마리아에게 어떻게 했는데 마리아는 감사하다고 해서 잉태하고, 이렇게 설명하면 또 잡담이 됩니다. 사실은 여기 이야기의 본뜻이 어디에 있습니까?

이 이야기가 사람 족보 42사람 이야기하다가 그다음 갑자기 하나님이 우리와 같이 있게 된다고 하는데, 이것은 새로운 족보입니다. 이 새로운 족보의 뜻이 무엇입니까? 그래서 여러분, 이다음에 성탄절에 "기쁘다 구주 오셨네, 만백성 맞아라" 그러지 마십시오. 그렇게 된 말이 아닙니다. 이 이야기의 틀이 어디에 있습니까? 틀을 발견하려면 지난 시간에 이야기한 주기도문으로 돌아가야 합니다. 그때 이야기 기억하시지요? "하나님과 사람", "사람과 사람", "사람과 자연", 여기에서 이야기하는 것은 아담이 선악과를 따먹고, 다시 말하자면 하나님의 뜻을 따르지 않고, 시험에 빠졌어요. 그래서 결국은 자연의 육체는 땀을 흘려 노동을 하여 먹고, 나이 들어서는 죽어야 한다는 것을 강조했습니다. 그러니까 하나는 '육체하고 사람이 갈라져서 죽는다'라는 걸 설명했습니다. 그다음에 사람과 사람은 피차 소외가 되어서 무화과 잎으로 가리게 되고, 그다음에 에덴동산에서 내쫓겨서 하나님과 사람이 소외된 겁니다.

그러니까 여기에서 임마누엘이라고 하면, 옛날 아담이 범죄를 했다고 하는 이야기에서는 하나님 앞에서 쫓겨났는데, 이번에는 하나님 앞에서 추방된 인간에게 지금 거꾸로 하나님께서 인간에게 오신다는 것입니다. 그러니까 "기쁘다 구주 오셨네, 만백성 맞아라"고 하지 마세요. 만백성 보고 맞으라는 것이 아닙니다. 하나님이 오신다는 겁니다. 하나님께서 오신다는 것입니다. 하나님이 다시 그 소외된 그 사이로 내려오신다는 겁니다. 그래서 이것이 중요한 것인데 우리는 그것을 잊고, "기쁘다 구주 오셨네, 만백성 맞아라"라고만 했습니다.

김활란 선생님이라고 하면 신촌에서 모르는 사람이 없습니다. 그 분의 형님이 하나 있었습니다. 형님이 하나 있는데 일찍 돌아가셨어요. 그런데 형님의 아이가 하나 있었어요. 그러니까 김활란 선생의 조카입니다. 그 부모가 중국 상해에 나가서 독립운동을 했고, 아이의 나이는 제 나이와 비슷해서 저하고 같이 지내면서 좋았어요. 그런데 얘는 늘 마음이 약해서 사건만 생기면 질질 울었어요. 그때 우리 주일학교에서 교회를 나오지 않는 아이를 인도하면 상을 주고 그래요. 그래서 제가 이 친구를 데리고 주일학교에 가서 칭찬도 받고 그랬습니다. 그런데 그때 크리스마스가 가까이 왔어요. 교회에 같이 나갔는데 얘가 나오면서 나보고 물어봐요. "야, 너는 얻어맞아도 그렇게 좋니?" 그래서 "왜 그러니"하고 물어보니까 "기쁘다 구주 오셨네, 만백성 맞아라!" 그러니까 얘는 얻어맞는 줄 알아요. (청중 웃음) 하도 남한테 얻어맞고 그러니까 너희는 "얻어맞고도 좋냐?" 그거예요. (청중 웃음) 성경 이렇게 잘못 해석하면 하나님의 말씀을 잡아가지고 얻어맞아도 좋다는 소리가 나옵니다. 이러지 마십시다. 그래서 '만백성 맞아라'가 아닙니다. 하나님이 다시 소외된 인간에게 내려오신 겁니다.

그리고 화육설(Incarnation)이라고 하는데 예수가 내려와서 육체를 입었는데 육체의 가치가 어떻고…, 하는 것으로 또 이야기하지 마세요. 주제는 하나님이 인간에게 다시 내려온 것입니다. 하나님이 인간에게 다시 내려오신 것이므로 이것이 제일 중요한 겁니다.

동방박사

그다음에 동방박사 이야기가 나왔습니다. 동방박사가 와서 하는 말이 먼 나라에서 동쪽에서 왔다고 했는데, 여러분, 이 이야기 하나하나 살펴서 들으세요. '동방박사'라고 해서 "그냥 동쪽에서 온 박사다" 그러지 마십시오. 이것이 역사적으로 보면 약 2,000년 전 아닙니까? 그런데 문화적으로는 그 지역에 수메르도 있고, 바빌로니아도 있고, 아시리아도 있었습니다. 동방박사라고 하면 페르시아(Persia)까지 갑니다. 여기서 이 사람들이 그때 한 일이 "Astrology", 이거 뭐라 그래요?(청중 대답: 점성술입니다) 점성술(占星術)? 아닙니다. 점성술이라고 보지 마세요. 이거 '술'(術)이 아닙니다. 당시에는 학문의 최고급입니다. 우리가 오늘날 보기에 과학적이 아니라고 해서 '술'이라고 그러지만, 그때는 꽤 높은 수준의 과학입니다.

가령 애굽에서는 성좌(星座)가 다섯입니다. 그런데 메소포타미아에 가서는 일곱이 되었어요. 그다음에 이제 페르시아에서는 열두 성좌가 나와요. 여기에 이 마태복음을 기록한 사람은 천문학을 모르는 사람입니다. 그런데 기록자가 천문학을 몰랐다고 해서 잘못은 아닙니다. 다만 거기에서 말의 오류가 나옵니다. 왜냐하면 첫째로 마태가 이 이야기를 직접 듣지 않았습니다. 둘째로 다른 사람에게서 들었는데 그 사람도 같은 그룹이니까 천문에 대해서 익숙하지 않았습니다. 저는 그 당시의 천문학을 공부하기 위해서 꽤 오랜 시간 보냈어요. 그런데 현대의 천문과는 다릅니다. 연구해 보니까 이야기가 이렇게 된 것입니다.

여러분 12성좌가 있지 않습니까? 행성(行星)들이 그 성좌로 들어갑니다. 이것을 지금 "별이 간다"고 한 것입니다. 그래서 헤롯왕 시기에 동방박사들이 하늘의 성좌를 보고 어떤 별이 성좌 안으로 들어갔다고 보았다는 것입니다. 그래서 그때 천문학으로 어떤 사건이 일어날 것으로 예측을 했습니다. 그런데 지금 기록한 사람은 동방박사가 별을 보고 간다니까 동방박사가 별을 따라간 줄로 이해했습니다. 그래서 어느 집 앞에 가서 별이 멈추었다는 겁니다. 여러분, 별이 집 앞에 멈추려면 어떻게 돼야 하는 줄 아십니까? (청중 웃음) 천지와 시공간에 큰 일이 납니다. (청중 웃음) 만유인력이고 다 문제가 생겨요. 갑자기 다 난리가 나게 됩니다. 이게 쉬운 것이 아닙니다.

그래서 여러분이 조심해 주세요. 사실은 마태가 잘못한 것이 아닙니다. 천문에 익숙지 않은 사람이 이걸 기록해서 그래요. 그러니까 이것을 조심하세요. "그 별이 문득 앞서 인도하여 가다가"란 말이 그리스어로는 '프로아고'(προάγω)입니다. 그러니까 동방박사들이 12성좌를 관찰하는데 거기 행성 하나가 들어갔다는 것입니다. 행성이 그 궁에 들어가니까 "그때에 누구에게 무슨 일이 생기겠다"라고 해석한 것입니다. 하늘에 둥그런 성좌에 지구가 돌면서 위치가 변화하게 됩니다. 그러니까 동에서 온 박사들이 이것을 보면서 서쪽으로 내려갔던 것입니다. 별이 어떤 성좌에 들어갈 때, 그때 '프로아고', 즉 들어간다고 한 것입니다. 그리고 그 성좌가 바로 어떤 임금의 자리였습니다. 그러니까 이런 점을 조심하십시오. 이거 잘못 해석해 놓으면 그 점성학자들의 이해에서 떠나서 우리 마음대로 해석합니다. 이것이 다 위험한 것입니다.

여러분, 어떤 사람의 머리가 어떻게 생겼으면 그걸 바꿔주려고 하지 마세요. 바꿔준다는 것은 아주 실수입니다. "그 사람의 머리가 그러니까 그렇게 이해했다" 이렇게 알아야지 그 사람의 머리를 바꿔주면 그건 남의 인격 손상입니다. 그러니까 절대로 잘못됐다고 그러지 마세요. 기록하는 마태가 이것을 잘 몰랐고 게다가 다른 사람에게 들었어요. 그리고 또 다른 사람이 그렇게 이야기를 했던 것입니다. 그래서 그걸 그대로 기록한 것입니다. 그러나 점성학자라면 이렇게 기록하지 않습니다.

이다음에 여러분이 점성을 보면 참 정말 별것이 다 나옵니다. 가령 동양에서 봐도, 동양에서 제일 객관적으로 관찰을 한 나라가 우리나라입니다. 그것은 기록을 보면 알 수 있습니다. 관찰을 하는 데 동양에서 제일 훌륭하다는 중국의 기록을 보면 이 12궁을 돌다가 어떤 때에 궁에 달이 들어오게 돼요. 그리고 별이 가다가 달을 지나는데 앞으로 지나갔다는 겁니다. 중국 기록을 보면 달 앞으로 지났다고 했습니다. 여러분 이것이 무슨 말인 줄 아시겠지요? 그런데 우리나라의 기록은 별이 어느 날까지 보였는데 그다음엔 보이지 않았다고 했고, 얼마 후에 또 보인다고 했습니다. 그러니까 달의 뒤로 별이 지나갔다는 것입니다. 그래서 우리나라에선 이런 관측도 아주 정확하게 했습니다. 그러니까 우리도 이런 관측을 하는 것을 보면서 문제를 생각했으면 좋겠습니다.

　점성학자가 주님을 찾으러 왔는데 성좌에 들어온 온 별을 보고 앞으로 임금이 나오겠다는 것을 알고 그분을 찾아달라고 예루살렘에 왔습니다. 그 박사들 생각에는 동쪽에서 보기에는 서쪽의 어느 나라니까 아마 유대 나라에 누가 나지 않겠느냐 그렇게 해석했던 것 같습니다. 그래서 예루살렘에 와서 헤롯왕과 그 세력의 사람들에게 "새로 태어날 임금이 어디에 있습니까"하고 물은 것입니다. 그 후에 두 파가 갈라집니다. 하나는 헤롯파인데, 자기들의 위치가 위험해지니까 이 문제를 방비하려고 박사들에게 도리어 물었습니다. 또 다른 한 파는 동방박사들인데, 예수를 찾아가서 경배하고, 황금과 유황과 몰약을 드렸다고 했습니다. 그런데 뒤에 보면 이 이야기가 필요합니다.

　그 후에 요셉이 또 꿈을 꾸게 됩니다. 그러니까 이 사건에서 처음에도 꿈이고, 마지막에도 꿈입니다. 이번에는 꿈에서 하나님이 애굽으로 도망가라 하셨습니다. 그런데 그때 요셉에게 돈이 있어요? 돈이 없잖아요. 그래서 가져온 황금, 유향과 몰약을 팔아서 여비로 쓰게 되는 겁니다. 이렇게 이야기가 연결됩니다.

　헤롯이 예수를 죽이려고 했는데 죽이지 못하고 베들레헴에 있는 비슷한 연령대의 어린아이들을 다 죽여버립니다. 예수가 구세주라는데 세상에 오자마자 아기들이 죽었단 말입니다. 여러분 이거 어떻게 생각해요? 아이들이 정말 맞아 죽었는데 아직도 기쁘다 구주 오셨네, 만백성 맞아야 됩니까? 그래서 이 이야기가 쉽지 않습니다.

　마태는 하나님이 우리의 꿈을 통해서 이야기해 줄 수가 있다고 했습니다. 그러면 이제 문제가 크게 벌어질 수 있습니다. 왜 크게 벌어지냐 하면 성경 밖에도 거룩한 사건을 취급할 수가 있다는 것입니다. 성경 안에는 분명히 점성가가 이걸 알았고 도리어 성경 공부한 사람은 몰랐어요. (청중 웃음) 여러분, 지금 성경 읽고서 하나님 말씀을 논하는데 하나님의 말씀이 다른 데도 있다는 말이 됩니다. 그래서 이거 참 조심스럽게 다루어야 돼요.

여러분도 꿈꾸시지요? 여러분의 꿈하고 요셉의 꿈하고 뭐가 달라요? 이것이 또 문제가 됩니다. 그래서 이 이야기의 중점이 꿈, 그런 데있는 것이 아니고, 제일 중요한 점은 하나님과 인간의 이탈되고 소외되고 거리가 멀어진 것을 지금 하나님이 친히 내려오셔서 회복하신다는 말입니다. 그래서 하나님이 내려오시는 것을 기록하려는 것이지, 여기에서 다른 사소한 것에 관심을 두면 안 됩니다. 그래서 앞으로 우리가 성탄에 대한 이야기를 조금 더 심각하게 들어야 하고, 하나님의 뜻이 하늘에서 이루는 것과 같이 땅에서도 이루게 해달라고 하는 그뜻에 의해서 설명이 되어야 합니다.

마가복음의 예수 탄생 이야기

그다음에 마가복음을 보겠습니다. 마가복음은 첫마디가 **이것은 예수 그리스도의 복음이**라고 되어 있습니다. 그런데 어떻게 복음이 됩니까? 거기에 대해선 마가가 어떻게 했습니까?

마가는 선지자가 예언하고, 그 예언을 이루는 것, 그 둘을 가지고 합니다. 1) 예언을 했는데, 2) 예언이 이렇게 이루어지니까 바로 예수가 그리스도라는 것을 여기에 증명해 준다는 것입니다. 그래서 여기에 예언자의 대표, 예언자의 총괄적인 최종의 사람을 세례요한으로 설정했습니다. 모든 예언자의 종합을 세례요한에 초점을 두고 이 세례요한이 와서 한 말씀을 이야기했습니다.

마가복음 1장에 세례요한에 대한 설명이 있습니다. 여러분, 이 세례요한에 대한 설명을 다시 한번 잘 들어주길 바랍니다. 첫째로 이 사람은 낙타털로 옷을 해 입었다고 했습니다. 그렇게 하고 허리는 가죽띠를 했고, 먹기는 메뚜기를 먹고 또 들꿀을 먹었다는 것입니다(마가복음 1:6). 여러분 이게 무슨 뜻입니까?

낙타털로 옷을 입고.

여러분 낙타털을 나쁘게 보지 마세요. 제가 다니다가 별 곳에 다 가 보았고, 친구들이 좀 싫어하는 일을 저에게 자꾸 하라고 해서 하기도 했는데, (청중 웃음) 한번은 티베트에 갔더니 거기에서는 평생 목욕을 안 해요. 여러분, 티베트의 달라이 라마가 축복할 때 목걸이 같은 수건을 주는 것 보셨습니까? 그건 왜 필요하냐면 낮에 더우면 단추를 풀어놓고, 밤에는 그 입은 옷을 둘러싸면 이불이 돼요. 바람이 통하지 않습니다. 그런데 그것을 평생 입으니까 얼마나 더러워요. (청중 웃음) 누가 자꾸 그걸 만져보라고 해서 할 수 없이 만졌더니 보통 좋은 것이 아니에요. 고산지대 동물에서 난 털이라 그것이 최고급 캐시미어입니다. 그래서 양복을 하나 만드는 재료가 얼마냐고 물었더니 재료비만 만 불이 넘어요. 그렇게 좋을 수가 없어요. 그 사람들이 평생 한 벌 입어서 문제이지 재료는 아주 좋은 겁니다. (청중 웃음) 그다음으로 좋은 것이 뭔가 하면 바로 낙타털입니다. 낙타털이 참 보드랍습니다.

허리에 가죽띠를 띠고.

여러분, 요즘 허리에 가죽띠 안 한 사람이 있어요? (청중 웃음) 그런데 이게 무슨 뜻입니까? 허리에 가죽띠를 하고, 먹기는 메뚜기하고 꿀만 먹고, 이거 무슨 뜻이겠습니까?

성경에서 이야기할 때 그룹(Group)으로 반복해서 나오는 것이 있는데 이건 옛날 서술법입니다. 옛날에는 무엇을 서술하는데 자꾸 반복해서 말을 몇 번씩 사용해요. 가령 제일 많이 한 것을 보면 고대 바빌로니아의 함무라비(Hammurabi)가 자기를 누구라고 설명하는데 같은소리가 무려 50회나 나옵니다. "나, 아무개, 나, 아무개" 요새는 호(號)라고 그러면 아시지요? 그것이 다 성격을 묘사하는 것입니다. 그러니까 낙타털 옷 입은 사람, 그 가죽띠의 사람…, 이렇게 나오는 것입니다. 그 사람을 형용하는 것입니다. 여기에서는 무엇을 형용하려고 했습니까? 다름 아니라 "더럽지 않은 것", 인간 사회에서 더럽혀지지 않은 그 장식을 표현하는 겁니다.

그다음에 **광야의 소리**라고 그랬습니다.

도시의 소리가 아닙니다. 다시 말하자면 하나님이 에덴에서 쫓아낸 그 인간들이 모여서 사는 곳의 소리가 아닙니다. 하늘나라는 아니지만 더럽혀지기 전에, 에덴동산에서 타락하기 전에 그 상태를 묘사하려고 해서 그런 것입니다. 그래서 이 사람은 광야의 소리이지 도시의 소리가 아니에요. 이 사람 입은 것은 더럽혀지지 않은, 원초적인 것을 입었다는 것입니다.

세례요한이 와서는 무엇을 요청했습니까? 회개하라는 것입니다. 그런 의미에서 물로 세례를 주었습니다. 요한이 예언자의 총괄로서 앞으로 세상을 정화하려고 하는데 어떻게 하겠다는 표현입니다. 그런데 마가복음 기록에 세례요한이 예수에게 물로 세례를 줄 때 예수가 받은 것은 단지 물이 아니고, 성령이 내리더라는 것입니다. 그러니까 다시 말하자면 예언에 의해서 이렇게 되었는데 실제 하나님의 나라, 하나님이 인간세계에 어떻게 내려오는가를 그리고 있는 것입니다. 그래서 비둘기같이 내렸다고 묘사했습니다. 그래서 우리가 오늘날에도 평화를 상징할 때 비둘기를 쓰는 것이 아닙니까? 요한에게는 광야의 소리라고 그랬는데 여기에는 하늘의 소리가 나오고, "이는 내 사랑하는 아들"이라고 합니다.

여러분, 마가복음의 문장 조직이, 즉 마가가 예수를 그리는 방법이 아주 간결합니다. 여기서는 예언을 사용합니다. 하나님께서 그때 인간을 쫓아낼 때 다시 너를 어떻게 하겠다고 암시한 것이 예언입니다. 그런 예언이 지금 인간에게 오시는 그리스도를 그리고 있다는 것입니다. 여러분 마가복음에서는 그냥 탄생이 아닙니다. 하나님이 인간에게 오시는 것을 이렇게 그려 놓았습니다. 그것이 바로 이 마가의 중요한 점입니다.

우리가 성탄절 때 예수가 말구유에 왔다고 거기에 가서 찬송하고 기쁘다고 하고, 뭐 그런 것이 중요한 것이 아닙니다. 하나님이 우리에게, 이 죄인에게, 하나님을 떠난 이 인간에게 친히 다시 내려오시는 그 감동을 가져야 합니다. 그래서 성경을 읽으면서 큰 줄기를 찾으면서 본뜻을 찾아가야 합니다.

누가복음의 예수 탄생 이야기

다음에 이제 누가복음을 보면 1장 1절에 이 모든 일에 Eyewitness,

즉 눈으로 본 것을 이야기하겠다고 하는데 사실 이 사람이 눈으로 안본 것도 많이 이야기했습니다. (청중 웃음) 그렇지만 누가의 중요한 의미는 실제로 되는 사건으로 이야기하지, 추상을 이야기하지 않겠다는 말입니다. 그 점이 이 사람의 선언입니다. 그래서 처음에 Eyewitness, 다시 말하자면 눈으로 본 그 증거를 가지고 이야기하겠다고 합니다.

이야기가 많이 나왔는데 누가 와서 어떤 일을 하는가를 간략하게 봅시다. 첫 장에 세례요한이 어떻게 잉태되었다는 이야기가 나옵니다. 거기에 그 세례요한의 아버지인 사가랴(Zacharias)하고, 어머니 엘리사벳(Elisabeth)하고, 주님의 천사가 나옵니다. 여러분, 이 "주님의 천사"라는 용어를 잘 쓰세요. "Angel of the Lord", 이것은 중요한 말입니다. 주님의 천사라는 말이 정확한 표현입니다. 여러분, 이다음에 동양 글자 공부할 때 우리가 하나님은 누구이시냐고 하면 "하나님은 신이십니다" 하지요? 그러지 마세요. 동양에서 신(神)이라는 말은 삼층천에서 누가 내려와서 계시를 준다는 것(示)과 삿대(申: 솟대)라는 것으로 표현했습니다. 우리나라 무당들이 쓰는 삿대와 같은 것입니다. 삿대 위에는 오리 하나를 붙였고, 아래는 나무로 되어 있습니다. 그것은 오리가 천(天), 하늘에는 날 수 있고, 물(水)에서는 수영할 수 있고, 땅(地)에는 걸을 수가 있다는 것입니다. 그래서 천지를 통하는 도구를 상징합니다. 이 삿대를 갖다 그린 것이 바로 신(神)자의 申에 해당합니다. 그래서 이 한자의 '神'은 사실 하나님이 아닙니다. 메신저입니다. 이다음에 우리가 용어를 바꿔야 해요. 여기에서 Angel of the Lord라는 것이 바로 메신저로서의 신(神)입니다. 이것은 매개체라는 것이지 명령을 내리는 높은 분이 아닙니다. 누가의 이야기에는 마치 마태복음에서 꿈으로 나온 것처럼 주님의 사자로 표현합니다.

아이가 나면 술을 먹지 말게 하라.

　여러분, 이스라엘 사람 술 먹지 않습니까? 이스라엘 사람들, 제가 지난번에도 조금 이야기를 해 드렸지요? 안식일에 음식을 끓이지 않아요. 그러면 추운 겨울에 어떻게 먹습니까? 그래서 술이 필요하다고 지난번에 말씀드렸죠? 그런데 술을 먹지 말라는 것이 무슨 뜻입니까? 이 말은 여러분이 잘 해석해서 들어야 해요. 여러분 술이 본래 왜 생겼습니까? 이 술 '주'(酒)자가 어디에서 나왔고, 이거 술은 왜 생겼어요? 술은 본래 누굴 위해서 만든 것입니까? 술은 원래 당신 보고 먹고서 즐거우라고 만든 것이 아닙니다. (청중 웃음) 사람이 죽으면 어떻게 돼요, 썩지요? 사람이 죽으면 부패합니다. 그러면 이 부패된 조상에게 뭘 바쳐야 됩니까? 음식을 그냥 드릴 수가 없어요. 그래서 썩혀서 줍니다. 술이란 것은 본래가 조상과 죽은 사람한테 바치는 거예요. 그래서 오래전에는 제사장이 먹기 시작했습니다. 그다음엔 우리 기쁠 때 조금 마시자 이렇게 되고, 요새는 그것만 마셔도 좋다가 됐지요. (청중 웃음)

　술을 마시지 말라고 그랬습니다. 그런데 여기에서 술이 무엇입니까? 구약의 성결법에는 죽은 사람은 더러운 것입니다. 더러운 것이 먹는 더러운 것은 먹지 말아야 한다는 말인데 여러분, 어떻게 생각해요? 술을 먹지 말라고 그러면 우리나라 사람들은 다 큰일 납니다. 다 위반됩니다. 김치에 5%의 알콜이 있습니다. 그러니까 우리나라 사람에게 세례요한의 자격은 다 없게 된다는 말입니까? 그렇게 생각하지 마세요. 그렇게 된 말이 아니에요. 술 먹지 말라는 말은 깨끗이 하라는 겁니다. 거룩하게 깨끗하게 하라는 의미에서, 더럽히지 말라는 것과 같이 여기에서 술을 주지 말라는 겁니다. 오시는 분의 길을 준비한다고 그랬고, 그다음엔 이스라엘을 하나님께로 다시 돌아오게 할 사람이라, 그것을 예비하는 사람이라, 이 셋을 설명해 주었습니다.

그리고 동정녀 마리아가 예수를 낳았다는 이야기가 나옵니다. 그러니까 요새 생리학적으로 당장 따집니다. 어떻게 이게 가능할 수 있느냐? 동정녀가 아이를 날 수 있느냐? 이것은 신학의 문제도 아니고 생리학의 문제도 아닌데 떠듭니다. 여기에 이 말의 중심이 어디에 있습니까? 세례요한에게 술도 먹지 말아라. 메뚜기하고 꿀을 먹어라. 그러면 메뚜기하고 꿀을 먹으면 깨끗해집니까? 그것이 아니라 세상의 속된 것은 건드리지 말고, 에덴동산에서 타락하기 전에 그때의 상태로 되돌아가기를 요구하는 겁니다. 그래서 마리아가 예수를 잉태할 때의 조건이 더럽혀진 인간의 몸에서 나지 않아야 하겠다는 겁니다. 결국 마리아의 이야기는 더럽혀진 인간의 육체로 예수를 낳은 것이 아니라는 것입니다. 그래서 요셉에게 주의 천사가 나타나서 그걸 설명해 주는 겁니다. 그리고 "이는 많은 백성을 구할 것이요, 그들의 죄를 사할 것이요, 또 평화의 길을 그들에게 제시해 주리라"라고 하였습니다.

이것이 전부 하나님과 인간이 갈라진 사이를 다시 하나님이 내려와서 접근하게 된다는 것을 설명해 줍니다. 그런데 누가복음에 제일 흥미로운 것은 지난번에 말한 주기도문에 있는 세 가지가 그대로 누가의 기록에 내용적으로 들어 있습니다. 제가 이 표현을 설명하겠으니 여러분이 다시 들어보세요.

첫째는 **하늘에 계시는 하나님께는 영광이요.** 여러분 하늘이란 말을 다시 기억하세요. 그다음에 **땅에는 평화요.** 마지막으로 우리말로는 사람에게는 '**기쁨**'이라고 했는데, 이게 '유도키아'(εὐδοκία)입니다. '도키아'(δοκια)는 느낌(Feeling)이니까 '유도키아'는 아주 좋은 느낌이 됩니다.

그러니까 셋을 다시 보세요. 하나님과 사람의 관계에 있어서 그리스도가 오심으로 인간에게 다시 하나님이 오시는 것이 되어서 좋은 것이고, 하나님과 인간을 다시 연결하여 주니까 하늘에는 영광이고, 하나님의 나라가 다시 영광을 받으리라는 것입니다.

그다음에는 "땅에는 평화"라는 것에서는 목자들이 오고, 이런저런 사람이 오고…, 이것은 십계명의 안식일을 기억하세요. 안식일에 어떻게 됩니까? 남종과 여종 또 누구와 누구…, 다 일을 쉬고 다 모여서 하나님을 공경하라는 이것과 내용이 같습니다. 그래서 이곳저곳에 많은 사람이 일을 중단하고 와서 함께 주님을 공경한다는 것입니다.

그다음에 "사람에게 기쁨"(Goodwill to Men)입니다. 사람이 소외될 뿐 아니라 소외되어서 피차 물어뜯었는데, 이제는 서로 상처 주지 말고 좋은 느낌을 가지고, 사람 대 사람 사이가 제대로 성립된다는 말입니다. 그러니까 소외되었던 사람들이 피차 상하게 하던 것이 다시 새로운 관계를 맺어 좋게 되라는 것이 바로 유도키아입니다. 그걸 영어로는 Goodwill이라고 번역했고, 후에 여러분이 번역할 때 우리말에 좀 더 맞도록 해 주세요.

결국 하나님과 사람, 사람과 사람, 사람과 자연, 이걸 다시 묶어서 표현한 것이며, 그리스도가 인간에게 온다는 것은 큰 우주적으로 하나님의 뜻이 이루어진다는 것입니다.

요한복음의 예수 탄생 이야기

그다음에 요한복음을 살펴보겠습니다. 요한의 이야기를 지금 남들이 참 많이 오해해요. 예를 들자면 처음에 태초에 말씀이 있다고 해서 여러분, 여기에서 이 말씀이라고 번역된 '로고스'(λόγος)가 고대 그리스철학의 유명한 합리적 기초이니까 요한이 그리스의 로고스를 수용해서 이렇게 했다고 하면 다 틀립니다.

우선 요한이 그리스 철학자가 아니에요. 처음에 하나님과 같이 계셨고 하나님의 모든 창조에 다 관련되어 있다. 그러면 요한의 말대로 이것이 무슨 뜻이었겠습니까? 이것은 옛날의 창조를 다시 이야기한 겁니다. 그런 것이지, 그리스의 철학에 있어 '로고스가 무엇이다'라고 하면 괜히 다른 곳으로 갑니다. 아까 마태복음의 사례를 보세요. 점성가들의 말을 갖다가 보통 사람이 정말 별이 움직이고 멎었다고 알았습니다. 그런데 별이 가다가 멎었다는 것이 12궁 가운데 갔다가 들어갔다는 말입니다. 들어갔다는 말이지, 거기 가서 멎어서 다 천지가 시간이 다 끊어졌다는 말이 아닌 것과 같이 이 경우도 요한의 말을 다시 들어보세요.

1) 말씀은 곧 하나님이시다. 2) 그를 통해서 모든 것을 지었다. 3) 모든 것은 그 안에서 생명을 얻었다. 4) 그 안에서 빛을 보았다. 이렇게 네 가지입니다. 이것이 다 무엇을 이야기합니까? 다른 것이 아니고 하나님이 처음 창조할 때 어떻게 아름답게 지었고, 어떻게 빛을 지었다 하는 이야기입니다. 그리고 지으실 때의 그 하나님이시라는 겁니다. 그러니까 요한에 있어서 앞으로는 그리스철학의 입장으로 해석하지 마세요. 이건 신학자들이 너무 마음이 약해서 자기가 요한이 어

떻게 생각했겠는가를 생각하지 않고, 당시의 사람들이 그렇게 생각을 했으니까 이 사람도 그렇게 생각을 했겠다고 본 것인데, 그러면 그건 잘못된 겁니다.

여러분, 여기에 태초에 하나님이 창조할 때 우주를 창조하고 세상을 창조하고 사람을 창조하고 모든 것이 아름답다고 하였는데, 그다음에 마귀가 와서 시험해서 이걸 다시 깨뜨려 놓는 것이 나옵니다. 그래서 요한복음에 창조 이야기가 둘이 나옵니다. **그때 어두움이 모든 사람 위에 있었는데, 그들이 이 빛을 깨닫지 못하더라.** 이렇게 설명해서 그 둘을 구분해 놓았습니다. 이것에 대해 요한이 상징적으로 그 창조에 있어서 상정한 것이 있습니다. 다시 성경 안에 들어와서 이걸 보세요. 타락 이야기는 선악과 이야기를 다시 풀이한 것입니다.

예수는 무엇을 상징합니까? 생명과입니다. 그래서 생명이요 빛이요 하는 것이 다른 말이 아닙니다. 그러니까 창조 후에 타락이 생겼지만, 그다음에 다시 새 창조가 나올 것이다. 전에는 선악과를 먹어서 타락되었지만, 지금은 생명과를 먹게 된다는 것입니다. 이 중심적인 구조가 이렇게 된 것인데 이것을 잘못 인식해서 그리스에서 온 것으로 해석하려 하면 큰 오차가 생깁니다.

여러분, 그리스신화 읽어보세요. 이런 것이 없습니다. 그러니까 그리스철학에도 없고, 이것은 요한의 독특한 것입니다. 창조와 새 창조입니다. 그것을 구약의 에덴동산에 두고서 이야기하면 선악과와 생명과에 해당합니다. 이것이 요한의 말하는 이야기의 근본입니다.

성탄의 의미

예수의 탄생에 대한 이야기에서 마태는 하나님이 우리에게 오신다는 것을 강조했고, 마가는 예언과 성취의 틀로 주장했고, 누가는 하나님의 하신 일을 천사를 통해서 사람에게 증언해 준다는 것이고, 요한은 창조와 새 창조를 이야기합니다. 그러니까 여러분 이젠 다시 생각하세요. 절대로 예수의 탄생을 예수의 탄생으로만 생각하지 마세요. "베들레헴에서 태어났다?" 그러면 "베들레헴이 뭐냐?" 그것은 "빵집이다." 제발 이렇게 말 풀이에 한참 시간 보내지 마세요.

예수의 탄생은 구약과 그 틀에 놓고 그다음에 해석이 나와야 네 복음서의 해석이 하나도 틀리지 않고 그 뜻을 그대로 받아들일 수가 있습니다. 그래서 여러분이 앞으로 성탄절 되기 전에 한두 주일쯤을 이렇게 설교해 보세요. 탄생이라는 사건에 제한을 두지 말고 "하나님이 천지를 지으셨는데, 마귀가 와서 시험을 하는 바람에 잘못되었고, 우리가 하나님을 떠났는데, 하나님이 다시 우리에게 오는 것이다." 그래서 하나님께서 우리에게 오신다는 걸 중요하게 말씀하세요. 하나님이 다시 오심으로써 어떻게 되느냐? 다시 뜻이 하늘에서 이룬 것과 같이 땅에서 이루고자 한다는 것을 중시하세요.

여러분, 요새 우리나라가 축구에서 이겨서 온 국민이 하나가 됐다고 하는데, 하나가 약합니다. 사람과 사람은 붙었어요. 맞죠? (청중 웃음) 생전 보지도 못한 사람 껴안고 즐겁다고 그러는데 사람과 사람은 됐어요. 사람과 자연, 이건 조금 되어갑니다. 뭐 쓰레기 줍고 그러는데 (청중 웃음) 그러나 깊이 들어간 것은 아닙니다. 그런데 하나님과 사람은 없습니다. 그래서 제가 지금 또 모두 신학자 만들자는 것은 아닙니다. 그런데 나라도 없고, 경제도 없고, 정치도 없어요. 그러니까 이런 것은 얼마 못 가서 극한 개인주의로 퍼지고 맙니다. 이제는 나 즐겁다고 하면 그만입니다. 앞으로는 옆에 사람을 관계치 않아요. 이것을 엄격하게 보세요. 우리가 즐거워하려면 어디에다가 모아두어야 하는데 혹은 어떤 것에다가 담아야 하는데 이거 조정할 것도 없고, 조정되지도 않아요.

앞으로 시험이 오는데 우리에게 그 시험이 뭐냐 하면 "돌로 떡을 만들자"입니다. 이거 지금 뭔지 아세요? "우리 잘났다." "성전에서 뛰어내려 보자." 제가 장담하는데 당신들 뛰어내리면 다리 다 부러집니다. 다리뿐이 아닙니다. 척추, 머리까지 다 부러집니다. 이 시험에 우리는 지금 뛰어들려고 합니다. "우리가 성전에서 뛰어내리면 된다." 뛰어내리면 그 즉시로 허리가 부러집니다. 이것 조심해 주세요.

그다음에 돌로 떡을 만들자고 합니다. 우리가 이러면 산업을 이렇게 개발할 수 있고, 축구에 그렇게 잘된 것을 산업에 어떻게 옮겨가겠다고? 이거 힘듭니다. 그다음에 궁극적인 우리의 인식, 민족의 인식에 있어서 뭐가 있었습니까? 하나 없어요. 그냥 한번 막 떠들어 본 것입니다. 그런데 신학자들은 뭘 그동안에 주장했느냐 하면 축제(Festival)를 주장했습니다. 이것은 신앙의 축제다? 여러분, 기억나시지요? 이미 유럽에서 이것 많이 떠들었습니다. 축제란 것이 뭐가 좋습니까? 축구와 같아요. 거기에 하나님이 없어요. 사람과 사람만 있어요.

크리스마스 때 어려운 사람을 돕고, 외로운 사람을 돌봐야 하고 뭐 그런 이야기만 하는데, 이거 또 사람과 사람만 있습니다. 하나님의 나라라는 큰 틀이 들어갈 자리가 없어요. 세 조각인데 하나에 또 조각을 만들고 또다시 조각을 만들어서 그것으로 뭘 하자고 그러면 앞으로 큰일 납니다.

그래서 성탄을 우리가 기념할 때는 큰 뜻에서 기념합시다. 12월 25일이라는 것도 꼭 성탄절은 아니에요. 그래서 정교회(Orthodox Church)에서는 1월 6일에 성탄절 지내지 않습니까? 다 다른 것인데 그런 것을 문제 삼지 마시고, 작은 문제 가지고 그러지 마세요. 큰 것은 하나님의 뜻이 이 땅에 다시 이루게 되는데 그때 하나님이 지금 우리에게 내려오시는 겁니다. 또 "내려와 계시다"는 것입니다.

하나님이 사람을 향해서 지금 사람이 되어 있다는 걸 잊지 마세요. 그것이 가장 중요합니다. 하나님이 육신을 입어서 우리 가운데 사신다는 말을 이제는 조심해서 생각해야 합니다. 그러니까 우리에게 하나님이 오시고, 와 계시다는 것이 중요한 것입니다. 육체로 와 있느냐 무엇으로 와 있느냐 하는 것은 본래 말의 뜻에는 그렇게 중심적인 것은 아닙니다. 그래서 요한복음에 **그는 빛 자체요, 그는 피와 살로 된 것이 아니다**(요한복음 1:13)라고 하지 않았습니까? **그분을 맞아들이는 사람에게는 하나님의 자녀가 된다**(요한복음 1:12)고 했습니다.

여러분, 아들이라는 말이 무슨 뜻입니까? 이것은 또 오늘과 달라요. 여러분 아들 '子'자 아시지요? 이건 조그만 아이라는 겁니다. 그다음에 아들자 옆에다 살을 이렇게 꽈서 내려가면(系), 아들의 아들의 아들이 되니까(孫), 손자라는 말입니다. 그런데 이 아들이라는 말이 뭐예요? 옛날 말하고 오늘 말이 너무 차이가 나는데, 이 아들이라는 말이 뭐냐 하면 요새 말하듯이 단지 아무개의 아들이 아닙니다.

하나님이 우리에게 오셔서 우리의 하나님의 아들이 되게 한다는 것은 그전에는 쫓겨나서 종노릇 하는 것밖에 없는데 하나님이 오셔서 다시 아들로 만들었다는 것입니다. 여러분, 그러니까 예수께서 하나님의 아들이라고 할 때 그게 무슨 의미입니까? 여기에서 그 용어가 같아요. 우리에게 하나님의 아들이라는 그 글자하고 예수가 하나님의 아들이라고 한 것하고는 용어가 같습니다. 다 같은 용어에서 나온 것입니다. 그러니까 인간이 믿으면 하나님의 아들이 된다는 것입니다. 예수에게 적용한 용어와 다르지 않아요. 아들이라는 것은 누구네 집 아들이 아닙니다. 예수에게 하나님이 오셨고 와 있다는 것인데 예수도 하나님의 아들이고, 하나님이 우리한테도 오셨으니까 우리도 하나님의 아들입니다.

그런데 동양에서 이 글자의 의미가 다 달랐어요. 여러분 옛날에 아들 子자 쓰면 지금의 아들이 아닙니다. 이것이 지금부터 약 4,000년 전에는 아들 '子'자를 쓰면 사위가 돼요. 아들이 아니라 사위입니다. 그러니까 그때에는 아들 '子'자가 사위라는 뜻이에요. 도리어 딸은 그 집의 연속적인 권리가 있습니다. 그러나 아들은 없었어요. 아들은 나가서 남의 집의 사위가 되어야 해요. 그러면 그 집에서 받아들여서 이름을 주고, 땅을 주고 그래서 살게 됩니다. 그래서 완전히 의미가 다릅니다. 주전 2300여 년 전에 동양에선 비로소 지금 말하는 의미의 아들이 되었어요.

그런데 성경에서 말하는 아들은 또 다른 의미가 들어 있어요. 옛날 법을 보면 집에서 내쫓으면 이건 물건이 됐습니다. 그래서 아버지가 아들이라고 하지 않는 경우 이 사람은 소유물이에요. 그것 참 무섭습니다. 그래서 아들이 집을 쫓겨 나가서 자식을 낳아도 이건 다 소유물의 계보입니다. 그래서 그것에 대해 성경에서는 '종'이라고 표현합니다. 일반적으로는 아버지가 자식이라고 부르지 않으면, 아버지가 그 사람을 한 번이라도 자식이라고 불러주지 않으면 그건 계보가 달라요. 완전히 물체이고, 물건입니다. 사람이 아니에요. 그러니까 하나님의 아들이라고 하는 말이 정말 보통 말이 아닙니다. 하나님이 내려오시니까 하나님의 아들이라고 하니까 다 새롭게 되는 겁니다. 그래서 우리가 이 크리스마스에 있어서 중요한 것은 예수가 났다고 한 것에다가 중심을 두지 마세요. 예수께서는 하나님의 안에 있으니까 당연히 하나님의 아들이에요. 마리아를 통해 태어나서 하나님의 아들이 된 것이 아닙니다.

크리스마스에서 제일 중요한 것은 하나님께서 우리한테 오셔서 우리를 보고 "네가 내 아들이다"라고 부르시니까 우리가 그때에 하나님의 자식이 되어서 완전히 지위(Status)가 달라지는 겁니다. 하나님의 자식이라고 부르면 그의 자식도 하나님의 자식입니다. 그때 구약의 법칙을 주의해서 보세요. 그러니까 이런 것을 너무 좁혀서 오늘날 생각으로 작게 만들지 마세요.

하나님 오셔서 "너는 내 자식이다"라고 불러주시니까 "빛으로 살 것이요, 빛 안에서 살 것이요, 생명 안에서 살 것이요, 하나님의 아들이 된다" 이렇게 된 말입니다. 하나님이 내려와서 인간을 아들로 인정하였다는 것은 꼭 인간의 속을 새롭게 하고, 마음을 새롭게 하고, 머리를 새롭게 했다는 것이 아닙니다. 하나님께서 아들로 보신 겁니다. 이 다음에 절대 예수 믿고 잘났다고 그러지 마세요. 나는 죄가 없고, 죄를 다 사함을 받고, 양털같이 희다고 하지 마세요. 이것이 바로 기독교인의 위선입니다.

우리는 죄인입니다. 우리는 지금도 죄짓고 있습니다. 이것이 바로 우리입니다. 그런데 하나님께서 우리를 아들로 보신 것입니다. 법적으로는 하나님이 다시 아들로 부르셔서 하나님의 아들입니다. 인간이 잘난 거 하나 없어요. 그러니 우리는 하나님 앞에서 무슨 기도를 해야 하는가 하면 "주여, 당신은 내 죄를 사했지만, 나는 내 죄를 잊지 못합니다." 그렇게 기도해야 해요. 하나님이 용서했다고 인간들 죄가 싹 없어지면 세상이 이상하게 되잖아요? 이다음에 남한테 돈을 갚지 않고 "나 회개합니다"하면, 돈은 돈대로 챙기고 자기는 깨끗해지고 천당 간다는 것 아닙니까? (청중 웃음) 그런 식으로 사람 죽이고도 그 소리 하면 됩니까? 이것이 기독교인의 약점입니다.

하나님 앞에서 나는 나입니다. 다만 하나님이 나를 아들로 봐서 그렇지 나는 아직도 나예요. 그래서 여기에서 정말 당황하는 감사가 나옵니다. 당황하면서 하나님 앞에 내가 회개하는 것입니다. 한번 잘못했다고 회개하지 마세요. 그건 다 형식입니다. 우리가 한 번만 잘못했습니까? 하루에도 수십 번씩 잘못했지. (청중 웃음) 그러니까 항상 감사하라는 말 잊지 마시고, 하나님이 우리를 이렇게 붙잡아 준 것입니다. 아들로 부르셔서 아들이 된 것이지 내가 잘난 것이 아닙니다. 이것이 하나님의 뜻이에요. 뜻이 하늘에서 이룬 것 같이 땅에서 이룬 것입니다. 뭐 갑자기 당신보고 생각해 보니 좋다? 이런 것이 아닙니다. 요즘에 양자를 들이듯이 한 명 특별히 생각하신다는 것이 아닙니다. 그래서 아들이라는 뜻이 고전에서부터 내려오는데, 참 그것을 공부해 보면 '야, 이렇게 의미에 큰 차이가 나는구나!' 하는 것을 깨닫게 됩니다.

성탄의 메시지는 "하나님께서 우리에게 오신다", "하나님께서 우리에게 오신 것이 바로 그리스도이다", "우리에게 새 생명을 주고 새 빛을 주면서 하나님의 아들로 생활할 수 있게 하시는 것이다." 그러니 여러분들 괜히 불안하고 긴장해서 예수 믿지 마세요. 하나님이 나하고 같이, 하나님이 나한테 오셔서 자기 아들로 삼아 주는데 이거 얼마나 기쁜 일입니까. 그것을 잊지 마시고 사세요. 자 다 함께 주님 가르쳐주신 대로 기도합시다.

하늘에 계신 우리 아버지여,
이름이 거룩히 여김을 받으시오며,
나라가 임하옵시며
뜻이 하늘에서 이룬 것 같이 땅에서도 이루어지이다.
오늘날 우리에게 일용할 양식을 주옵시고,
우리가 우리에게 죄지은 자를 사하여 준 것 같이
우리 죄를 사하여 주옵시고,
우리를 시험에 들게 하지 마옵시고,
다만 악에서 구하옵소서.
나라와 권세와 영광이 아버지께 영원히 있사옵나이다.
아멘.

(2002년 7월 11일 연세대학교)

제3강

창조

태초에 하나님이 천지를 창조하시니라 땅이 혼돈하고 공허하며 흑암이 깊음 위에 있고 하나님의 신은 수면에 운행하시니라 하나님이 가라사대 빛이 있으라 하시매 빛이 있었고(창세기 1:1-3).

하나님이 자기 형상 곧 하나님의 형상대로 사람을 창조하시되 남자와 여자를 창조하시고(창세기 1:27).

여호와 하나님이 흙으로 사람을 지으시고 생기를 그 코에 불어 넣으시니 사람이 생령이 된지라(창세기 2:7).

여호와 하나님이 가라사대 사람이 독처하는 것이 좋지 못하니 내가 그를 위하여 돕는 배필을 지으리라 하시니라. 여호와 하나님이 흙으로 각종 들짐승과 공중의 새를 지으시고 아담이 어떻게 이름을 짓나 보시려고 그것들을 그에게로 이끌어 이르시니 아담이 각 생물을 일컫는 바가 곧 그 이름이라. 아담이 모든 육축과 공중의 새와 들의 모든 짐승에게 이름을 주니라 아담이 돕는 배필이 없으므로 여호와 하나님이 아담을 깊이 잠들게 하시니 잠들매 그가 갈빗대 하나를 취하고 살로 대신 채우시고 여호와 하나님이 아담에게서 취하신 그 갈빗대로 여자를 만드시고 그를 아담에게로 이끌어 오시니 아담이 가로되 이는 내 뼈 중의 뼈요 살 중의 살이라 이것을 남자에게서 취하였은즉 여자라 칭하리라 하니라(창세기 2:18-23).

이제 성경 본문을 읽었는데 여러분, 지금은 아무것도 생각하지 마세요. 귀에 들어온 것을 전제하세요. 좀 전에 읽은 이것을 전제하세요. 내가 여러분에게 무슨 이야기를 하려고 하느냐 하면 교회에서 성경 말씀 많이 읽지만 읽은 다음에는 왜 읽었는지 모르고, 뭘 읽었는지 모르고, 어떻게 된 것인지 잘 모를 때가 많습니다. 그래서 이걸 이제 연결을 시키려고 합니다.

하나님과 사람의 관계
― 창세기의 창조 이야기와 요한복음 1장

어젯밤에 제가 들었던 가수의 노래 이야기에서 시작하고자 합니다. 가수 조수미 씨라고 있지요? 여러분, 그 사람이 아마 백 년에 하나 나올 사람입니다. 우리 그냥 그저 한국에서 나왔다고 해서 그렇게 쉽게 보지 마세요. 그분이 소리가 올라갈 때나 내려갈 때 힘을 안 줍니다. 보통 사람은 소리를 올리려면 막 힘을 주어서 올라가는데 이 사람은 그렇게 안 해요. 이것은 입안에 앞뒤로 두 부분이 되어 있는데 이 크고 작은 것의 비례로 했습니다. 통과하는 기운의 힘으로 성대를 높이지 않았어요. 이다음에 이걸 자세히 살펴보면 누구든지 사람이면 힘을 주지 않고 네 옥타브를 올라갔다 내려갔다 합니다. 그런데 그걸 제대로 안 사용해서 못할 뿐입니다.

그런데 조수미 씨의 무슨 노래를 밤에 들었냐 하면 안톤 드보르자크(Antonin Dvorak)의 자장가를 부르는 것을 들었습니다. 드보르자크라고 '신세계 교향곡' 지은 사람 있지요? 그 사람이 재미있는 자장가를 하나 지었습니다. 그 사람 자장가 혹시 누가 기억하는 사람 있어요? 이거 뭐 자장가라고 무시할 수 있는데 이 자장가가 참 잘 되어 있습니다. 그런데 조수미 씨가 그걸 부르니까 더 좋아요. 왜냐하면 그분이 그 내용을 완전히 이해하고 부르기 때문입니다. 이 자장가는 2절로 되어 있습니다. 같은 음악이고 조금 말을 바꿨어요.

1절은 무엇이냐 하면 자기가 아이를 재우느라고 그 자장가를 부르는 거예요. 그런데 이걸 부르니까 아이가 잠드는 게 얼마나 그 어머니로서 황홀하고, 만족하고, 그렇게 사랑이 건너가는 그런 장면이 있게 되지 않겠습니까? 그런데 2절을 부를 때에는 이게 아닙니다. 이것은 자기 어머니가 자기에게 들려주던 그 소리로 불러요. 그러니까 이것이 어머니가 자기한테 들려주던 건데 조수미 씨가 그걸 창법을 조금 바꿔서 어머니가 들려주던 것으로 이 노래를 하게 돼요.

보통 사람 머리는 자장가면 자장가예요. 어머니는 딸에게, 아들에게 어렸을 때 애들에게 불러주는 것인데 그냥 불러주는 걸로 끝나요. 그런데 여기에선 자기의 어머니가 자기에게 불러주던 것을 다시 부르니까 이 관계가 단지 둘의 관계가 아닙니다. 어머니하고 그 자식의 관계만이 아니고 3대의 관계입니다.

여기에 있어서 그 어머니의 심경이 어떻겠어요? 어머니가 그때 그 노래하면서, 그 표현이 어떻게 되어야 해요? 아이가 평안히 잠드는 것을 보면서 그 느낌만 표현하면 되겠어요? 여러분, 어떻게 생각해요? 이게 참 복합이 됐는데 이것이 단순하게 그런 표현이 아니고, 이제 옛날에 어머니가 자기한테 하던 자장가를 기억하는데 그 어머니의 어머니가 지금은 세상에 없거든요. 그러니까 자기가 들었던 그 아름다운 그 자장가가 환상으로 다시 돌아오는데 동시에 현재 계시지 않는 어머니의 그 노래를 하게 되니까 속에는 비참한 감이 생기게 됩니다. 노래 부르는 데 조수미의 장점은 뭐냐 하면 이 복합한 심정을 노래로 표현하더라 그겁니다.

여러분, 왜 제가 이 이야기를 하느냐 하면 지금 창세기의 이야기는 어머니가 딸에게 노래하는 이야기입니다. 그러면 어디에 딸이 자기 아이한테 노래하는 장면이 어디 있겠습니까? 어디에 있겠어요? 여기엔 없습니다. 이것을 어디서 여러분이 다시 찾을 수 있겠어요?

그 어머니의 어머니가 들려주던 그 노래가 어머니를 통해서 다시 아이에게 건너갈 수 있는데 그러면 구약의 이 창세기의 이야기가 어디에서 제일 잘 전달되었겠어요? 아주 그대로, 본 모습대로, 어머니의 모습대로 어머니가 부르던 대로, 그대로 어디에서 전달하고 있겠습니까? 뭐 어느 집에 가면 된장 맛이 몇 대째 집에서 보존된다는데 (청중 웃음) 맛이 보존되어서 그대로 된 기록이 어디 있을까요? 괜찮아 크게 하라고, 나 이제 평가 안 해요 (청중 웃음) 성적 안 줘요 크게 해요 어디 있겠어요?

요한복음 1장을 봅시다.

태초에 말씀이 계시니라 이 말씀이 하나님과 함께 계셨으니 이 말씀은 곧 하나님이시니라. 그가 태초에 하나님과 함께 계셨고, 만물이 그로 말미암아 지은 바 되었으니 지은 것이 하나도 그가 없이는 된 것이 없느니라. 그 안에 생명이 있었으니 이 생명은 사람들의 빛이라. 빛이 어두움에 비취되 어두움이 깨닫지 못하더라. 하나님께 보내심을 받은 사람이 났으니 이름은 요한이라(요한복음 1:1-6).

여러분, 이 요한복음을 해석하는데 제일 어렵고, 요한복음 설교하는데 제일 어려운 것이 "태초에 말씀이 있다"라는 부분입니다. 이것 어떻게 풀어야 해요? 하나님이 먼저 있었어요? 아니면 말씀이 먼저 있었어요? 이렇게 되면 벌써 머리가 흔들리는 거예요. 지금 곁길로 잘못 가는 것입니다. "말씀은 무엇이냐? 말씀은 로고스다, 로고스는 무엇이냐? 그리스철학의 중심이다." 이러면 또 옆으로 빠지는 것입니다. 그래서 어디까지 빠지는가 하면 정신이 빠질 때까지 빠집니다. (청중 웃음)

그런데 이것이 아닙니다. 여러분 이것 두 개를 비교해 보세요. 다시 창세기하고 이것을 비교해 보세요.

하나님이 가라사대 빛이 있으라 하시매 빛이 있었고(창세기 1:3).

그것이 무슨 뜻입니까? 어떤 것이 말씀에 해당합니까? 그리스어로 로고스가 아니고, 구약의 히브리어로 하면 '가라사대'라는 말입니다. 이 말이 로고스로 표현된 것입니다. 절대로 로고스를 그리스철학으로 해석하면 큰일 납니다. "하나님이 가라사대 빛이 있으라"에서의 '가라사대'입니다. 그 말씀하신다는 것, 그것이에요. 바로 그 말씀이라 그겁니다. 요한복음에서는

태초에 말씀이 계시니라 이 말씀이 하나님과 함께 계셨으니 이 말씀은 곧 하나님이시니라(요한복음 1:1).

창세기에서 하나님이 "있어라" 하고 말씀하셨습니다. 그러니까 "가라사대"라는 말이 여기서 와서 로고스로 표현한 것입니다.

여호와께서 빛이 있으라 말씀하시니.

바로 가라사대 있으라 하는 바로 그게 말씀 아닙니까. 말씀하신다는 것이 로고스입니다. 이거 철학하고 연결시키지 마세요. 일단 철학하고 잘못 연결시켜 놓으면 한이 없이 뒷골목으로 갑니다. 그걸 뭐라고 하니 어둠의 자식이라고 합니다. 그러니까 여러분이 설교하다가 어둠의 자식이 된 거예요.

여기에 제일 중요한 것을 기억해 주시기 바랍니다. 창세기를 읽을 때는 (조수미의) 아까 부른 그 어머니의 어머니 노래를 연상하여야 합니다. 어머니의 어머니 노래는 구약에 있어요. 그리고 어머니가 자기 딸에게 하는 노래는 신약 요한복음에 있어요. 그러니까 이 둘을 붙여서 거기에서 감화를 받아야지요.

요새 별사람 다 있어요. 창세기하고 진화론하고 붙이겠다는 거예요. "창세이니까, 자연과학이다. 그러므로 이건 진화론과 비교해봐야 한다." 그래서 "진화론과 비교할 때 맞느냐 안 맞느냐", "맞는다는 사람도 있고, 안 맞는다는 사람도 있다." 이거는 완전히 곁길로 간 겁니다. 그게 다 무엇인가 하니 어둠의 자식이 되는 방법입니다. 제발 그렇게 하지 마십시오. 언제든지 하나님의 말씀은 그 순수한 테두리 안에서 꼭 신도들에게 알려줘야 합니다.

이 창세기를 이야기할 때는 요한복음을 함께 봐야 합니다. 요한복음이 창세기를 요약하면서 이렇게 나오면서 자기가 어머님이 부르던, 즉 구약의 창세기에서 말한 창세기의 이야기를 어머니가 다시 딸에게 이야기하듯이 요한이 여기에서 다시 우리에게 알려주는 것입니다. 이것이 정말 설교입니다.

우리 학교에 유명한 신학 선생님이 계셨습니다. 제가 교수로 왔을 때 같이 교수하시던 분입니다. 이분이 요한복음을 가르치시는데 한 학기가 다 지나가도 요한복음 1장 1절이 안 끝나요. (청중 웃음) 서론에서 말하다 끝나요. 왜 그러냐 하면 '태초에'라고 하는데 여러분, '태초'라 그러면 언제가 '태초'예요? 태초라고 그러면 시작의 시작이거든요. 그다음엔 무한으로 가는데 무한에서도 또 가야 한단 말이에요. 그러니까 태초 이야기하다가 그 말 '태'자 끝내기도 전에 한 학기가 다 지나갑니다. (청중 웃음) 그래서 그분 참 고생 많이 하시는 것을 제가 직접 보았습니다. 그래서 요한복음을 가르치시는데 그 선생님은 요한복음 서론을 개시하다가 그 학기가 끝나요. 그러니까 그때 시험 치면 쉽지요. "요한복음이 뭐냐?" 그러면 "아직도 태초가 시작이 안 되어서 설명이 안 된다"라고 그러면 다예요. (청중 웃음) 더 방법이 없죠. 그러니까 이거 조심하세요.

성경 말씀을 우리가 어떻게 설교해야 하느냐는 이 문제에 있어서 언제든지, 어느 본문에 있어서든지 어머니의 어머니가 하던 노래, 그것이 어머니에게 가서, 그것이 다시 자식에게 가서 자식이 고이 잠드는 모습을 볼 수 있는 그런 연결성이 있어야 합니다. 거기에 뭐 다른 것을 섞어서는 바르게 연결이 안 됩니다.

그 안에 생명이 있었으니 이 생명은 사람들의 빛이라
빛이 어두움에 비취되 어두움이 깨닫지 못하더라(요한복음 1:4-5).

이게 무엇입니까, 생명이라는 것이 결국은 무엇입니까? 하나님이 만물을 지으시지 않았습니까? 지어서 그것들이 움직이고 있지 않습니까? 그러니까 이게 실체적인 것인데, 여기다가 생명이란 말만 딱 빼서 보면 또 다른 곳으로 가는 겁니다. "아, 생명", "아, 빛", 여러분, 빛이 뭐예요? 여기 빛을 설명한 바가 없어요. 괜히 또 그 말 풀이로 들어가지 마세요. 거기 들어가면 또 곁길로 들어가서 어두움에 들어갑니다. 여러분, 이거 꼭 주의해 주시기 바랍니다.

그가 태초에 하나님과 함께 계셨고 만물이 그로 말미암아 지은 바 되었으니 지은 것이 하나도 그가 없이는 된 것이 없느니라. 그 안에 생명이 있었으니 이 생명은 사람들의 빛이라. 빛이 어두움에 비취되 어두움이 깨닫지 못하더라(요한복음 1:2-5).

땅이 혼돈하고 공허하며 흑암이 깊음 위에 있고 하나님의 신은 수면에 운행하시니라(창세기 1:2).

그러니까 여기에 "빛이 어두움에 비취되 어두움이 깨닫지 못하더라." 이건 벌써 명과 암의 문제, 선과 악의 문제가 나오지 않아요? 그러니까 여기에는 "혼돈하고 공허하며 흑암이 깊음 위에 있고 하나님의 신은 수면에 운행하시니라." 즉, 빛과 어두움의 대조 관계를 설명한 겁니다.

그래서 요한복음을 이렇게 제대로 읽으면 무엇하고 같은 느낌을 주느냐 하면 어머님의 아이에 대한 사랑의 표현과 자기에 대한 자기 어머니의 사랑의 표현이 겹치는 느낌을 갖게 합니다. 이 느낌이 참 깊습니다. 그런데 이것을 조금만 잘못 다루면 이건 이것대로 떨어지고, 저건 저것대로 덜어져서 자장가가 겹쳐서 들리지를 않게 됩니다. 그래도 하나님께 감사한 것은 조수미 씨가 우리나라 사람으로 그렇게 좋은 목소리를 가지고 또 그렇게 해석을 잘하면서 부를 수 있다는 것입니다. 제가 그녀가 예수 믿는지는 그거 관계 안 합니다. 요한복음같이 "태초에 하나님이" 그렇게 불러준 것입니다. 그거 얼마나 고마운 일이에요. 그래서 여러분, 뭐 꼭 아무개 부흥사가 잘했다고 칭찬하지 마세요. 하나님이 인간에게 주신 그 재능, 그 지혜 또 그 아름다운 심정들, 그거 꼭 예수 믿는 사람에게만 있지 않습니다. 어떨 때는 그게 넓은 범위에 있습니다.

이 말씀 전체는 어두움에서 빛을 내어서 빛과 어두움을 갈라서 놓으려고 하는 것이 하나님의 일인데 이것을 창세기에는 길게 썼지만, 요한복음에는 한 줄로 간단하게 한 겁니다. 그러니까 하나님이 뭘 하신다는 것을 요한복음에서 다시 설명한 겁니다.

아담과 이브 — 사람과 사람의 관계

> 여호와 하나님이 흙으로 사람을 지으시고 생기를 그 코에 불어 넣으시니 사람이 생령이 된지라(창세기 2:7).

이것은 창세기 1장에서 기록한 다음에 2장에 와서 다시 해석한 내용입니다. 여기에서 하나님과 사람의 관계를 설명하고 있습니다. 그런데 사실은 이것도 이상합니다. 내가 하나님이라면 사람을 왜 흙으로 지어요? 이왕이면 보석으로 만들지. (청중 웃음) 보석 가운데에서도 최고 보석으로 지어요. 생령(生靈)도 아주 특별하게 스파클링한 기운을 넣어주면 어때? (청중 웃음) 그래도 아직 흙이 좋아요? 진흙탕 속에, 그 더러운 속에 내 고향은 진흙이올시다 하는 것이 좋습니까? 어째서 이 이야기가 좋아요? 그러니까 괜히 이것이 좋다고 거짓말하지 마세요. 정말 느낀 대로 보세요. 인간을 지으시는 이야기에서 어느 부분이 가장 인상에 남습니까?

> 하나님이 자기 형상 곧 하나님의 형상대로 사람을 창조하시되 남자와 여자를 창조하시고(창세기 1:27).

여러분, 다이아몬드보다 더 귀중하다면 무엇이겠어요? 이 구절에 참 무서운 말이 나옵니다. 다른 종류는 다 종류대로 그렇게 만들고, 사람은 "하나님이 자기의 형상대로" 지으셨다는 것입니다. 그 이상은 더 없어요. 자기의 형상대로 이걸 만드시는 것입니다.

그다음에 다른 종류들은 다 그저 있으라 하니까 있었어요. 그러나 사람은 자기의 기운(氣運)을 불어넣어서 이렇게 만드셨습니다. 이거는 그 당시의 말로는 대단한 말입니다. 이게 어떻게 해서 대단한 말이 돼요? "자기의 형상"이 무엇입니까? 보세요. 다른 건 다 물질입니다. 그러나 사람만은 자기의 아들로 만드는 것입니다. 인간을 하나님의 아들로 만드는 것입니다. 자기의 형상대로 했고, 자기의 기운을 주었다는 겁니다. 여러분, 이 기운이라는 것, 요새같이 생각하면 안 돼요. 감기 걸리면 코 막혀 다니는, 뭐 그런 기운이 아닙니다. 그때 용어로는 기운이란 말이 자기의 모든 것의 정수라는 표현입니다. 그러니까 자기에게 제일 중요한 겁니다. 그래서 여러분 서양 사람들이 재채기하면 기운이 나갈까 봐서 "하나님 지켜주세요", 그렇게 말하지 않아요? (청중 웃음) 이 기운은 자기의 모든 그 생체의 힘이에요. 하나님의 형상대로 빚고 이것을 그 안에다 내어주는 것이니까 굉장한 의미를 담고 있습니다. 여러분, 이 창조의 요점이 뭡니까? 바로 하나님의 아들이 되는 것에 있습니다. 하나님이 인간을 자기의 아들로 지금 지으시는 장면이에요. 그때는 종의 아들은 결국은 물체인데 자기의 아들로 지금 짓고 있는 것을 표현합니다. 이것이 얼마나 귀한 일입니까?

그리고 사람을 만들 뿐 아니라 무엇이 또 특이한 것이 나옵니까? 여러분, 장가가고 이것도 몰라요? 결혼식 할 때 하나님 맺어주신 것이 끊어지지 않는다고 하는데 내일모레 이혼하는 인간들, 당신들이 주례한 사람들이 이혼해요.

> 여호와 하나님이 아담을 깊이 잠들게 하시니 잠들매 그가 그 갈빗대 하나를 취하고 살로 대신 채우시고, 여호와 하나님이 아담에게서 취하신 그 갈빗대로 여자를 만드시고 그를 아담에게로 이끌어 오시니, 아담이 가로되 이는 내 뼈 중의 뼈요 살 중의 살이라 이것을 남자에게서 취하였은즉 여자라 칭하리라 하니라(창세기 2:21-23).

보세요. 여기서 제일 중요한 뜻이 무엇입니까? 무엇으로 만들었다고 그랬어요? 뭘로 만들었다고? (청중 대답: 갈빗대입니다) 이거 LA 갈비보다 좋아요, 못 해요? (청중 웃음) 솔직하게 얘기해봐요. (청중 웃음) LA 갈비는 그래도 맛있어요. 당신들, 사람 갈비 먹어봤어요? (청중 웃음) 그걸로 만든 게 여자라면 이거 큰일 나요. 잘못 해석하면 큰일 나요. 이게 무슨 뜻이에요?

그래서 여러분이 성경 공부하는데 우리 어머니의 어머니의 자장가를 잊지 마세요. 어머니의 어머니의 자장가에서는 이 갈비가 무슨 뜻이요? 여러분, 이 갈비 하나 떼어서 살을 붙였다고 해서 남자는 갈비 하나가 부족하다고 하는데 그런 거짓말하지 마세요. 당장 잡히는 말입니다. 자, 그러면 갈비라는 것이 도대체 무엇이요? 저는 그래서 늘 음식점에 가서 갈비를 보면 "야, 이거 이렇게 많은데, 이거 잘못되면 내 마누라가 몇 개나 될지 모르겠다"라고 그래요. (청중 웃음) 그런데 갈비로 마누라를 만들었다는 이야기를 교회의 신도 앞에서 하려고 그러니까 얼마나 따분해요? 그래서 설교자들이 어물어물하고 그렇지요. (청중 웃음) 이것이 무슨 뜻이요?

옛날에는 남자가 어떻게 애를 가지게 합니까? 요새 의학으로 말하면 남자가 여자한테 정자를 줘서 아이가 생깁니다. 그러나 옛날에는 정자(精子, Sperm)라는 말이 없었습니다. 그리고 아주 제일 기초가 되는 것이 뼛속에 있는 골수(Marrow)입니다. 그러니까 이제 아시겠어요? 아담이 자기의 뼛속에서 골수를 뺀 걸로 여자를 만들었다는 말입니다. 다시 말하자면 남자의 제일 정수(精髓)가 되는 것으로 여자를 만들었다는 것입니다. 요새 정자라는 것은 너무 미세해서 당시에는 보지 못하니까 여기서는 '아담의 제일 기본 요소의 요소를 뽑아서 만든다'라는 그 말입니다.

이러면 여자를 무엇으로 만들었다는 말이 됩니까? 그 남편된 남자의 제일 중요한 것으로 만들었다는 의미가 됩니다. 여러분 사람의 속에서 제일 중요한 것이 그때는 뼈라고 생각했는데 이것은 그 뼈 안의 또 골수로 만들었다는 것입니다. 요즈음은 좀 안다고 골수이식이라고 그래서 또 이것도 "아담이 하와에게 골수이식을 해서, 유전자로 변해서 어쩌고", 뭐 또 그런 말 하면 안 됩니다. 가장 그 사람의 핵심의 핵심을 가지고 여자를 만들어 냈다는 말씀입니다. 그러니까 이거 아주 강조하는 말인데 이걸 LA 갈비같이 갈비로 전달하면 큰일 나지 않아요? 그러니까 기독교가 천대를 받아요. (청중 웃음) 이거 다시 어머니의 어머니가 어떻게 노래하던 것을 잊지 말고 잘 배워야 됩니다. 그래서 이런 말씀이 나왔습니다.

그렇게 되어서 이제는 둘이 됐습니다. 그런데 이거 둘이라는 것이 부부가 되라고 둘이라고 이야기한 줄 아세요? 그거 아닙니다. 사람 대 사람의 관계 기억하시지요? 그 10계명의 둘째 구조, 사람 대 사람의 관계를 여기서부터 축조시키는 것입니다.

사람과 자연의 관계: 자연에 이름을 지음 ― 창세기 2장

여호와 하나님이 흙으로 각종 들짐승과 공중의 새를 지으시고 아담이 어떻게 이름을 짓나 보시려고 그것들을 그에게로 이끌어 이르시니 아담이 각 생물을 일컫는 바가 곧 그 이름이라(창세기 2:19).

그러면 여러분 지금 아담이 돼지를 보고 뭐라고 그랬어요? 돼지를 뭐라고 그랬어요? 실제로 얘기를 해봐요. 괜히 어물어물하지 말고요. (청중 웃음) 이것이 무슨 말이에요? 내가 다시 묻겠어요. 아담이 돼지라고 그랬어요? 이게 무슨 말이에요? "그거라 하니 그 이름이 붙어서 지금까지 왔다?" 이게 무슨 말이에요? 이거 또 어디서 변했냐 하면 그 어머니의 어머니의 자장가가 내려오다가 변질된 것입니다. 완전히 골절되고, 이탈되었어요. (청중 대답: 사람과 자연의 관계입니다) 좋아요. 사람과 자연하고 관계인데, 이 관계를 지금 이름 짓는 걸로 들어갔단 말입니다. 그럼 이름 지으면 뭐가 됩니까? 여러분, 요새 헌법에다가 몇 개 조항을 더 더하면 나라가 잘 됩니까? 물건에다가 이름을 지어 주면 그게 어떻게 되었다는 말이에요?

대체 이름이라는 말이 뭡니까? 어디 여러분에게 한번 물어봅시다. 왜 이름을 지었는데 그 이름이 붙어 있어야 돼요? (청중 대답: 속성을 줍니다) 속성? 아담이 뭣인데. (청중 웃음) 개 보고 너 개 속성이다, 그러면 개가 그 속성 가져요? 개 보고 '개' 한다고 속성 준 것이 아닙니다.

다시, 이름이라는 것이 무엇입니까? 이름을 지어 줬다는 게 무엇이에요? (청중 대답: 존재 가치를 인정하는 것입니다) 이거 보라고, 이제 급하니까 철학으로 막 건너가거든? (청중 웃음) '존재'에다가 '무'에다가, "어느 실존주의자가 이랬는데" 이러면 벌써 다 간 거야. 자기도 모르는데 교우가 알아듣겠어요? (청중 웃음) 그러니까 그때 또 존재라고 그러면 안 돼요. 이걸 피하려고 하다가 여러분이 급하니까 자꾸 강단에 가서 고함을 쳐요. (청중 웃음) 자주 고함을 칩니다. "(큰소리로) 오, 하나님, 이름을 불렀으니!" 이래야 됩니다. (큰소리로) "이름이!" 도대체 어떻게 하자고 그렇게 하는 겁니까. 이거 솔직히 말해서 제일 빨리 아래쪽으로 내려가서 뜨거운 데 가는 길입니다. 강단에서 이렇게 하기 때문에 기독교가 발전을 할 수가 없어요. 하나님의 말씀은 안 들려요.

이름을 짓는다는 것이 무슨 뜻입니까? 다시 생각해 봐요. (청중 대답: 핏줄이요) 예? 크게. (청중 대답: 자기 아들처럼, 핏줄을 인정한다는 것입니다) 핏줄은 지금의 문제가 아닙니다. 동물에게 이름 주었다고 핏줄이 되는 것이 아닙니다.

이름이란 것이 어느 글자에서 왔습니까? (청중 대답: 구별하기 위한 것이 아닙니까?) 구별? 아니에요. '이름'이라는 글자가 어디에서 왔어요? 그것이, 네임(Name)이 '그노멘'(Gnomen)에서 왔고, 그 말은 '기노스코'(γινώσκω)에서 온 말입니다. 그렇게 하면 그거 한번 연결시켜 보세요. 이름이 무엇이에요. (청중 대답: 안다는 것입니다) 예, 안다는 겁니다. 그러니까 뭐냐 하면 "만물을 다스려라" 하는데 이걸 알아야 되지 않습니까? 그래서 "내가 너를 안다" 그것을 말하는 겁니다. 그리스어에서 '기노스코'가 "안다"(Know)는 말인데, 그것이 분사가 되어서 '그노멘'(Gnomen)이 되었습니다. 그 후에 영어로 될 때는 g를 n 앞에서 발음하지 않아요. 그래서 오늘날 영어의 노우(Know)가 되었지요. 본래 '안다'라는 말에서 그것이 명사가 될 때 이름이 됩니다. 그러니까 하나님이 사람을 아들로 지어 주셨고, 관할할 힘을 주셔서 우리는 이것을 알게 되었고 또 보살필 수 있게 된 겁니다. 따라서 여기에서는 사람과 자연의 관계를 설명해 주는 것입니다. 이름을 지어서 "개" 하면 개가 되고, "원숭이" 하면 원숭이가 되고, 그런 것이 아닙니다. "원숭이"라고 하면 원숭이가 손이 이렇게 되고, "개"라고 하면 개의 발가락 하나가 없어지고 그런 소리 하지 마세요.

창조의 본질 ― 창세기와 요한복음을 통한

여러분, 조심해야 됩니다. 오늘 성경 말씀의 본의가 무엇이냐 하면 하나님과 사람, 사람과 사람의 관계를 말하고 그다음에 사람과 자연의 관계를 말하려는 것입니다. 그래서 마지막에 무엇으로 풀어가냐 하면 이름을 짓는 것으로 이야기되어 있는데, 이것이 단지 이름을 짓는 문제가 아닙니다. 완전히 파악해서 조종을 할 수 있는 그 기능도 이야기하는 것이에요. 그래서 조종을 다 할 수 있는데, 조종하는 가운데 동물만이 아니고 또 두 가지가 나옵니다. 하나는 생명과입니다. 그리고 다른 하나는 선악과입니다. 그것도 이제는 인간이 이름을 아니까 다 알았던 것입니다. 그래서 제대로 다루어야 하는데 거기에 대해서 그만 그렇게 하지 못한 것입니다. 즉, 선과 악이 한참 긴장 관계에 있는데 그만 악을 따라서 갔다는 것입니다. 그래서 인간이 벌을 받는 겁니다.

여러분, 이제 인간이 인간을 대할 때 상대를 무엇으로 보아야 합니까? 자기의 제일 정수로 보아야 합니다. 괜히 성경에 "이웃을 내 몸같이 사랑하라"라는 말이 있는 것이 아닙니다. 이 말을 제대로 이해하지 않으면 그 말을 해 놓고는 그다음에는 생각이 복잡하지요. 말은 그렇게 해 놓고, 그렇지 않아요? 상대를 무엇으로 생각하느냐 하면 나의 제일 정수로 만들어진 것으로 생각해 달라는 겁니다. 여러분 요새 윤리가 어디 그 정도까지 올라간 것이 있습니까? 세상에, 그게 아닙니다. 상대는 나의 제일 귀한 것으로 만들어진 겁니다. 그러니까 여러분 상대를 다시 생각하세요. 이웃이 여기 그냥 있는 것이 아닙니다. 그냥 이웃이 없어요. 어떻게 해야 이웃이 생깁니까? 당신 정수에서 빼내야 해요! 그게 이웃입니다. 지금 있다고 그래서 "다 이웃이다. 그러니까 내 몸같이 사랑하자?" 이것은 죽어야 할 논리입니다. 이것이 남아 있으면 기독교가 위선자가 돼요. 하나님이 이웃을 만들어서 너하고 나하고 관계를 설정했다면 그것은 끝난 이야기입니다. 그것은 여러분이 너무도 성경의 말씀을 가볍게 보는 것입니다. 이웃이 그냥은 없어요. 이웃을 만들어야 합니다. 갈빗대에서, 당신의 제일 중요한 곳에서부터 이웃을 만들어 내야 하는 겁니다. 이게 이웃입니다. 아담의 갈빗대에서 빼내지 않으면 아담의 이웃이 없어요.

　이웃은 본래 존재하는 것이고, 미워도 그저 사랑하자? 그것은 이웃이 아닙니다. 이웃이란 것은 여러분의 갈빗대에서 나왔습니다. 갈빗대에서 나온 이웃을 여러분이 한번 생각해 보세요. 그거 얼마나 깊은 뜻입니까? 그렇게 된 성경의 말씀을 누가 감히 이랬다저랬다 하겠어요. 그건 못해요. 그래서 그 정도가 된 이웃이 되었다면 사랑이 문제가 안 됩니다. 그러니까 이웃을 위해선 내 모든 정성이 다 들어가 있게 되는 것입니다. 이러면 설교할 만하시지요? 아시겠어요? 세상에 이렇게 이웃이 된 것, 윤리가 이렇게 된 것은 없어요. 공자의 윤리를 봐도 그렇고, 요즘의 포스트모더니즘(Postmodernism)으로 가면 기껏해야 "너 저기 있구나!" 그거죠. 그러니까 "네 멋대로 살아봐라!" 그거예요. 그것이 윤리입니까? 그러니까 여러분, 이런 것 같은 성경의 깊은 뜻은 그 정말 찬란하고 오랜 역사를 내려오면서 된 것입니다. 여러분이 깊이 생각해 주시길 바랍니다.

　다시 요한복음으로 갑시다. 요한복음 1장 6절에서부터 더 읽어주세요.

　하나님께서 보내심을 받은 사람이 났으니 이름은 요한이라. 저가 증거하러 왔으니 곧 빛에 대하여 증거하고 모든 사람으로 자기를 인하여 믿게 하려 함이라. 그는 이 빛이 아니요 이 빛에 대하여 증거하러 온 자라. 참빛 곧 세상에 와서 각 사람에게 비치는 빛이 있었나니 그가 세상에 계셨으며 세상은 그로 말미암아 지은 바 되었으되 세상이 그를 알지 못하였고 자기 땅에 오매 자기 백성이 영접지 아니하였으나 영접하는 자 곧 그 이름을 믿는 자들에게는 하나님의 자녀가 되는 권세를 주셨으니 이는 혈통으로나 육정으로나 사람의 뜻으로 나지 아니하고 오직 하나님께로 난 자들이니라. 말씀이 육신이 되어 우리 가운데 거하시매 우리가 그 영광을 보니 아버지의 독생자의 영광이요 은혜와 진리가 충만하더라(요한복음 1:6-14).

그러니까 여러분 이제 읽은 걸 요약하면 뭡니까? 하나는 "오기 전에 준비한 사람이 있었다." 그러면 왜 준비하는 사람이 필요해요? 여러분, 뭘 준비한다는 것은 하나님이 무능하다는 말 아닙니까? (청중 침묵) 내 말이 이해 안 됩니까? 하나님이 준비해야 한다면 하나님이 무능하다는 말이에요. 하나님이 전능하다고 그랬죠? 전능하다면 왜 준비를 해야 돼요? 그래서 이런 것 다 쉬운 말 같지만, 의미는 다른 데에 있습니다.

세례요한이 와서 이런 걸 증거했는데, 예수께서 세례받을 적에 하늘에서 성령이 내려오는데 이것 또 조심하세요. 성령이 내려오는데 "비둘기 같이 내려왔다"고 합니다. 이런 얘기 하면 또 불경건하다고 하는데 여러분이 이걸 기억하세요. 이거 뭔지 모르지 않습니까? 이거 내려오는 것을 봤고 그다음에 눈으로 계산하니까 비둘기 같은데, 여기엔 이름을 성령이라고 그래요. 마치 눈으로 보고 아는 것같이 기록하는데 여러분이 한번 더 생각해 보세요. 이거 왜 이렇게 기록이 됐을 것인지. 그래서 그런 문제는 그건 다 주변의 이야기입니다.

빛이 세상에 오신다고 그랬는데, 이 말은 이제 창세기의 이야기와 연결됩니다. 어둠 위에 지금 빛이 운행하고 있어요. 새로이 어둠을 갈라놓으면서 창조가 되어 빛이라는 말이 나오고 또 하나가 생명이라는 말로 나왔습니다. 창조에서 생체가 나왔다고 합니다. 이 두 가지인데 그래서 그다음에 중요한 내용은 11절에서부터 더 읽어주세요.

> 자기 땅에 오매 자기 백성이 영접지 아니하였으나(요한복음 1:11).

이것은 이제 이해하겠지요? 이것은 아까 그거 창조에 배경을 놓고, 창조하신 분이 창조된 세상에 오시는데 이 세상은 그만 악이란 상대를 따라서 어두워진다는 말입니다.

> 영접하는 자 곧 그 이름을 믿는 자들에게는 하나님의 자녀가 되는 권세를 주셨으니(요한복음 1:12).

이것 보세요. 하나님의 자녀라는 것은 바로 하나님의 아들입니다. "우리를 하나님의 자녀로 만드셨고, 지금 다시 우리를 하나님의 아들로 만드시려고 한다." 이것이 테마입니다. 여러분, 나의 구원을 위해서 하나님이 예수를 보냈다고 늘 이야기했지요? 그것은 사람의 욕심에 나온 생각입니다. 버리셔야 합니다. 하나님이 우리한테 오신 것입니다. 나를 구원하러 왔다고 생각하면 너무 좁아집니다. 꼭 기억하세요. 완전히 아집으로 굳어져서 나 구원하러 '나'자가 남으면 지옥 가요. (청중 웃음) 꼭 기억하세요. "하나님이 우리를 구원하러 오셨다." 하나님의 뜻이 하늘에서 이루신 것 같이 땅에 이루어지기 위해서 내가 구원받는 것이지 내 구원을 위해서 하나님이 하늘의 보좌를 버리고, 지상에 와서 땀을 흘리고, 피를 흘리고, 죽기까지 했다면 그것은 완전히 나의 아집에서 온 마음입니다.

그래서 무엇으로 돌아가야 하냐면 창세기 1장으로 돌아가야 우리의 보는 눈이 바로 되겠고 또 요한복음에 다시 설명한 이것을 봐야 우리가 창조의 의미와 구원의 의미를 아는 겁니다. 그래서 하나님의 아들이 되게 하기 위해서 하나님께서 아들의 입장으로 우리에게 오신 것입니다. 그래서 우리로 하여금 하나님의 아들이 다시 되게 만드신다는 것을 그려주고 있는 것입니다.

여러분, 좋아하시는 찬송 중에 "저 높은 곳을 향하여" 그다음 뭐예요? 찬송은 말고, 말만 해. (청중 웃음) 괜찮아요. 다 잊어버렸어? 보통 때 강단 위에 가면 목소리를 내면서 왜 이렇게 약해서 그래. 난 뭐가 제일 재미있는 줄 아세요? 하나님보고 내 발 붙들래요. 여러분, 도대체 이게 무슨 망령된 소리요. 내 발 붙들어서 높은 데 서게 해달라고? 이게 얼마나 거만한 놈이 바라는 걸 말하고 있습니까? 그래서 내가 이런 찬송을 하면 입을 안 떼요. (청중 웃음) 우리 이런 것, 다 수정해 놔야 합니다. 수정해 놓지 않고는 앞으로 큰 문제가 될 것입니다. 그러나 천천히 하세요. 왜냐하면 이것도 하나님이 다 하게 해 주실 것입니다. 믿고서 해야지 또 내가 가서 수정한다고 하지 마세요. 그러면 교회 분란이 나요. 하나님이 다 해주십니다. 모두 성경 말씀을 제대로 깨달으면 그렇게 안 할 것이 아닙니까?

그래서 저는 찬송가 한번 쓱 읽어봐요. 그리고 잡소리가 많으면 그저 입 다물고 그저 가만히 있어요. (청중 웃음) 그런데 어쩌다 보면 참 잘 된 찬송가가 있습니다. "하나님께 영광 돌리자"라고 하면서 그렇게 감사하고 나온 것이 있어요. 그런 것은 찬송할 만하잖아요? 그러나 갑자기 내 고생, 뭐 내가 어렵고 그럴 때 만세 반석이 되어달라고? 하나님이 그렇게 한가해요? 네가 문제 있다고 갑자기 만세 반석이 되어 네 뒤에 서서 널 보호해? 하나님이 그렇게 하시지 않아요. 사람을 마귀 앞에 공개해 놓는 거예요. 그래서 사람이 시험받아서 진 것이 문제지만, 하나님께서 그렇게 만세 반석이 되어서 마귀 시험 못 들어오게 이렇게 하는 것이 없어요. 다 열어주고, 하나님이 일하십니다. 하나님이 닫아서 "오늘은 너 내 아들이니까 내 뒤에 숨어라, 만세 반석의 안에…" 그래요? 여러분, 반석 안에 들어가면 화석이 되어버립니다. (청중 웃음) 공룡도 못 돼요. (청중 웃음) 공룡은 그래도 자국이라도 남기지만 반석에 들어가면 어떻게 하자는 말입니까?

하나님은 그런 분이 아니에요. 하나님은 우리를 믿고 계십니다. 아담을 열어 놓지 않았어요? 자기가 자기의 모습으로 짓고, 자기의 영을 불어넣었어도 마귀의 시험에 노출시키지 가둬 놓으시지 않습니다. 그래서 늘 기도할 때 조심해야 합니다. 그래서 저는 그 주기도문에서 시험에 들지 말게 해달라고 하는 거, 시험 칠 때마다 학생들에게 "시험에 들지 말아야 된다"고 이야기합니다. (청중 웃음) 이거, 시험에 너무 많이 들어 있어요. 그래서 우리 복음이 너무 힘이 없어지고, 형식주의로 떨어지고, 말하는 소리가 약해졌지요.

이제는 성경을 다시 보세요. 창세기에 1장 지나서 2장에 가면 벌써 타락해요. 이거 보통 이야기가 아닙니다. 하나님이 얼마나 열어 놓고 행하시는 하나님입니까. 요새 말하자면 개방주의라고 할 수 있습니다. 하나님이 너를 너대로 세우셔서 우주와 너와 사이에 한번 살아 보라는 거예요. 그러려면 용기가 있어야 할 것이 아닙니까? 그러니까 없으면 그냥 굶으세요. 내 말 잘 알아들으세요. 없으면 굶어요. 있으면 또 먹고. 주신 것은 다 잘 먹어야 해요. 밥알 하나 떨어뜨리지 말고, 다 먹어요. 이것이 필요합니다. 주신 것은 다 먹고, 안 주시면 먹으려고 하지 말고 굶으세요. 하도 굶으면 하나님이 "야, 저러다가 굶어 죽겠다" 하고 먹이시지 않겠어요? 그러니까 마음 놓고 살아요. 제발, 초조해서 살지 말아요. 왜 그렇게 기독교인이 남보다 더 초조한지 모르겠어요. 하나님을 믿는다고 그러면서 그렇게 초조할 수가 없어요.

그런데 사실은 왜 초조하냐 하면 하나님의 형상대로 살려는 게 아니고, 하나님을 내 형상대로 만들려고 해서 초조한 겁니다. 잘못 뒤집혀서 그래요. 하나님이 우리를 하나님의 형상대로 만들었고, 그의 기운으로 우리를 생체로 만들었고, 생명을 가지고, 우리가 빛으로 살라고 하신 겁니다. 그것을 이제 창세기에서 잘 가르쳐주고 있습니다. 저는 세상 윤리에 관하여 책을 많이 읽어보고, 경전들도 많이 읽어봤습니다. 그런데 이만큼 쉬운 말로 호탕하고 큰 것이 없어요. 그 안엔 다 포함할 수 있습니다. 큰 포부 안에 별거 다 들어가지 않습니까? 주여, 못 믿겠으니 믿게 해주옵소서. 기도를 그렇게 하지 말아요. 그러면 벌써 틀린 겁니다. 믿지 못하는 인간이니까 믿을 생각 마세요. 못 믿으니까 그렇게 알고 살라 그겁니다.

그래서 여러분, 성경 말씀에 이렇게 크고, 절실하고, 정말 뼈저리게 인간에게 다가오는 그 어머니의 어머니의 노래가 창세기에 적혀 있는 것이고, 그다음에 요한복음에 와서는 어머니의 노래가 되었고, 우리는 지금 그 노래를 들으면서 가장 편한 마음이 되어서 잘 쉬어야 됩니다. 그런 노래를 듣고서 여러분이 아직도 불안해한다면 그건 다른 사람이지요. 아이보고 잘 자라고 자장가를 그렇게 잘했는데 눈을 동그랗게 뜨고 자꾸 "뭐야? 뭐야?" 그러면 어떻게 합니까? (청중 웃음) 어머니가 기막혀서 기절할 텐데 (청중 웃음) 여러분이 그러면 하나님이 기절해요. 아시겠어요? 똑똑히 보고 신앙을 제대로 이해하세요.

설교와 신앙은 하나님의 근본 생각의 틀에서 하나님의 말씀을 해석하세요. 그 가운데에 내 것이나 다른 잡동사니를 넣지 마세요. 안다고 해서 이걸 넣으면 완전히 흩어져 본뜻이 흐려집니다. 그래서 예를 들자면 요한복음 1장을 읽을 때는 창세기로 되돌아가서 어머니의 어머니의 자장가를 들으면서 내가 아이에게 노래해야 합니다. 문학 작품으로는 이렇게 쓴 것이 없으니까 여러분, 한번 드보르자크의 자장가를 한번 문학으로도 옮겨 보세요. 이것은 단지 웃고 우는 눈물과 그런 문제가 아닙니다. 그걸 다 초월해서 정말 속에서 움직여서 깊은 마음에서부터 우러나게 그렇게 되는 그 무엇이 있습니다. 이것이 성경 안에 들어 있어요. 그렇지 않다면 여러분이 믿지 말라고 해야 합니다. 솔직히 말씀드리면 어떤 사람들이 믿겠다는 것은 자신도 믿지 못할 걸 믿겠다는 것이니까. 그것은 우리에게 신앙생활의 기초가 되지 않습니다.

자, 그러니까 아까 그 신뢰를 잊지 마세요. 이다음에 여러분이 자장가 부를 때에는 내가 아이에게 자장가를 부르면서 동시에 내 어머니가 나에게 하는 자장가를 듣는 것입니다. 그런데 그 어머니는 지금 여기에 계시지 않기 때문에 조금 쓸쓸한 맛도 있고, 그러면서 깊이가 있고, 그러면서 사랑이 들어 있는 것을 볼 수 있도록 우리도 성경 보는 눈을 떠야 합니다. 그것이 성경 안에 다 있어요. 이거 제가 한 것이 아니에요. 창세기 기록에 있지요? 또 요한복음에 있지요? 이거 제가 했습니까? 우리가 눈을 안 떴던 것입니다. 그래서 성경은 성경 말씀대로 그 깊이를 깨닫고 늘 "아, 이거 내가 너무 초조해서 하나님 앞에 죄송한 일을 많이 했구나" 하는 생각이 들 때마다 여러분이 성경을 다시 한번 읽으세요. 이것이 보통 책이 아닙니다. 이렇게 우리에게 중요한

책인데, 그만 우리가 우리 마음대로 막 찢어서 붙여 놨어요.

이번에 우리가 축구 좀 잘됐다고 마구 공중에 종이를 날리지 않았습니까? 나중에 다시 붙여보세요, 뭐가 되나. 우리는 지금 그렇게 날린 종이로 뭘 붙이면 되는 줄 알지만, 그거 붙여야 나오는 것이 없어요. 괴상하게 상상치 못하게 뭘 막 붙여 낼 겁니다. 그러니까 이거 성경을 그렇게 막 붙여 놓으면 정말 죄송한 일입니다. 우리가 신학자가 되어 왜 이렇게 합니까? 여기 성경에 다 있지 않아요? 그래서 여러분이 늘 하나님께 감사하고, 정말 깊이가 있는 그것을 늘 인간에게 늘 깨우쳐 주니 감사하다고 해야지요. 자 우리 또 다 같이 주님께서 가르쳐 주신 기도를 드립시다.

> 하늘에 계신 우리 아버지여,
> 이름이 거룩히 여김을 받으시오며,
> 나라가 임하옵시며
> 뜻이 하늘에서 이룬 것 같이 땅에서도 이루어지이다.
> 오늘날 우리에게 일용할 양식을 주옵시고,
> 우리가 우리에게 죄지은 자를 사하여 준 것 같이
> 우리 죄를 사하여 주옵시고,
> 우리를 시험에 들게 하지 마옵시고,
> 다만 악에서 구하옵소서.
> 나라와 권세와 영광이 아버지께 영원히 있사옵나이다.
> 아멘.

(2002년 7월 18일 연세대학교)

제4강

성찬

여호와께서 애굽 땅에서 모세와 아론에게 일러 가라사대 이 달로 너희에게 달의 시작 곧 해의 첫 달이 되게 하고 너희는 이스라엘 회중에게 고하여 이르라 이달 열흘에 너희 매인이 어린 양을 취할지니 각 가족대로 그식구를 위하여 어린 양을 취하되 그 어린 양에 대하여 식구가 너무 적으면 그 집의 이웃과 함께 인수를 따라서 하나를 취하면 각 사람의 식량을 따라서 너희 어린 양을 계산할 것이며 너희 어린 양은 흠 없고 일 년 된 수컷으로 하되 양이나 염소 중에서 취하고 이달 십사일까지 간직하였다가해질 때에 이스라엘 회중이 그 양을 잡고 그 피로 양을 먹을 집문 좌우 설주와 인방에 바르고 그 밤에 그 고기를 불에 구워 무교병과 쓴 나물과 아울러 먹되 날로나 물에 삶아서나 먹지 말고 그 머리와 정강이와 내장을다 불에 구워 먹고 아침까지 남겨 두지 말며 아침까지 남은 것은 곧 소화하라. 너희는 그것을 이렇게 먹을지니 허리에 띠를 띠고 발에 신을 신고손에 지팡이를 잡고 급히 먹으라 이것이 여호와의 유월절이니라. 내가 그밤에 애굽 땅에 두루 다니며 사람과 짐승을 무론하고 애굽 나라 가운데처음 난 것을 다 치고 애굽의 모든 신에게 벌을 내리리라 나는 여호와로라. 내가 애굽 땅을 칠 때에 그 피가 너희의 거하는 집에 있어서 너희를 위하여 표적이 될지라 내가 피를 볼 때에 너희를 넘어가니 재앙이 너희에게 내려 멸하지 아니하리라. 너희는 이날을 기념하여 여호와의 절기를 삼아 영원한 규례로 대대에 지킬지니라. 너희는 칠 일 동안 무교병을 먹을

지니 그 첫날에 누룩을 너희 집에서 제하라 무릇 첫날부터 칠일까지 유교병을 먹는 자는 이스라엘에서 끊쳐지리라. 너희에게 첫날에도 성회요 제칠 일에도 성회가 되리니 이 두 날에는 아무 일도 하지 말고 각인의 식물만 너희가 갖출 것이니라. 너희는 무교절을 지키라 이날에 내가 군대를 애굽 땅에서 인도하여 내었음이니라. 그러므로 너희가 영원한 규례를 삼아 이날을 대대로 지킬지니라. 정월에 그달 십사일 저녁부터 이십일일 저녁까지 너희는 무교병을 먹을 것이요 칠 일 동안은 누룩을 너희 집에 있지 않게 하라 무릇 유교물을 먹는 자는 타국인이든지 본국에서 난 자든지 무론하고 이스라엘 회중에서 끊쳐지리니 너희는 아무 유교물이든지 먹지 말고 너희 모든 유하는 곳에서 무교병을 먹을지니라(출애굽기 12:1-20).

저희가 먹을 때에 예수께서 떡을 가지사 축복하시고 떼어 제자들을 주시며 가라사대 받아 먹으라 이것이 내 몸이니라 하시고 또 잔을 가지사 사례하시고 저희에게 주시며 가라사대 너희가 다 이것을 마시라. 이것은 죄 사함을 얻게 하려고 많은 사람을 위하여 흘리는 바 나의 피 곧 언약의 피니라. 그러나 너희에게 이르노니 내가 포도나무에서 난 것을 이제부터 내 아버지의 나라에서 새것으로 너희와 함께 마시는 날까지 마시지 아니하리라 하시니라(마태복음 26:26-29).

지금까지 이야기했던 것은 요약하여 말하자면 "우리가 어떻게 하나님의 말씀을 전해야 하는가?" 하는 문제에 관한 것입니다. 현재까지는 이와 같은 문제가 성경을 읽고 내 마음에 감동된 대로 표현하면 해결되는 것으로 알고 있었습니다. 그러다 보니 사람이 각자가 좀 다르기에 서로 다른 그룹이 생기고, 그 안에서도 분쟁이 생기고, 마지막에는 하나님의 말씀은 그 분쟁 아래서 되찾기가 힘들게 되어 있었습니다. 이러한 사태를 피하기 위해 "하나님께서 우리에게 어떤 말씀을 전해 주셨는가?" 하는 문제 자체부터 해결하여야 한다는 것을 이야기하였습니다. 그래서 "성경을 어떻게 읽어야 되느냐" 그리고 "어떻게 설교를 해야 되느냐" 하는 주제를 가지고 이야기하였습니다.

그래서 처음에는 성경 전체를 하나로 묶어서 볼 때, 그 전체의 하나님의 뜻이 하늘에서 이룬 것과 같이 땅에서 이루어 달라고 하는 그 내용이 무엇인가 하는가를 요약했습니다. 쉽게 이야기해서 구약의 10계명을 요약하면 그 내용이 나온다는 것이고, 신약에서는 주기도문이 바로 같은 것이라고 설명해 드렸습니다. 이 둘을 맞추는데 우리가 늘 어떻게 맞추어야 하나, 왜 또 이렇게 맞춰야 되느냐 하는 것은 지난번 드보르자크의 음악을 가지고 해석해 드렸습니다. 여러분, 이다음에 늘 그걸 기억하세요. 뭘 해석하는데 그 해석이 어떻게 이전의 해석들을 모아 또 어떻게 해석을 해야 되냐 할 때는 지난번에 이야기한 대로 드보르자크의 어머니의 자장가라는 것, 그것이 아주 중요한 사례가 됩니다. 그것은 어머니가 자식에게 자장가를 불러서 재우는데, 그 자장가를 부를 때 어머니의 심정이 어떻게 되겠느냐는 것이 하나이고, 부르면서 동시에 자기의 귀에 자신의 어머니가 자기에게 자장가를 불러주던 것이 기억이 나야 한다는 것이 또 하나입니다. 그래서 사람에게 들어오는 느낌이 단순하게 아이한테 자장가를 부르는 것만이 아니라 자기의 어머니가 자기에게 들려주던 것을 기억하면서 다시 들려주기 때문에 그 사람의 감정이 퍽 두터워지고 강하게 됩니다. 그래서 성경에서도 이 점을 늘 기억해 달라고 그랬습니다.

오늘 살펴보고자 하는 것은 교회에서 가장 많이 하는 예식, 제일 중심된 예식인 성찬입니다. 성찬은 마태복음에도 나오고 이걸 조금 더 자세히 쓴 것은 누가복음에도 있습니다. 누가복음에서는 "내 눈으로 봤다고 하는 그 증거에 의해서 나는 썼노라"라고 해서, 요새 말하면 역사학적으로 고증을 해서 나는 이걸 썼다는 것을 강조했습니다. 좀 더 자세히 설명했지만 사실 기본 내용은 같습니다.

제가 여기에서 여러분에게 몇 가지 반성을 하도록 하겠습니다. 여러분, 구약에 피를 먹으라고 했습니까 아니면 먹지 말라 그랬습니까? (청중 대답: 먹지 말라고 했습니다) 먹지 말라고 그랬죠? 그런데 왜 예수님은 피를 갖다 마시라고 그럽니까? 또 왜 구약에서는 피를 먹지 말라고 그랬습니까?

또 하나 더 생각해요. 심각하게 들어가 보세요. 우리가 성찬식에서 떡을 받을 때 조그만 빵 조각하고 술을 요만큼 잔에다 부어서 먹는데 "이것은 내 몸이라" 할 때 그것이 어떤 몸입니까? 이것으로 후에 교회 내에서 많이 싸움했습니다. 천주교도 싸움하고, 개신교 교파들마다 다 싸움을 했어요. 이것은 내 몸이고 내 살이고 내 피다 할 때 어떻게 됩니까?

우리 대학교회의 성찬식도 재미있습니다. 가톨릭을 조금 모방해 떡과 포도주를 축복한 다음에 종을 달랑달랑하고 쳐요. 여기서 가톨릭이 주장하는 것은 그 순간 이 떡이 예수의 몸과 살로 변한다는 것입니다. 그래서 그걸 먹으면 예수의 몸과 살을 먹으니까 내가 영생을 얻는다고 되어 있습니다. 그러니까 이 이론에 따르면 이 떡과 포도주가 예수의 몸과 살이 되어 내게 온다는 것입니다. 그런데 그러다 보니까 성찬식 하는 데 문제가 되는 것이 성찬식을 다 하고 나서 끝날 때입니다. 그래서 여러분, 가톨릭 보면 참 재미있습니다. 사제가 잔에 남은 포도주를 다 마시고, 잔을 깨끗하게 씻어요. 물 한 번 붓고 또 한 번 더 씻어서 물까지 부어서 마셔요. 왜 그러냐 하면 이거 먹다 남은 것을 쥐가 먹으면 어떻게 합니까? (청중 웃음) 중세에는 쥐가 많았어요. (청중 웃음) 다른 모기가 마셔도 큰일이 나죠 (청중 웃음) 모기가 예수의 피를 마셨으니 영생을 할 것 아니요? 그래서 이런 것이 문제가 되어서 아주 깨끗하게 씻습니다. 이거 다 웃을 일 아닙니다. 이거 정말 심각했어요.

오늘 문제가 어떻게 되냐 하면 구약에서는 피를 먹지 말라고 그랬는데 신약에서는 먹고 또 영생을 얻는다고 그럽니다. 여러분, 정신 차려 읽지 않으면 정신이 혼동됩니다. 먹지 말라고 그랬다가 다시 먹고 또 피를 먹으면 영생을 얻는다? 이렇게 되어 있으니까 연계시키질 못해요. 하나님의 말씀이라면 그 뜻이 있고, 그 깊이가 있고, 그 힘이 있어야 하는데 일단 이렇게 분산이 되면 완전히 우리로 하여금 파멸로 이끌어 가지 우리를 돕는 입장은 안 됩니다.

믿음이 잘못되면 이렇게 되는데 이걸 한번 다시 생각해 봅시다. 이것은 어머니가 아이한테 자장가를 노래하는데 지금 자신의 어머니의 자장가는 잊어버린 것과 같아요. 아이한테 노래하는데 이 어머니가 자기 어머니의 노래가 귀에 들어오지 않고, 옆에 있는 다른 소리가 막 들어온 것입니다. 이거 제거해야 됩니다. 설교할 때 이런 것이 들어오면 설교에 힘이 없어져요. 왜 그런가 하니 하나님의 말씀을 쪼개 가지고 다른 데다 다 흩어 놨으니까 그런 것입니다. 또 어떤 건 입으로 들어갔고, 어떤 건 귀로 들어갔습니다. 하나님의 말씀이 어떤 건 코로 들어가고, 그러니까 이거 소화도 안 되고, 사람을 어렵게 하는 것입니다. 잘 분간해 주세요. 이걸 어떻게 해야 되겠습니까?

신약에 와서 이 지금 성만찬을 하는 것이 구약의 무엇을 이야기한 것입니까? 다시 읽으세요. 가만가만히 잘 들으세요. 성경이 그렇게 쉽게 쓴 것이 아닙니다. 3층, 4층으로 말을 썼단 말이에요. 다시 읽어보세요. 이거 구약으로 말하면 성만찬이 무엇에 해당합니까?

　성만찬이 하루아침에 갑자기 튀어나오면 그건 이상한 장난이 됩니다. 요새 성만찬 하듯이 요만큼 떼어서 이것 먹고, 요만큼 마신 다음에…. 저는 한번 교회에서 성만찬을 할 때 빵을 (조금) 잘라서 먹지 않고 이만한 큰 빵을 가져다 썼어요. 그날 제 생각에 예수의 몸을 먹는다면 이왕이면 좀 실컷 먹어야 되겠다고 생각했어요. (청중 웃음) 그래서 (성찬식에 쓰는 빵 전체에서) 이만큼 크게 탁 떼어먹고, 요만큼 조금만 남겨뒀죠. 그랬더니 목사님이 나를 눈이 뚫어지게 쳐다봐요. (청중 웃음) 저놈이 어떻게 저렇게 할 수가 있느냐 하면서, 다 나누어 먹어야 되는데…. (청중 웃음) 저는 예수의 몸을 많이 먹어야 한다는 것이지요. 살을 좀 많이 먹어야지 예수의 힘이 올 것 아닙니까? (청중 웃음) 그런데 뭐 그렇게 떼어먹어도 힘이 온 것이 없어요. 또 술을 마시려면 요만큼 마셔서는 취하지도 못하고, (청중 웃음) 이거 뭐 냄새만 맡으라는 것은 교통경찰한테 걸리기는 딱 좋지만 (청중 웃음) 그 이상의 효과는 없어요. 그러니까 여러분, 이런 것은 다 머리에서 깨끗하게 정리해 버리세요.

　왜 우리가 이것을 해야 하는지 다시 찾아보세요. 왜 해야 돼요? 거기에 무엇이 나옵니까? 이거 도대체 성만찬이 무엇이에요? 예수께서 잔을 들고 "이것은 내 피요, 이것은 내 살이요" 그랬다고 그러면서 끝내지 마세요. 여러분, 이것은 이스라엘 사람들의 유월절에 대한 것입니다. 유월절이 신약의 수준으로 와서 성만찬이 변하는 것입니다. 그러니까 실제로는 계속되는 것입니다. 그런데 그 유월절을 어떻게 지켰습니까? 양을 한 마리 다 잡습니다. 그러니까 이게 큰 축제(the Great Feast)입니다. 그런데 예수께 돈이 있어요 아니면 제자들 주머니에 돈이 있어요? 그래서 예수께서 제자들에게 "내가 유월절에 아무개 집에 가서 그 집에서 유월절을 지키겠다고 그래라. 그러면 그 집에 방 큰 것이 있고, 그 집에서 양 한 마리를 잡아서 유월절을 같이 지내게 해줄 것이다"라고 이야기하신 것입니다.

유월절을 지키는데 그 유월절의 마지막 부분에 술을 마시는 것 아닙니까? 그래서 술은 마셔요. 하지만 "이것은 내 피라"고 하면서 마신 것은 유월절에는 없어요. 거기에는 무엇이 있나 하면, 양 한 마리를 잡은 다음엔 우리나라식으로 불에다 구워서 먹습니다. 그릇에다가 넣고 국 끓여 먹으라는 것이 아닙니다. 그리고 준비하는데 당장 떠날 준비를 하라는 것입니다. 신을 신고 지팡이를 짚고 서서 먹으라는 겁니다.

우리 동양에서도 서서 먹는 때가 있습니다. 지금은 여러분이 다 모르지만, 옛날에 지방에서 저편 지방까지 연락하려면 말을 타고 가서 전합니다. 그래서 당나라 때에는 아랍의 말을 들어왔지요. 그것이 천리마라는 겁니다. 그래서 파발마를 보내서, 요새 말하자면 무선으로 가는 건데 그때에는 파발마로 보냈죠. 그런데 파발마가 늦으면 안 되지 않습니까? 그래서 중간지에 오면 사람에게 마배를 줘요. 마배가 뭔가 하면 바닥에 놓지 못하게 되어 있고 손에 들고 먹게 되어 있어요. 그래서 한 손에 들고 또 한 손에는 안주를 놓고 먹으면서 다시 말을 타고 그냥 달려가야 됩니다. 지금 유월절에 서서 먹는 것도 이와 같은 것입니다. 그러니까 이것은 한참 가야 한다는 것을 전제로 해서 먹는 것이므로 양이 굉장히 많습니다. 왜냐하면 먼 길을 가야 된다고 전제했으니까 그렇습니다. 그래서 여러분 성만찬 할 때 양을 조금만 하지 마세요. 원칙은 양 한 마리 정도를 잡는 것입니다. 요즘은 교회가 크니까 소 한 두어 마리 잡아야 돼요. (청중 웃음) 그다음에 먹으면서 이야기해 야 되는데 어떻게 사람들이 쩨쩨하게 줄어들었어요.

다시 들어가서 지금 유월절 절기를 지키는 것에 대한 이야기입니 다. 그런데 유월절을 지킨다는 것이 무엇입니까? 다시 출애굽기로 들어가서 이야기해봅시다. 왜 유월절을 지켜야 돼요? (청중 대답: 하나님이 지키라고) 하나님이? 이거 보라고, 급하면 '하나님'자 붙인다고. (청중 웃음) 그게 어떻게 설명이 됩니까? 그래서 이거 조심하세요. 신학자들 고 약한 버릇이 있어요. 왜 노래에 있잖아요? "Why Ivy twists?"(왜 등 넝쿨이 꼬불꼬불 꼬여 있느냐?) "because God made so"(하나님이 그랬다). 이것은 대답하지 않는 것입니다. 왜 꼬았느냐 하는데 하나님이 그랬다는 것 은 대답하는 것이 아니에요. 자, 유월절이 뭐예요?

우리가 유월절을 이해하기 위해서는 구약 출애굽 이야기로 돌아가야 합니다. 인류가 악과 관계가 되어서 하나님과 떨어지게 돼요. 첫째는 자연에서 인간이 저주를 받아요. 그래서 노력하고, 땀을 흘려 살게 되고 또 몸은 마지막에 흙으로 돌아간다는 것입니다. 둘째는 인간과 인간이 소외됩니다. 그래서 인간이 싸움도 하고 여러 가지 문제가 생깁니다. 그다음에 셋째는 인간이 하나님 앞에서 축출이 됩니다. 그래서 하나님 앞에서 인간이 축출되고, 사람과 사람은 이산이 되고, 그다음에 자연하고 분리된 것입니다. 그러한 역사가 이어지다가 마지막에 아브라함 이야기가 나오고, 그 후손 가운데 요셉이 애굽으로 들어갔다는 것입니다. 그 후에 약 400년 동안 종의 종으로 있었습니다. 이 거 잊지 마세요. 이스라엘 사람들이 종의 종으로 되어 있는데, 그때 법으로는 노예는 물체입니다. 인간이 아니에요. 물건이에요.

하나님께서 그것을 구해낸다고 하는 것이 출애굽입니다. 그런데 우리나라 사람은 이걸 해방에 빨리 적용해서 보았습니다. 그 이유가 어디 있냐 하면 우리나라가 망했고, 일본 아래에서 고생했다고 하면서 자꾸 '해방, 자유' 이렇게 해석했습니다. 그래서 우리나라 사람의 눈이 그래서 성경 보면 해방에 중점이 되어 있어요. 그런데 이게 단순히 해방의 문제가 아닙니다.

여러분, 그다음에 하나님이 모세를 보내서 탈출을 시키십니다. 바로에게서 이스라엘을 탈출시키는 이야기인데 또 조심하세요. 이 이야기 안에 삼중 사중이 들어 있습니다. 예를 들자면 여기에 열 가지 재앙이 나왔다고 그럽니다. 그 열 가지 재앙을 다 아이들에게 가르쳐 주지 마세요. 머리 앓아요. 내가 요새 누구 집 아이를 하나 봤는데 그 애가 천재래요. 왜 천재냐? 미국에 몇 개의 주가 있느냐 물으면 하나하나 51개를 다 외워서 말해요. 그렇게 하고 어디에 무엇이 있느냐 그러면 그걸 다 따라 해요. 그러나 제가 보기에 저게 천재가 아닌데, 저거는 말재인데 그럽니다. (청중 웃음) 여러분 십계명이 뭐냐고 해서 열 개를 달달달 외우면 그건 인간이 아닙니다. 그것은 기억장치에 해당하는 겁니다. 요새 말로 하면 메모리칩(Memory Chip)이지 인간이 아닙니다. 꼭 기억하세요. 이거 잘못 보면 열 개의 재앙이 나오는데, 열 개를 따라 외우면 잘했다고 평하게 됩니다. 또 그렇게 한 다음에 용돈도 줘요. 가뜩이나 세속의 머리가 됐는데 이 용돈까지 주니까 세상에 가서 돈 더 쓰고 아이가 더 망치는 것 아닙니까? (청중 웃음) 이제 열 가지가 나오는데 그 배후의 이야기가 뭐가 나와요? 여러분 그것은 생각 안 했지요? 하나님이 파라오를 치셨으니까 일본 제국을 치는 것 같이 생각하고 그 심정으로 이 열 가지 재앙이 파라오에게 내리는 걸 지금 아주 즐거워서 보는 것 아닙니까? 그런데 이거 다시 보세요.

매번 재앙이 나올 때 모세는 무엇을 요청했냐 하면 이스라엘 백성과 그 모든 가축을 광야로 데리고 가서 삼 일 동안 하나님 앞에 기도하고 예배를 하겠다고 하였습니다. 그러니까 하나님과 사람과 자연의 관계 문제입니다. 그런데 그것을 파라오가 허락하지 않았어요. 그러니까 여러분 이거 보세요. 열 재앙을 이렇게 놓고 하나하나 보다가는 하나님과 사람과 자연의 세 관계가 안 보입니다.

그러니까 우리가 구약과 신약과 그 모든 거기에 있어서 천지인의 조화가 되는 그 하나님의 뜻을 이루겠다고 지금 그러는데, 이걸 거부하니까 하나님이 재앙을 주시는 것입니다. 그래서 바로는 재앙을 받으면 하나씩 하나씩 허락하라는 것입니다. 그러니까 재앙 열 개를 보지 말고, 하나님이 어떻게 이 셋의 조화를 다시 회복하시는가를 보세요.

마지막에 아들을 죽이는 것입니다. 마지막 재앙이 이제 사람을 죽이는 것으로 나옵니다. 아들을 죽이는 것입니다. 그것도 맏아들을 죽입니다. 여러분 맏아들이라는 말을 잘 생각하세요. 그 아들을 죽이는 사건이 바로 무엇이 중심이 됩니까? 이 유월절의 중심이 됩니다.

그리고 이 유월절이라는 날짜를 정한 것을 보세요. 여러분이 머리를 좀 많이 써야 합니다. 제가 정확하게 설명은 못 하겠습니다. 다 초하루입니까? 이거 서양사람들 무식하기가 짝이 없는 걸 잘 알아야 합니다. 여러분 제가 하나 묻겠어요. October가 몇 월입니까? (청중 대답: 10월입니다) December는? (청중 대답: 12월입니다) 여러분, 이제 라틴어로 돌아가 봅시다. October는 뭐예요? October가 시월이 아니에요.

Octo가 8이지요? 이거 보라고, 8월을 10월이라 그러면 그게 어디에서 나왔냐 하면 달을 중심으로 해서 기준을 한 것입니다. 여러분 지구가 태양을 가운데 놓고 23.4도 기울어 도는데 앞에다 두면 북쪽 반구가 먼저 해를 많이 받죠. 이게 지금 우리가 사는 대륙이고 또 뒤로 가면 남쪽이 많이 받습니다. 그래서 지금 오스트레일리아 쪽에 가면 춥습니다. 그리고 여기에 오면 춘분과 추분이 나오거든요(손동작으로 표현). 그걸 가지고 지금 사용하는 기원을 만들었어요. 이 날짜를 보면 이스라엘의 첫째 달이라는 것은 바로 영어의 March에 해당합니다. 여러분 March가 시작해서 걷는다는 것입니다. 그래서 새해 첫 달이에요. 이거 다 혼동하지 마세요.

이 다음에 그리스어(Greek) 공부하면 미국 사람들의 무식이 그대로 나타납니다. 여러분 워싱턴이면 미국의 수도 아니에요? 미국 수도에 한강처럼 강이 있습니다. 그것이 '포토맥 리버'(Potomac River)입니다. 그런데 포토란 말이 그리스어 '포타모스'(ποταμός)에서 온 말인데 그 뜻이 강이라는 말입니다. 그럼 '리버'(River)는 뭐예요? 강이라는 말이죠. 그래서 뭘 하는고 하니, 강강하는 겁니다. (청중 웃음) 강강수월래를 하는 거예요. 찹쌀떡 같은 소리예요. 다 그래요. 필라델피아에 가면 '스쿠킬 리버'(Schuykill River)라고 있습니다. 그것도 강이라는 말입니다. 다 강강수월래 하는데 참 재미있습니다.

마지막 클라이막스 열째 재앙이 바로 그 맏아들을 죽이는 것입니다. 애굽의 맏아들들을 죽이면서 이스라엘에는 이런 사고가 없도록 하는 것입니다. 이것이 바로 유월절입니다. 다시 보세요. 양을 잡아 그 피를 마시라고 그랬어요? 마시라고 하지 않았습니다. 우슬초 빗자루로 문설주에 칠해라 그랬습니다. 그다음에 무교병에다가 누룩을 두지 말라고 했습니다. 그러니까 피와 무교병 두 가지입니다. 그다음에 이스라엘이 나가는 것입니다.

이 유월절의 이야기하고 예수께서 지금 하는 이야기하고 어떤 관계가 있습니까? 예수께서 만찬 하시고 자기도 죽어요. 아시겠습니까? 성만찬 하시고 십자가에 달려 돌아가십니다. 이거 어떻게 연결이 되어야 해요? 쉽게 이야기할 때는 '유월절에 양을 죽여서 이스라엘 사람들의 문지방에 피를 묻히고, 그것이 이젠 예수가 십자가에 못 박혀서 피를 뚝뚝 흘려서 죽은 것이다?'라고 합니다. 그러나 다시 한번 생각하십시다. 이렇게 함부로 이야기하지 마세요. 이것 참 깊은 진리가 이 안에 숨어 있고, 정말 힘 있는 우리의 생명의 길이 그 안에 있어요.

지금 비슷한 건 하나밖에 없어요. 무교병을 먹는데, 그것은 구약시대에도 먹던 것입니다. 그런데 신약에서는 포도주를 마시면서 이건 내 피라고 했는데, 피는 못 먹어요. 구약에 피를 먹는 것을 금지했습니다. 그래서 저도 아직도 선지국을 먹으면 조금 양심이 걸려요. (청중 웃음) 이거 성경에서 피 먹지 말라고 그랬는데 중국 가면 또 계혈탕이라고 해서 닭의 피를 엉켜서 두부같이 만들어서 아침에 그걸 먹어요. 맛이 좋습니다. 그거 먹을 때에 또 양심에 걸려요. (청중 웃음) 이거 피 먹지 말라고 했는데 여러분, 어떻게 해석해야 합니까?

예수가 왜 죽어야 해요? 아니, 하나님이 전능하다고 그랬는데 왜 예수가 죽어야 해요? 예? 왜 예수가 죽어야 해요? 전능하다는 하나님이 꼭 예수를 죽여서 구원해야 합니까? 아직도 우리 기독교에서 뒤에다 숨기고 있어요. 그저 예수가 와서 나를 구원하러 온 줄 알아요. 이걸 조심하세요. 사람들이 하나님이 세상에 오셨다고 하고, 그리스도가 사람의 형체를 입었다고 하고 이런 것을 많이 주장해요. 그래서 사람의 형체를 입어 죽어서 우리를 구원했다고 하는데 그거 넓은 의미에서 다시 한번 생각해 보세요. 너무 쉽게 화해라고 하지 마세요. 표면을 보면 화해입니다. 그러나 더 무서운 것이 안에 들어 있어요.

여러분 여기에서 예수께서 이 포도주와 떡이 내 피와 살이니 먹으라고 하셨는데, 그게 무슨 표현인 줄 아시겠습니까? 저도 아까 말씀드렸고, 여러분도 다 느끼는 대로 이거 먹어서 당장 느껴지질 않아요. 이 말이 거기에서 힘이 있는 것이 아닙니다. 자꾸 먹어서 예수의 피와 살이라고 하는데, 예수의 피와 살이라는 게 뭡니까? 이거 보세요. 본래 하나님이 우리를 무엇으로 만들었습니까? 하나님의 형상대로, 하나님이 자기 속의 제일 깊은 영기로 인간을 만들었다고 했습니다. 인간이 하나님을 닮았다는 것, 하나님의 형상대로 지어졌다는 말을 잊지 마세요. 다른 생물은 그렇게 만든 것이 없어요. 그러니까 인간들만 하나님의 자식으로 만들었다는 것입니다. 그래서 하나님의 아들이라고 할 때 예수만 하나님의 아들이라는 것이 아닙니다. 그런데 아담 이후에 인간이 범죄 해서 하나님과 사람과 자연의 세 관계가 다 끊어졌습니다. 그래서 하나님께로부터 예수께서 오셨고, 예수께서 우리에게로 오셔야 하는 것입니다. 하나님과 우리가 지금 떨어져 있습니다. 그렇게 하고 또 우리와 우리 이웃이 끊어져 있습니다. 그리고 자연과 우리가 끊어져서 정상인 관계가 아닙니다. 세 관계를 하나님께서 인간에게 오실 때에는 끊어져 있는 상태를 넘어서 오시는 것입니다.

그때 사람은 아들이 아니라 종이었습니다. 애굽에 들어가서 애굽 사람의 종이 되었고, 애굽은 악을 씌우고 있어서 하나님과 관계가 단절되어 있습니다. 그래서 예수께서 하나님의 아들로서, 아들의 본연의 상태로 가시려니까 세 가지를 넘어야 해요. 여기에서 세 가지를 다 넘어야 해요.

왜 하나님이 이렇게 죽어야 하느냐? 여러분, 이다음에 예수 죽을 때에 세 가지 그대로 다 당하셨습니다. 첫째로 육체가 죽었지요? 둘째로 제자들 한 사람도 배반하지 않은 사람이 없었습니다. 나도 그래서 너희들에게 바라지 않아. (청중 웃음) 바랄 수도 없고. (청중 웃음) 예수 돌아가실 때도 제대로 된 제자가 한 사람도 없었습니다. 잘 보세요. 예수께서 돌아가실 때 천당 갈 수 있는 사람이라고 한 것은 한 사람밖에 없어요. 누군 줄 아시지요? 제자가 아니에요. 옆 십자가에 달린 강도입니다. "네가 오늘 나와 함께 낙원에 있으리라." 그러나 제자들에게는 그렇게 말씀하신 것이 없습니다. 오히려 너는 조금 있다가 배반할 것이라고 하셨습니다. 예수는 사람과 사람 관계가 완전히 끊어진 상태에서 죽는 것입니다. 셋째로 **하나님, 왜 나를 버리시나이까.** 여러분, 그거 하나님이 버린 것이 아닙니다. 그리스도께서 인간이 하나님의 자녀로 돌아갈 수 있도록 유월절과 같이 이 과정을 넘는 것입니다. 또 이것을 넘지 않으면 그리스도가 인간이 되지 못합니다. 그러면 하나님의 맏아들이 와서 우리로 하여금 하나님의 자녀가 되게 하는 과정이 성립이 안 돼요.

그래서 예수를 십자가에 달아서 피를 뚝뚝 흘려 대속하는 양으로 삼아서 우리의 죄를 사하자는 것이 아닙니다. 하나님께서 인간에게 오시는데 죄의 상태에 있는 인간의 이러한 세 과정을 다 넘어야 되는 것입니다. 그래서 이렇게 우리에게 건너오는 겁니다. 너무 작게 보고 나를 구원해 주니 감사하다고 하지 마세요. 나 까짓것 구원해서 쓸데없고, 천지가 바로 되는 거 없어요. 여러분, 그래서 죽을 놈 빨리 죽으면 좋은데 괜히 저 살려줘서 감사하다고 하면 하나님 앞에서 소란스러워집니다. 이거 문제를 그렇게 해석하면 안 됩니다. 예수께서 법정에 오셔서 대속을 해서 나를 구원한다는 것은 좁은 생각입니다. 본의는 그것이 아닙니다. 전체는 하나님과 사람과 자연의 그 관계에 있어서 우리가 범죄를 했기 때문에 모두 단절이 되었는데, 노예가 된 인간에게 다시 하나님이 다가오시려고 할 때 이 저주의 과정을 모두 거쳐야 된다는 것입니다. 그래서 우리 하나님의 자제가 되는 겁니다.

우리가 성찬식 할 때 이 떡이 예수의 살이냐, 포도주가 예수의 피냐, 그것 가지고 싸움하는 것도 다 옆에서 나온 문제고 바른 정도는 아닙니다. 이스라엘의 유월절이 그 정도를 보여주고 있고, 그 사건을 신약에서 다시 보여주고 있는 것입니다. 그 목적은 바로 악의 노예가 되었다가 하나님의 아들로 회복되는 것에 있습니다. 이거 조심하세요. 이스라엘의 자유를 위해 해방시켰다고 하지 마세요. 그건 서양 사람들의 소리예요. 자유를 위해서 해방시킨 것이 아닙니다. 하나님의 아들이 되는 것이지 단지 해방이 아닙니다. 우리가 하나님의 아들이 되는 것이지 해방이 되었다는 것이 목적이 아닙니다. 그 과정을 이야기하는 것입니다.

우리가 지난번에 한 것과 오늘 한 것을 다시 중복하면, 하나님이 만약에 살아 계셔서 우리에게 무엇을 하신다면 이 하나님의 하시는 일은 내적으로 하나가 되어 있어야 합니다. 왜냐? 하나님이 하시는 일이니까 그렇습니다. 그런데 우리가 부분적으로 사건을 꺼내서 마음대로 해석하는데, 그러지 말고 성경에서 성찬이란 이 사건은 출애굽기의 유월절 사건과 같은 흐름이니까 이것을 찾아보고 본뜻을 찾으세요. 마치 요한복음의 '말씀'이라는 것은 그리스철학이 아니라 창세기에서 하나님 '말씀하시다'라는 의미에서 찾아야 하듯이 그렇게 전체의 하나된 의미로 다시 돌아가야 합니다.

설교할 때 그렇게 하지 않고는 안 됩니다. 저 미안한 말씀인데 솔직하게 여러분에게 고백합니다. 이 특강을 시작하기 전에 제가 옛날에 설교하던 걸 갖다가 책상에 다 펴놓고 보니까 근사해요. 그래서 그러면 어떻게 하겠냐. 52주일이 일 년이니까 52개만 뽑자. 그래서 52개를 가지고 12달로 줄이면 한 번에 넷씩만 하면 되지 않겠냐고 생각을 했어요. 그다음에 다시 성경에 비추어 내 설교를 보니까 그때 당시에 순간적으로 한 것에 불과했어요. 그러나 하나님의 본뜻은 어디 있고, 모든 천하를 어떻게 다스리시고 계신가를 찾아야 되지 않겠습니까? 그래서 나도 여러분이 이렇게 기회를 줘서 공부하고 있습니다. 제가 솔직하게 이야기하면 옛날에는 예수 성만찬이면 성만찬만 설교했어요. 그런데 이렇게 보니까 예수가 유월절이 되어서 성만찬하고 있는 의미가 처음 보여요. 제가 지금 나이가 여든이 다 되었습니다. 예수 믿었다는 것으로 하면 저도 다 어릴 때 세례받았는데 그건 세례요한이 준 세례인 것 같고 물로 세례받은 거예요. 그다음에 성령으로 받았냐고 치자면 저도 보통 사람들이 해본 것은 다 해봤습니다. 금식기도 해봤냐고 하면 해봤고, 산상에 올라가서 기도해봤냐고 하면 그것도 해봤어요. 그런데 그때 제 눈이 안 떠서 이 성찬을 하는데 유월절이 되어서 한다는 말이 내 눈엔 안 보였어요. 그러니까 성경의 한 토막을 떼어서 이거 내가 마음대로 해봤는데 이게 진리가 되어서 전파가 된다면 얼마나 잘못된 일입니까. 그래서 이 강의가 하나 좋은 것 있습니다. 제가 회개하는 장소에요. (청중 웃음) 당신들은 내 회개보다 이중으로 회개를 해야 돼요. (청중 웃음) 난 하나만 회개해도 되지만 당신들은 이중으로 해야 돼요. 조심하세요. 너무 순간적으로 튀는 재주로 설교하지 마세요. 이 시대가 톡톡 튀는 시대가 돼서 그렇게 하면 그때는 사람이 들어요. 그러나 그다음에 그러면 안 들어요. 여러분, 벼룩도 몇 번 튀다가는 마지막에 주저앉게 됩니다. 이거 몇 번 튀다가 주저앉으면 그게 어떻게 하나님의 복음이요? 어떻게 영원한 하나님의 말씀이요? 영원한 하나님의 말씀이라면 시간의 문제가 없고, 공간의 문제가 없어야 돼요. 그러면서도 살아서 우리 가운데서 움직여야 됩니다. 그래서 이런 걸 주장하는 거예요.

여러분이 다시 돌아가서 성경 전문을 볼 때, 예수님이 우리에게 가르치신 주기도문을 잊지 말아 주세요. 10계명에 있어서 뭐 이름을 망령되게 하지 말고, 우상을 만들지 말고 했지만, 주기도문에는 한마디로 하지 않았습니까? **이름을 거룩하게 하옵시고.** 얼마나 멋있어요. 간단하고 요약되고 긍정적이고. 이름을 망령되이 부르지 말라고 하는 것은 우리나라에서 아주 보편적인 현상입니다. 그래서 남의 부모 성함이나 나이 좀 많은 사람 이름을 부를 때에 선생님 함자가 무슨 자고 무슨 자고 무슨 자라고 그래요. 그러나 이거 그런 말이 아닙니다. 무슨 자고 무슨 자고 무슨 자고 하면 벌써 이름을 망령되게 부른 겁니다. 우리나라 전통으로도 한자의 배합을 이야기 해야 돼요. 그 글자를 말하면 안 되는 겁니다. 이름을 망령되이 부르는 것에 해당됩니다. 그래서 망령되이 부르지 않는다고 하면서 부르고 있는 게 또 오늘날의 한국이에요. 이게 또 한국의 기독교고요.

하나님의 이름이란 것은 명사이고 동사는 하나님의 이름을 올바로 알고, 거룩하게 알고, 하나님의 이름을 거룩하게 해 달라는 것입니다. 다시 말해서, 하나님을 올바로 알고, 하나님의 뜻에 따라서 살라는 겁니다. 이름이란 것이 그저 아무개 이름, 석 자가 아닙니다. 글자를 회피하면 망령되게 부르지 않는 줄 알지만, 아닙니다. 기독교가 지금 하나님의 이름을 망령되게 부르고 앉아 있어요. 다른 사람도 아니고 기독교가, 다른 사람은 예수를 모르니까, 하나님을 모르니까 부르지 않아도 돼요. 기독교는 매주 앉아서 하나님의 이름을 망령되이 하고 있어요. 그래도 천당 가야 하고, 그 복음이 땅끝까지 가야 된다는데 그런 복음이 땅끝까지 가면 땅끝까지 다 멸망하는 것입니다.

여러분, 하나님의 뜻을 거룩하게 받아들이고, 그 뜻을 아는 것이 하나님의 이름을 거룩하게 하는 겁니다. 그래서 오늘은 성찬이란 하나의 주제를 다루었습니다. 거룩한 성찬을 통해서 우리는 하나님의 자녀로 회복되고 그리스도 예수의 혈육이 되는 것입니다. 성경에 전체는 이렇게 되고, 그 전체 안에서 이 부분하고 저 부분을 함께 보면 진위가 나오고, 그 진위가 나와서 이다음에 설교할 때 그걸 가지고 다시 말씀 안으로 들어가서 이게 어떤 과정을 거치고 있는가를 보세요. 그렇게 하면 우리가 망령되이 하나님의 이름을 부르지 않아도 됩니다. 자, 다 같이 주님 가르치신 대로 기도합시다.

하늘에 계신 우리 아버지여,
이름이 거룩히 여김을 받으시오며,
나라가 임하옵시며
뜻이 하늘에서 이룬 것 같이 땅에서도 이루어지이다.
오늘날 우리에게 일용할 양식을 주옵시고,

우리가 우리에게 죄지은 자를 사하여 준 것 같이

우리 죄를 사하여 주옵시고,

우리를 시험에 들게 하지 마옵시고,

다만 악에서 구하옵소서.

나라와 권세와 영광이 아버지께 영원히 있사옵나이다.

아멘.

(2002년 7월 25일 연세대학교)

제5강

예수의 교훈

예수께서 무리를 보시고 산에 올라가 앉으시니 제자들이 나아온지라. 입을 열어 가르쳐 이르시되 심령이 가난한 자는 복이 있나니 천국이 그들의 것임이요. 애통하는 자는 복이 있나니 그들이 위로를 받을 것임이요. 온유한 자는 복이 있나니 그들이 위로를 받을 것임이요. 온유한 자는 복이 있나니 그들이 땅을 기업으로 받을 것임이요. 의에 주리고 목마른 자는 복이 있나니 그들이 배부를 것임이요. 긍휼히 여기는 자는 복이 있나니 그들이 긍휼히 여김을 받을 것임이요. 마음이 청결한 자는 복이 있나니 그들이 하나님을 볼 것임이요. 화평하게 하는 자는 복이 있나니 그들이 하나님의 아들이라 일컬음을 받을 것임이요. 의를 위하여 박해를 받은 자는 복이 있나니 천국이 그들의 것임이라. 나로 말미암아 너희를 욕하고 박해하고 거짓으로 너희를 거슬러 모든 악한 말을 할 때는 너희에게 복이 있나니. 기뻐하고 즐거워하라. 하늘에서 너희의 상이 큼이라. 너희 집에 있던 선지자들을 이같이 박해하였느니라(마태복음 5:1-12).

앞에서 복을 받자고 하니까 웃음이 납니다. (청중 웃음) 예수의 교훈이 제일 잘 보존된 것이 마태복음 5장에서 7장까지입니다. 오늘 본문은 8복에 관한 내용만 수록했습니다만, 사실은 6장과 7장까지 함께 봐야 합니다. 이 어록이 중요한 것은 제자들이 그분이 하시던 말씀을 기억해서 보존하여 수록한 것이기 때문입니다.

여러분, 첫째 복에 대하여 **심령이 가난한 자는 복이 있나니 천국이 그들의 것이다**라고 했습니다. 왜 이런 이야기에서부터 시작합니까? 이것은 제자들이 모았으니까 그 순서에 관해서는 이야기하지 마세요. 그러면 이 말의 본체가 어디에 있겠어요? 이 말을 예수가 이렇게 하셨는데 여러분, 한번 이 전체를 생각하세요. 여러분, 마태복음 5장쯤 되면 뭐가 있겠어요? 처음에 예수께서 태어난 이야기가 있을 것이고, 그다음에 세례받으신 이야기가 있을 것이고, 그다음에 또 뭐가 나오겠어요? 그 테두리 위에 놓고 이걸 해석해 주었으면 좋겠어요.

심령이 가난한 자는 복이 있나니, 천국이 저의 것이요 다시 생각합시다. 여러분 심령이 가난한 자를 어떻게 해석해야 됩니까? 예? (청중 대답: 욕심이 없다) 심령이 가난하다는 것이 욕심이 없는 것입니까? 다시 한번 생각하세요. 이제처럼 욕심이 없다고 해석하려면 도대체 예수가 왜 갑자기 욕심 이야기를 해야 할까요? 왜 갑자기 예수가 욕심을 가지고 말씀하셔야 해요? 그러니까 이거 조심해야 되는 것은 심령이 가난하다는 것이 뭐냐고 할 때 욕심이 없다고 해석되지 않아요. 그러면 사실은 이런 해석이 성경의 틀 안에서 나온 얘기가 아닙니다.

왜냐하면 예수께서 지금 어떤 상황에서 이 교훈을 말씀하셨어요? 하나님의 아들로 태어나서 그다음 세례를 받아서 성령이 임하고 그다음에 **회개하라 천국이 가까우니라**라고 했습니다. 그다음에 갑자기 심령이 가난한 자를 지금 같이 욕심이 없다고 해석하면 그 뒤에 말이 맞겠습니까? 깊이 생각해야 합니다.

후에 마태복음 7장에 예수께서 아주 무서운 말을 하나 하십니다. 너희가 내 이름을 부르고, 가서 많은 예언도 하고 기적도 행하는데 나는 너희를 모른다고 그랬습니다. 우리가 조심해야 합니다. 그러니까 이제 예수의 말씀과 모든 성서의 이야기의 배경에서 이탈해서 예수의 말씀을 해석하지 않는 경우 예수의 뜻대로 예수의 말을 해석한 것이 아닙니다. 그런 것을 성경에서 쉬운 말로 하나님의 이름을 망령되게 부른다고 표현하는 겁니다. 잘못하면 하나님을 경건하게 대하는 것이 아니고 망령되게 대하는 것이 돼요. 그래서 우리 목사들이 첫째로 제일 범죄를 많이 하는 것은 하나님의 이름을 망령되이 부르는 것이고, 다음은 설교했다고 하나님의 제자라고 하겠지만, 하나님은 이후에 우리에게 너는 나하고 관계없다고 하신다는 것입니다. 그래서 이거 성경 대하는 것이 참 어려운 일입니다. 그런데 이런 잘못을 너무도 많이 범해요. 왜냐하면 개신교에서는 성경은 Open Bible이라고 주장하고, 성경을 읽고 하나님의 감화를 직접 받자고 그럽니다. 그런데 하나님의 감화라면 하나님의 구원사를 전제해 놓고 감화를 생각해야 하는데 내가 그날 당장 눈에서 뭔가 보이는 것으로 해석되어 나오는 것이 문제입니다.

심령이 가난한 자라는 것이 무슨 말입니까? 다시 한번 들어가 보세요. 여러분, 이 모임에 와서는 옛날같이 어려워하지 마세요. (청중 웃음) 자유로이 표현하세요. 심령이 가난하다고 할 때 이 글자가 참 재미있어요. '페네스'(πένης)라고 그러면 정말 가난하다는 말이에요. 돈도 없고 사회 지위도 없는 것을 '페네스'라고 그럽니다. 그런데 성경에서 사용한 말은 '프토코스'(πτωχός)입니다. 이것은 막 간절히 뭐를 바라는 그런 의미의 가난입니다. 이 둘을 분간해 놓으세요. 간절히 요구한다고 해서 가난하다는 겁니다. 주머니에 돈이 없어서 가난한 것이 아니에요.

다음에 심령이라고 번역했는데, 이거 심령이라고 할 때 여러분이 하나 주의하세요. 이거 어디에서 나온 말입니까? 원어로는 '프뉴마'(πνεῦμα)인데 그때 뭐를 생각하게 돼요? '프뉴마'라고 하면 이게 무슨 말이요? 바람도 되고 성령도 되고 또 숨도 되는데, 이것을 그리스식으로 '프뉴마, 프쉬케(Ψυχή), 소마(σῶμα)'를 연상해서 '영혼, 정신, 몸'이라고 나누어 생각합니다. 그런데 이것은 누구의 말이요? 성경의 말이 아닙니다. 그리스의 생각이 옆에서 들어온 겁니다. 그러니까 여기에 심령이라고 하는 그 말은 어떻게 해석되어야 해요? 그리스의 프뉴마가 아닙니다. 그러면 이것이 어디로 되돌아가야 합니까? 창세 때 어둠 위에 움직이던 하나님의 영, 그다음에 사람을 창조할 때 코에 불어 넣으신 그 숨결이 아닙니까? 그래서 그리스철학에 의해서가 아니라 주체를 분명히 하고 이걸 보자 그겁니다.

천국이 저희 것이요. 이거 또 어떻게 나온 말입니까? 이게 이렇게 됐습니다. 보통 생각할 때 이 기독교의 말을 그리스철학으로 여전해서 풀이하면 말을 둘로 갈라놓고 이걸 가지고 방향을 돌려놔요. 그런 다음에 이걸 역으로 붙여요. 이거 보세요. 가난함을 기준으로 하면 하늘나라같이 부한 것이 없겠죠? 가난의 반대는 부하다는 것인데 이걸 또 하나는 땅에다 놓고 하나는 천당에다 났어요. 이렇게 붙였어요. 그래서 이게 가난한 자는 복이 있나니, 천국을 소유하게 된다? 그러니까 기독교 잘못 믿으면 괴벽한 성격이 됩니다. 아주 뒤틀리고 역으로 붙게 돼요. 그래서 기독교인 이거 잘못 보면 큰일 납니다. 목사님들 설교하시는 걸 가만히 보다가 문제가 어디에서 터지냐 하면 완전히 뒤틀어서 이렇게 붙이다가 문제가 발생합니다. 이거 얼마나 위험해요. 이것은 성경 이야기가 아닙니다.

　그래서 이제는 다시 들어갑시다. 심령이 가난하다는 것이 갈망하는 것이 있다는 것입니다. 그런데 무엇을 갈망하느냐? 태초의 어둠 속에서 하나님의 성령이 그 위에 움직일 때 그 빛이 생기고, 생명이 생기게 하던 그 영입니다. 그 영을 갈망하는 자에게는 하나님의 나라가 나타날 것이 아닙니까? 그때 하나님의 나라에는 뭐가 있어요? 우리가 십계명을 봐도 그렇고 주기도문을 봐도 늘 셋이 나오죠? 하나님과 인간, 인간과 인간, 인간과 자연, 이 셋이 조화가 되어 있는 것입니다. 인간이 타락하기 전에 하나님이 창조하시던 때의 그 영을 간구하는 자에게는 하나님의 나라가 그 눈에 보일 것이라는 겁니다. 이거 당연하지 않습니까? 이것을 가지고 가난하게 되자고 풀이하면 안 됩니다. 그래서 기독교인들 제발 궁색 부리지 마십시오. 어떤 때에는 기독교인들 같이 궁색하게 노는 것이 없습니다. (청중 웃음) 정말 그런 사람을 보면 치가 떨리고, 저런 인간하고 어떻게 가까이하냐 그런 생각이 들어요. 궁한 냄새를 너무도 피워요.

　옷이 두 벌 있으면 남에게 하나를 주라고 하는데 여러분, 이것도 함부로 생각하지 마세요. 여러분 이다음에 남을 도우려면 옷이 두 벌 있을 때 한 벌을 주려면 아예 하지 마세요. 그건 욕먹어요. 이 말씀이 그런 말이 아닙니다. 어려운 사람을 돕는데 이렇게 한 번 도운 다음에 두 번 돕지 않으면 그때부터 욕해요. 그런데 두 번을 돕고 세 번째 안 하면 또 욕먹어요. 그래서 남을 도우려면 여러분, 평생 애프터 서비스(After Service)하려는 마음을 가지고 시작해야지 (청중 웃음) 옷이 두 벌이니까 너 한 벌 주었다면 그다음에는 욕먹습니다. 왜 너 입은 것까지 주지 않냐? 그렇게 욕하는 법이에요. 또 그건 당연한 겁니다.

그러니까 빈곤한 것이 좋다고 이렇게 강조하면 그만 기독교가 너무 어려워져요. 사람 마음은 부해야 합니다. 사람 마음이 궁하면 일이 안 돼요. 제가 여러분에게 재미있는 얘기를 좀 해드리지요. 저의 부친께서 임시정부 당시에 재정을 맡은 분입니다. 그런데 제가 어렸을 때 집이 몇 번 다 넘어가고 그래도 이분이 옷을 입으면 안에 조끼가 있는데 그 안에는 코 묻은 수건, 구겨진 신문지를 한아름 넣고 다니세요. 저는 왜 아버님이 그걸 그렇게 넣고 다니시는가 궁금했는데, 하루는 아버님 말씀이 돈주머니 부위가 내려가면 우리 모든 일하는 사람이 기가 죽는다는 겁니다. 아시겠어요? 이 휴지와 손수건 같은 것이 들어가서 이만큼은 돼야 기가 죽지 않는다는 것입니다. 이 나라 사랑하는 사람들이 먹고 일해야 되지 않습니까? 이게(돈 주머니 부위) 아래로 내려가면, 즉 돈이 없다는 것이 보이면 나라 살림을 어떻게 제대로 합니까? 그래서 코 묻은 수건이요 신문지요 이만큼 넣고 다녀요. (청중 웃음) 제가 그래서 그때는 참 이상하다 저분이 왜 저럴까 그랬는데 지금 보면 알겠어요 여러분 궁색 내지 마세요. 없어도 충만하게 있는 것 같이 해야지 주변이 다 잘 됩니다. 여러분 궁하게 엎드리고 얼굴이 새까맣게 되어서 돌아다녀 보세요. 누가 상종도 안 하고, 일도 안 주고, 남의 일도 안 됩니다. 그러니까 괜히 가난한 자는 복이 있나니 그러지 마세요. 그렇다고 가난한 자가 벌 받으리란 말이 아닙니다. 그러나 궁색은 내지 말라는 것입니다. 여러분, 사실 왜 궁색을 내는지 아세요? 다 다른 생각이 들어가서 그런 것입니다. 남에게 얻어먹을 생각을 하니까 자꾸 궁색을 내요. 그러지 말고 언제든지 만들어서 일할 생각을 하세요.

여기에 이제 5장에서 8복이라고 나오는데 이거 사실 9복도 될 수 있습니다. 또 아래 연결시키면 10복도 될 수 있고, 이런 숫자에다가 너무 치중하지 마세요. 이것이 동양에 8괘가 있으니까 우리 또 8복을 좋아해서 8을 붙이는데 그것도 또 주의하세요. 후에 이 첫째 복을 꼭 기억하세요. 그 영, 그 더움 위에서 빛을 주던 영, 생명을 주던 영, 그 영을 갈망하는 자라는 것은 창조하시는 그 하나님의 영이 내 안에 오기를 바라는 사람입니다. 아주 간절히 바라는 것입니다. 몸이 떨릴 정도로, 글자대로 하면 떨린다는 말이에요. 떨리도록 간절하게 바라는 자에게는 자연히 하나님이 만들어 놓은 새 천지, 에덴동산에 만들어 놓은 그 천지가 보일 것이 아닙니까? 그래서 하늘나라(the Kingdom of the Heaven)입니다. 그런데 이 말이 8복에 다섯 번이 나와요. 그러니까 이것 또 조심하세요. 이 8복이라는 것은 결국 하나님의 나라, 하나님의 뜻, 하나님의 아들이 중심되어 나오는데 결국은 하나님과 사람이 어떤 관계를 가져야 되겠다고 하는 것입니다. 그래서 십계명에서의 처음 세 계명이나 주기도문 첫 부분에 나오듯이 주제를 살펴서 이 8복을 읽어야 됩니다.

애통하는 자는 복이 있나니 저희가 위로를 받을 것이요 뭐가 애통하는 자입니까? 어떤 때에 이거 해석하는 것 보면 어처구니가 없습니다. 항상 기뻐하라고 그랬는데, 성경에 그랬죠? 여긴 애통하라고 그랬어요. 그러면 우리가 어떻게 해야 돼요? 울면서 웃어야 됩니까? (청중 웃음) 그러면 이게 무슨 말이요?

하나님께서 에덴을 지은 다음에, 그다음에 인간이 죄를 짓자 하나님과 사람이 이탈되었고, 사람과 사람이 소외되어 버렸고, 그런 다음에 사람과 자연에 있어서 자연이 우리를 저주하고 우리는 땀을 흘려야 먹게 되고 결국 에덴동산에서 쫓겨나지 않았습니까? 여기에서 애통함이라 하면 갈라진 것에서 온 것입니다. 사람과 사람이 갈라지고, 사람과 자연이 갈라지고, 하나님과 사람이 갈라졌다는 말입니다. 다시 보세요. 다음에 뭐라고 그랬습니까? (청중 대답: 애통하는 자는 위로를 받을 것이요) 이거 위로가 아닙니다. 여러분, 그래서 어떤 때에는 그 뜻을 명확히 하려면 조금 그리스말을 공부할 필요가 있습니다. 이거 간단히 알 수 있어요. 여러분, 평행선을 뭐라고 그럽니까? '패러럴'(Parallel)이라고 그럽니다. 그러니까 여기에서 '파라칼레오'(παρακαλέω)라고 그러면 내가 널 부르고 내가 날 부르는 대응과 호응이 있다는 말입니다. 그래서 하나님과 갈라지고 인간은 인간대로 소외되고, 자연과 인간이 갈라진 것을 회복으로 이끌고 있는 자에게는 다시 이렇게 호응이 오리라는 것입니다.

그래서 여러분 기독교에서 이거 분명히 하세요. 항상 기뻐하라는 말이 있는데 지금 여기에 애통하라는 것이 해석되지 않았습니다. 해석하지도 않았어요. 그러니까 이 말의 본의는 에덴동산에서 죄에 타락한 후부터 우리가 인류의 이탈되어 오는 데에서 그 사람들에게는 다시 '파라칼레오', 즉 피차 다시 호응을 얻으리라는 구원에 관한 말씀이에요. 그러니까 얼핏 생각해서 내가 애통하면 위로를 받으리라 하면 안 됩니다. 사람들이 이걸 또 어떻게 붙입니까? 여러분이 울면, 기도하면 눈물이 변해서 웃음이 된다? 그러지 마세요. 이렇게 안 돼요. 성경 말씀에서 옆으로 마귀가 들어온 겁니다. 마귀가 바로 성경을 타고 들어와 시험합니다. 왜냐하면 그놈도 최고의 지능이기 때문에 귀한 것을 가지고 어렵게 합니다. 쉬운 것으로 시험하는 것이 아니라 제일 핵심된 내용을 가지고 시험을 합니다. 기독교인들 조심하세요. 너무 시시하게 하지 마세요. 이다음에 절대로 작게 하지 마세요. 이거 성경 글자 잘못 해석해서 어려워지겠다고 그러고, 울라고 그러고 울상을 하고, 그러다가 조금 있다가는 항상 기뻐해야 된다고 그러고 또 뭘 해야 된다고 그러고 그래서 항상 머리가 복잡해요. (청중 웃음) 잘못하면 왔다 갔다 하는 것이 기독교인이에요.

그러나 지금 현 상태의 기독교인, 우리가 그걸 나쁘다고 하지는 맙시다. "선악과는 먹지 말라"는 하나님의 말씀을 그 옛날에 마귀가 와서 '선악과 먹으면 어떠냐 이렇게 한 것 같이 하나님 말씀을 싹 이렇게 바꾸어서 시험하는데 이것 참 묘하게 변해요. 이게 지금 교회에 꽉 찼어요. 그러니까 우리가 구마사 노릇을 해야 합니다. 마귀를 어디서부터 쫓아야 되느냐, 바로 우리 가운데서부터 마귀를 쫓아내야 합니다. 이게 중요한데 여러분, 이거 느껴요? 그래서 8복이란 것도 하나하나 전부 자기식대로 해석했지만, 성경의 본래 이야기와 성경에서 쓰던 그 용법과 모든 기본 위에서 해석해야 됩니다.

온유한 자는 땅을 얻으리라. 자 여러분 이제 세 번째 복을 설명했는데 첫째는 하늘나라, 둘째는 너희가 피차 호응을 얻으리라, 그다음에 땅을 얻으리라 이렇게 되었습니다. 자, 보세요. 하나님과 사람, 사람과 사람, 그다음에 사람과 자연 이 셋이 됩니다. 뭐 예수께서 할 말이 없어서 갑자기 이거 뭐 어조를 좀 바꿔서 같은 어휘로 하면 재미없으니까 시 쓰듯이 어휘를 바꾼 것이 아닙니다. 이건 뭐냐 하면 인간과 자연의 관계란 의미에서 땅이란 말을 쓴 겁니다.

의에 주리고 목마른 자는 복이 있나니 저희가 배부를 것임이요. 자

뭐가 '의'에요? 여러분 이거 여기 글자 해석에 또 마귀가 들어와 있습니다. 제일 많이 들어와 있는 것 중 하나예요. 이 글자가 무슨 말입니까? 이거 잘못하면 그리스철학으로 해석이 건너가고 또 요새 사회 강조하면 사회정의로 건너갑니다. 그런데 본래 성경 말로 하려면 뭐가 돼야 합니까? 의롭다면, 우리말로 의롭다는 말 하고, 영어로 'righteousness'고, 그리스말로는 '디카이오수네'(δικαιοσύνη)인데, 그게 다 다릅니다. 여러분 우리말로 '의'자가 뭔지 아세요? (청중 대답: 옳을 의입니다) 예 '옳을 의'(義)인데, 그것이 갑골문으로 보면 양이란 가축의 몸을 그리고 위의 뿔을 그렸어요. 그래서 '양'(羊)이란 글자는 뿔을 ⥣ 표시했습니다. 그래서 동양에 있어서 '미'(美)자는 제일 아름다운 다시 말해 잘난 양이라는 말입니다. 그러니까 의(義)란 글자는 아름다운 양을 잡는다는 겁니다. 아래 글자(我)가 도끼로 쳐서 잡아 희생시키는 그런 의미가 들었습니다. 그러니까 '의'라는 것은 제사를 지낸다는 말에서 온 것이고, 중국말에서 뜻을 빌려다 쓴 말입니다. 그러니까 '디카이오수네'라는 것은 '의'가 아닙니다. 그리스말인데, 이거 또 성경 말에 얼마나 도깨비가 들어와 있어요? 한 마리가 아닙니다. 수십 마리가 들어와서 다 성경 말인 것처럼 나와요. 이걸 가져다가 걸러놓지 않으면 결국 교회가 잡귀가 모이는 장소가 된다는 말입니다. 그렇게 해서 이것이 참 힘들게 됩니다.

다시, 하나님의 뜻이 무엇이냐? 그러니까 '의'라는 것은 여기 쓰지 마세요. 본래 없는 뜻입니다. '디카이오수네'라는 말은 올바른 관계에 관한 표현입니다. 뭐가 올바르겠어요? 하나님과 사람, 사람과 사람, 사람과 자연이 올바르게 된 것, 그것을 이야기한 것입니다. 이다음에 옳은 것이 뭐냐 할 때 거리에 가는 사람이 교통질서 안 지켰으면 틀렸다고 하고, 따라 지켰으면 옳다고 하는 것은 서울시 법규에는 맞는 겁니다. 그런데 서울시의 것을 가져다가 성서에 놓고 이렇게 붙여 놓으면 이거 어떻게 돼요? 큰일 나지 않아요? 그러니까 아래는 양의 몸이고 위에는 여우 대가리고 이렇게 막 붙여 놓으니까 이제 이상한 말이 되어버리고, 우리 신앙의 순수성을 잃게 돼요. 옳은 것이라는 것은 다른 것이 아닙니다. 하나님과 사람과 자연이 바로 된 관계가 옳은 겁니다. 그러니까 그들은 만족함을 얻으리라고 된 것입니다. 왜냐하면 하나님의 뜻과 하나님의 나라를 위하여 일하는 자는 만족함을 얻기 때문입니다. 이것은 또 내게 만족하다는 것이 아닙니다. 하나님과 인간과 자연에 대한 만족입니다. 그래서 이런 걸 다 주의하세요.

긍휼히 여기는 자에는 복이 있나니 저희가 긍휼히 여김을 받으리라. 이것을 또 잘못 해석하면 너희가 뭐를 하면 뭐를 얻는다가 됩니다. 제가 이렇게 이야기했었습니다. 내가 여러분에게 성경 한 줄 다시 읽어 드릴게요. 왼손이 한 것을 오른손이 모르게 하라고 하셨습니다. 이것 한 것을 이것에게 알리지 말라고 그랬죠? 그렇게 한 다음에 여기 와서는 긍휼을 얻으리라 하면 오른손이 한 것을 왼손이 안다는 것이 아닙니까? 이 말은 무슨 말입니까? 여러분, 이게 무엇인가 하면, 우리가 우리의 죄를 사한 것 같이 우리의 죄를 사해달라는 말씀 기억합니까? 이것은 바로 그 말씀을 표현한 것이에요. 그러니까 여기에 이 말씀이 이해될 수 있습니다.

평화케 하는 자는 복이 있나니 하나님의 아들이라 불릴 것이다. 여러분, 이 평화가 무엇입니까? 우리나라 말로 평화는 무엇이고, 서양의

'peace'는 무엇이에요? 이것도 다른 말입니다. 이것을 번역하면서 세 나라, 네 나라 문화가 막 엉켜요. 평화라는 말이 뭐죠? 이거 본래는 불교에서 온 말입니다. 불교에서 뭐를 주장했냐 하면, 사람은 늘 이원적으로 갈라서 본다는 것입니다. 가른다는 것이 뭔가 하면 예를 들어 큰 것과 작은 것, 옳은 것과 그른 것, 그다음에 좋은 것과 나쁜 것, 이렇게 하는 것은 사람 머리 안이 이원(二元)으로 되어 있기 때문이라는 것입니다. 그래서 인(因)이 있으면 과(果)가 이렇게 둘이 있는데, 머리 안에는 언제든지 무엇을 하나 보면 이놈을 두 쪽으로 분리하고 분리하고 분리하고 또 분리해서 삼천대제가 생기는 것이에요. 세상 우주의 복잡한 천하 만상이 다 거기서 나온다는 것입니다. 그런 다음에 이걸 둘로 분리한 다음에 하나는 좋다, 하나는 나쁘다 이렇게 정했다는 것입니다. 그러니까 보는 것도 둘로 갈라놓고 가치평가도 또 둘로 만들었다는 겁니다. 그러니까 평화란 것은, 제 손 움직이는 것을 자세히 보세요. 이것은 말로는 힘들어요. 평(平)은 위와 아래에서 가운데로 평평하게 이렇게 다가오고, 화(和)는 다시 이렇게 가운데로 붙여 놓으라는 겁니다. 그러면 원점으로 돌아간 것이지요. 이건 동양에서 불교를 통해서 얻은 개념이에요. 평화라는 것은 성경의 평화가 아닙니다. 잘못하면 평화로울지어다, 평화로울지어다 하는 것이 사실 부처님 나무아미타불 하는 것처럼 됩니다. (청중 웃음) 그러니까 성경 말씀은 또 어디로 갔어요?

그다음에 서양말로는 'Peace Maker'라는 거예요. Peace는 뭡니까? '팍스'(Pax)는 뭐예요? 이건 뭐냐 하면 팍스는 전쟁과 싸움의 반대 개념입니다. 그러니까 동양에서는 이렇게 놓고, 서양에서는 저렇게 하는 것이 팍스에요. 전쟁에서 쉬면 평화조약이라고 그러지요? 그래서 'Peace Treaty'라고 씁니다. 도대체 하나님의 말씀이 어디로 갔는지 행방불명이에요. 성경 읽고 하나님 말씀은 행방불명이 되어버렸단 말입니다. 그래서 여러분 생각에 매일 아침 성경을 읽으면 하나님 말씀과 가까운 줄 알지만, 이거 지금 하나님의 말씀은 하나님의 말씀대로 전통과 신구약의 말씀 안에서 풀이돼야 합니다.

그러니까 이제 여기에 평화는 뭡니까? 하나님과 사람, 사람과 사람, 사람과 자연의 관계에 대한 평화입니다. 하나님의 뜻이요 하나님의 나라에 관한 문제입니다. 이것을 다루는 사람이 누구입니까? 바로 하나님의 아들들 아닙니까? 바로 예수 그리스도, 우리요 하나님의 아들들이 하는 일입니다. 그러니까 하나님의 아들이라는 말이 하나도 틀리지 않습니다.

5장에서부터 보면 처음에는 사람과 하나님의 관계에 대한 말씀을 주로 했고, 그다음에는 사람과 사람의 관계에 대한 말씀이 나오고, 주기도문이 나오고, 그다음에는 사람과 자연 문제가 주로 나와요. 그래서 하나님 앞에서 별거별거 다 구하지 말라는 것입니다. 하나님께서 다 알아서 해주실 것이니 괜히 쓸데없이 기도하지 말라는 것입니다. 그래서 제발 배고픈 자와 부족한 자가 있으니 그를 위해서 하나님께 알리는 기도하지 마세요. 어려운 사람을 위해서 기도해야지 왜 안 되냐고 그러는데 그런 말이 아니고, 당신이 기도해서 그다음에 하나님이 알아서 일한다면 하나님이 느리지요. 하나님이 이차적인 것이 됩니다. 그러니까 하나님은 그건 기도하지 말라는 겁니다. 하나님이 다 보고 계시니 그런 기도하지 말라는 겁니다.

특히 사람과 물질 사이에 있어서 **너희 먹을 것을 걱정하지 말라**고 하셨습니다. 그래서 우리가 빈한 자와 궁한 자를 위해서 기도하지만,

하나님이 다 알아서 하십니다. 그런데 하나는 여러분 늘 아십시오. 사람이 재물에 대해서 있으면 그거 쓰라는 거예요. 돈 남겨두지 마세요. 자꾸 쓰세요. 쓰다가 다 없어지면 손가락 빨고 가만히 있어요. (청중 웃음) 그때는 일하지 말라는 거예요. 그건 가만히 있으라는 겁니다. 그래서 여러분 돈이 있을 때 쓰지 않으면 아무 필요가 없습니다. 그래서 저는 늘 한없이 돈을 막 써요. 다 없어질 때쯤 되면 또 생겨요. 여러분 제가 솔직히 얘기하면 이거는 마음의 태세예요. 아시겠어요? 그냥 써요. 쓰다가 없으면 주머니가 비어 있잖아요. 그러면 가만히 있어요. 하나님이 주실 때까지 기다리라고. 안 주면 쓰지 마세요. 그러나 주셨다고 생각하면 쓰세요. 연구도 그래요. 남들 생각에 어떤 사람은 왜 평생 연구할 수 있느냐 하는데 그건 다 틀린 말입니다. 하나님이 다 주시니까 연구도 할 수 있어요. 몸도 주고, 건강도 주고, 머리도 주고, 눈도 뜨게 해줘서 공부하게 되는 것이지 그거 그냥 그렇게 된다고 그러지 마세요.

공중의 새를 보라. 들에 핀 백합화를 보라. 여러분, 이 말도 또 재미있습니다. 여러분 이스라엘에 가 보셨지요? 아니면 영화라도 보셨지요? 그거 모래와 돌이 많은 곳인데 거기에 백합화가 피겠소? 그러면 예수께서 잘못 이야기했습니까? 들에 핀 백합화를 봐라. 이거 어떻게 된 이야기입니까? 이스라엘에 가서는 들에 핀 백합화를 쉽게 보질 못해요. 그런데 사람이 읽을 때 자기 눈에 성경 말씀이 보이지를 않아요. 이거는 여러분, 성경 볼 때 눈을 어떻게 떠달라는 겁니다. 여러분, 들에 핀 백합화를 만들려면 어떻게 만들어야 되는지 알아요? 이스라엘에서 실제로 만들었습니다. 어떻게 하나 하면 백합화를 이렇게 심어요. 심어서 뿌리가 이만큼 자라면 면도칼로 싹 잘라요. 그러면 뿌리가 다시 이렇게 나요. 이것을 서너 번 이렇게 잘라줘요. 그러면 뿌리를 내리는 데 선수가 돼요. 그래서 이놈을 갖다가 어지간히 마른 곳에다가 심어도 아주 뿌리를 잘 내려요. 그렇게 힘든 과정을 거쳐서 뿌리를 내리는데 백합화가 들에 피려면 얼마나 힘들겠습니까?

공중의 새를 보라. 여러분 예수께서 새를 보라 그랬습니까? 공중의 새를 보라고 그랬어요. 여러분, 날개짓 안 하면 그냥 떨어져 죽어요. (청중 웃음) 아시겠습니까? 이 과정과 노력의 의미가 들어 있는 것입니다. 공중에 나는 새를 보라고 그랬어요. 여러분 이다음에 한번 생각해 보세요. 난 미안하지만 높은 데 가서 날갯짓도 못 해요. 올라가면 어지러워서 떨어지니까. (청중 웃음) 그렇지 않아요? 높은 곳에서도 떨어지지 않으려면 이거 보통 일 아닙니다. 이거 내 손이 몇 배가 길고 날개가 있어야지 하는데, 이거 조심하세요. 이거 말이 중복되어 있습니다. "공중에 나는, 광야에 핀" 이것을 보라고 그랬습니다. 우리가 노력하는 것이 포함되어야 됩니다. 공중의 새는 날아야 돼요. 앉아서는 굶어 죽어요. 가만히 있는 새를 먹였으니까 너도 먹을 것이다? 말 마세요.

이스라엘에서 요새 농업하는 것을 보면 세계에서 제일 많이 발전되어 있습니다. 왜냐하면 물의 문제 때문에 물 한 방울을 아껴서 씁니다. 그렇게 해서 농사를 지으며 그곳을 옥토로 만들었는데 이스라엘의 과일들이 유럽으로 팔려 갑니다. 그런 것 보면 하나님이 참 세상 이상하게 만들었습니다. 태양이 쬐는 데에는 잘 자라게 되어 있는데 그만 땅이 모래로 되어 있고, 그다음에 북극 쪽으로 가면 이 여름 쪽에 지구가 이렇게 돌 때는 태양의 열을 제일 많이 받는데 그건 또 시간이 짧거든요. 하나는 당이 잘못되고, 하나는 시기가 짧습니다. 그런데 이걸 갖다가 사람들이 많이 이용해요. 이다음에 여러분 북극 쪽으로 혹시 간다면 미국으로 가지 말고, 캐나다 북쪽으로 해서 미국으로 내려가 보세요 그러면 알래스카 같은 데 가면 캐비지(Cabbage) 하나가 굉장히 큽니다. 뭐 가나안에 들어가서 젖과 꿀이 있다고 하는데, 가나안은 젖과 꿀이 흐르는 곳이 아닙니다. 만들어서 그렇게 된 곳입니다. 그래서 하나님이 이스라엘 사람들에게 젖과 꿀이 흐르는 땅이 아니라 형편없이 바른 땅을 주신 것입니다. 바람만 불면 그 먼지 휘날리는 것이 대단해요. 여러분 여기는 그래도 청소가 쉬운데, 거기는 아예 청소를 포기하고 살아요. 그래서 젖과 꿀이 흐른다는 것이 일반적으로 이야기할 때는 목초지가 아닙니다. 그러나 이 말을 기억하세요. "공중에 나는 새, 광야에 피는 백합꽃", 그런데 참 이상해요. 그 말이 눈에 안 보입니다. 귀에도 들어오지 않아요. 그래서 이런 것은 여러분이 강조해 주세요.

하나님께서 그런 것을 다 아시고 계신다. 네게 주셨으니까 네가 걱정하지 말라. 네가 구할 것은 뭐냐? 하나님의 나라와 의를 구할 것이지 하나님에게 이거, 저거 달라고 그러지 마세요. 달라고 하지 않았다고 해서 우리가 관심이 없는 것이 아니에요. 거기에는 하나님께서 나보다 더 관심을 가지고 계시다는 겁니다. 그가 창조한 물체를 위해서 먹이는 문제이기 때문에 더 관심을 가지십니다. 그러니까 우리의 기도와 우리의 평생 사는 일의 주제가 하나님의 나라와 하나님의 뜻을 이루는 것이라는 말씀입니다.

이렇게 되면 다 한꺼번에 시원하게 그 말씀의 의미가 펴지지 않습니까? 그런데 이것을 궁하면 천당 갈 거라고 하고 또 가만히 앉아서 있는 것은 기독교인의 소임이 아닙니다. 여러분, 교회에서 왜 이상하게 장로들 되려고 하는지 아세요? 일반교회는 외부에는 어깨를 축 내리고 궁하게 보여야 됩니다. 장로는 또 교회 내에서는 일하는 것 같이 어깨를 들고 있어야 돼요. 그러니까 교회 내부가 어디 통일이 됩니까? 교회 안에서는 다스리는 사람이 있고, 아래에서 다스림을 받아야 되는 사람이 있고, 결국은 분열되고 싸움합니다. 그래서 성경 잘못 해석하면 그렇게 될 수 있습니다. 이거 조심해 주세요. 소위 8복이라는 것을 지금의 그 글자대로 생각하지 마세요. 그 시대대로 해석하지 마세요. 성경의 본뜻으로 돌아가서 '이것이 무엇이다'라고 해석할 때 우리에게 큰 자유를 줍니다. 힘을 줘요. 그렇지 않습니까? 하나님께서 우리보고 너희 쓸데없는 데 염려하지 말라. 내가 다 한다고 하십니다.

한번은 미국에서 어느 집에 초대를 받아서 갔는데 한국에는 이런 집이 드물어요. 1,000에이커라고 했으니까 1,200평입니다. 1,200평에 백만 불짜리 집이에요. 그런 땅에는 한 5에이커를 파서 호수를 만들었어요. 우리말로 하면 500만 불이 물 아래로 들어간 겁니다. 그 안에다가 자연 물고기를 풀어놨어요. 기르는 것이 아니고 작은 치어에서부터 큰 물고기까지 다 있어요. 치어는 한꺼번에 뭉쳐서 다녀요. 왜 한꺼번에 뭉쳐 다니냐 하면 혼자 다니다가는 그냥 잡아먹히거든요. (청중 웃음) 그래서 이놈들이 한꺼번에 뭉쳐서 구름같이 움직여요. 그 다음에 큰 물고기가 먹으러 오면 치어들이 그때 피할 여유가 있어요. 그래서 구름같이 몰려다닙니다.

그런데 큰 물고기가 조그만 물고기를 먹고, 조금 있어 보니까 기러기가 와서 큰 물고기를 먹어요. 기러기는 물고기를 잡아먹고, 기러기는 또 누가 와서 잡아먹으려는 줄 아세요? 집에서 키우는 개가 와서 잡아먹으려고 하는데 개가 기러기를 잡으러 물로 뛰어 들어가면 큰 기러기들은 잘 도망가요. 그런데 조그만 기러기들은 잠수를 해버려요. 물속으로 들어가니까 개는 따라서 못 들어갑니다. 그래서 또 그렇게 살아납니다. 그다음에 새 둥지에는 새뿐이 아니라 다람쥐가 올라가서 먹어요. 그런데 고양이가 옆에서 가만히 숨었다가 이놈이 오면 하루에 한두 마리씩 또 잡아먹고 그래요.

저는 이전에 개를 키웠는데, 개를 위해서 키웠었어요. 그런데 그때 거기에서 가만히 쳐다보면서 느낀 것은 송사리는 큰 생선한테 먹힌 걸로 그 소임 다한 겁니다. 큰 생선은 기러기한테 먹히면 그 소임 다한 거예요. 세상이 그렇게 되어 있어요. 그러니까 또 기러기는 개한테 먹히지 않으면 또 다른 동물들한테 잡아 먹혀서 그것도 소임을 다한 겁니다. 서로 소임을 다하면서 세상에서 돌면서 사는 건데 너무도 좁아서 이것만을 위해서 키우겠다고 하니까 다른 걸 막 쫓으려고 하는데 쫓아도 오고, 죽이려고 해도 오고, 그거 일생 다 자기 소임하고 가는 겁니다. 그래서 여러분도 너무 잡아먹혔다고 억울하게 생각하지 마세요. (청중 웃음) 저거 다 소임하고 죽은 겁니다. 우리가 세상에 태어나서는 하나 기억하세요. 내 소임이 뭐냐? 그리고 그 소임 다하고 가는 겁니다. 너무 자기중심에다 놓고, 자기 문화에다 놓고, 이렇게 놓지 말고, 믿는다면 성경으로 돌아가서 성경의 세계에서 우리의 생애를 해석하며 살아야 됩니다.

6장에서는 기도를 어떻게 하라는 것을 가르쳐 주셨고, 7장에 가서는 너희는 헛된 것을 구하지 말라는 말씀이 나왔습니다. 여러분이 기도할 때 참 조심하십시오. 특히 목회기도 하는데 들어보면 목회 기도가 아니에요. 목사님들 기도 중에 우리의 사회 신문에 난 기사, 오늘 일어난 사건을 위해서 기도합니다. 그다음에 우리 가운데 몸이 불편한 사람을 위해 기도하고 또 오늘 참석하지 못한 사람을 위해서 기도하고 또 뭐 그다음에 찬양대를 위해서 찬양 잘하게 해달라고 기도하고, 그다음에도 하나님께 부탁할 것이 많아요. (청중 웃음) 하나님이 사실은 그런 기도 들으실 때 얼마나 귀가 괴롭겠어요? "내가 눈이 없냐? 내가 귀가 없냐? 내가 손이 없냐?" 마치 그런 것으로 전제하고 하나님 앞에 기도하니까 말입니다. 참 딱할 거예요. 그래서 너희는 이런 걸 위해서 기도하지 말라는 것입니다. 이것은 기도하지 말라는 말이 아닙니다. 그런 문제에 관해서는 하나님께서 알아서 하시겠다는 것입니다.

　뭐가 잘못되면 그거 하나님 앞에 되게 해달라고 기도하지 마세요. 때로는 잘못된 것이 잘된 겁니다. 저도 옛날에 장도영이란 사람이 군사정부에서 박정희 씨 앞에서 활동할 때 그 아래에 누가 저보고 좀 나와서 일을 해달라고 그랬습니다. 그런데 제 부친께서 옆에서 듣더니 난세에는 정치는 안 하는 법이라고 딱 끊었습니다. 그때 저는 좀 섭섭했습니다. (청중 웃음) 사람이 태어나서 못났어도 장관도 해보고 별거 다 해보면 괜찮지 않아요? 그거 뭐 어때요? 그래서 속으로는 말은 옳은 말씀인데 좀 섭섭했어요. 6개월 지나니까 그 사람들이 다 감옥으로 들어갑디다. 전 집에 편히 있는데 (청중 웃음) 하나님이시여, 이 병을 낫게 해주옵시고 그러지 맙시다. 하나님이 알아서 치료하실 것인데 당신이 뭔데 병 고치라고 그래요? 하나님이 병을 주실만 하니까 병을 앓는 거예요. 여러분 또 병을 나쁘게만 생각하지 마세요. 병이 있으면 병하고 같이 사는 것입니다. 그래서 바울이 마지막에 깨달은 것이 그것 아닙니까? 이거 치워 달라고 그러지 말고 그다음엔 병하고 같이 사는 겁니다. 하나님께 감사하고 사는 겁니다. 여기 병을 앓지 않으면 교만하니까 병을 좀 줘서 옆구리가 아프고 허리가 아프고 그래야 정신이 좀 제대로 바르게 될 것이니까 그 병 좀 앓아야 돼요. 그래서 하나님이 모르실까 걱정해서 기도하는 것이라면 기도할 필요가 없다는 겁니다. 그런 일은 기도할 것이 아니고 정말 하나님께서 온 우주를 지으시고 만드신 것을 중심으로 해서 볼 때 우리가 기도할 것은 하나님의 뜻이 하늘에서 이룬 것 같이 땅에 이루어 달라는 것입니다.

내가 율법이나 선지자를 폐하러 온 줄로 생각지 말라. 폐하러 온 것이 아니요 완전케 하려 함이라. 나는 율법을 폐하러 온 것이 아니라 율법을 완성하러 왔다고 하셨습니다. 여러분 이제 기억하시지요? 십계명하고 주기도문을 기억합시다. 그러니까 10계명의 요점은 1, 2, 3계명은 하나님과 사람, 4는 안식일, 5, 6, 7은 사람과 사람, 8, 9, 10은 사람과 자연으로 구성되었고 이것이 안식일이라는 것으로 뭉쳐 있습니다. 그 세 조각이 다시 하나로 뭉쳐 있어요. 그래서 안식일은 모든 일에서 쉬며, 즉 사람과 자연을 다시 올바른 관계로 돌아가게 하며, 그다음에 너희 여러 남종, 여종, 자식들 다 모여서 화해하고 하나님을 공경하라는 것입니다. 그때 너희는 하나님의 자녀가 되고, 하나님은 너희 아버지가 되리라는 말씀입니다. 그래서 이러한 틀을 가지고 보면 예수께서 오셔서 우리에게 본으로 주신 주기도문 자체가 구약의 십계명을 제거한 것이 아닙니다. 예를 들면 십계명에 하나님의 이름을 망령되이 하지 말라는 것은 아직도 부정 요소가 들었는데, 주기도문에서 하나님의 이름을 거룩하게 해달라고 하니까 이것이 얼마나 율법을 완성하는 겁니까? 그래서 율법을 제거하는 것이 아니고 완성하는 겁니다.

그런데 바울은 율법과 은혜, 신약과 구약, 딱 이렇게 갈라놓고 그리스 시대에서 변형해 놓은 것인데 여러분이 조금 풀어 놓아야 됩니다. 예수께서 율법을 완성하는 것입니다. 그런데 바울은 자꾸 이 둘을 대립을 시켜 놓습니다. 그리스의 생각에서는 둘로 분리하고 이렇게 대립을 시켜야 됩니다. 그래서 여러분 기독교인의 어려움이 그런 곳에서 나와요. 원수를 사랑하라고 했는데 사실 원수는 미워해야 됩니다. 그러니까 그리스 생각으로는 친구하고 원수를 갈라놓고, 이쪽은 미워해야 되고, 이쪽은 사랑해야 돼요. 그런데 하나님의 말씀은 원수를 사랑하라는 겁니다. 비는 좋은 사람에게도 내리고, 좋지 않은 사람에게 내릴 수도 있어요. 사실 하나님이 하시려면 비도 이렇게 갈라서 내리실 수도 있습니다. (청중 웃음) 하나님이라면 직결심판하시면 되지 법정에 갈 필요도 없어요. 그러나 하나님의 일은 그렇지 않아요. 선한 자에게도 악한 자에게도 같은 태양을 비춰주시고, 같은 비를 내려주시는 겁니다.

　내가 장난삼아서 하나 이야기합니다. 하나님이 마귀를 심판해서 어디로 보낸다고 그랬어요? 조심하세요. 제가 하루는 설교를 듣는데 하나님이 의롭다 하기 때문에 마귀는 심판을 받아서 지옥으로 가야 된다고 그래요. 여러분 어떻게 생각해요? 그게 하나님이요? 그렇게 한 다음에 또 이쪽에 와서 하나님은 사랑이라고 또 그래요. 하나님은 정의라고 그러면 하나님이 나쁜 사람에겐 비 안 내리고, 좋은 사람에게만 비를 내려야지요. 이거 다 무너지는 소리입니다. 생각이 다른 데서 왔어요. 하나님이 왜 마귀를 그렇게 했겠어요? 하나님은 사람을 적재적소에 놓고 아주 그 사람을 제일 편하게 해주시는 분입니다. 그걸 아시라고. 마귀가 뭘 제일 좋아해? 제일 좋아하는 게 뭐예요? (청중 웃음) 그러니까 이건 어딜 보내야 됩니까? 마귀를 천당 보냈다가는 불편해서 못살아요. (청중 웃음) 여러분, 마귀를 왜 지옥에 보내는 줄 아세요? 이건 따로 하나 뭘 만들어야지 천당 갔다가는 이거 마귀가 거기서 어떻게 밤낮 하나님을 찬송하고 삽니까? (청중 웃음) 못살아요. 마귀에게 제일 적합한 것은 타는 불길이고, 거기에서 자글자글 타서 그 속이 상해 끓는 것이 마귀에게는 제일 적합한 것 아닙니까? 하나님께 그만한 힘이 있다면 지금부터 악의 문제를 다 처리해 버리지 왜 그대로 둬요? 그래서 이런 것이 아닙니다. 악한 자에게도 악하다고 그러지 말아요. 그 악하게 된 그 아이에게도 비 내려주고 그 아이도 사랑하고 그 아이에게도 하는 거예요. 다 하나님의 아들 되라고 하시는데 이놈이 안 간 것이지요. 예수께서는 하나님의 아들이라고 그랬고, 우리를 하나님의 아들로 만들기 위해서 오신 것입니다. 종의 세상에서 하나님의 자녀의 세상으로 돌아오는 것을 강조하고 있습니다.

예수의 어록이 있는데, 예수의 어록은 마태복음에 제일 잘 기록되어 있고, 다른 복음서에서는 예수의 교훈하고 행적하고 많이 섞여서 기록되어 있습니다. 마태복음에는 행적은 뒤에 별도로 기록되어 있습니다. 마태복음의 처음에는 예수의 생애의 주제를 설명했습니다. 그래서 회개하라 천국이 가까이 온다는 말을 세례요한이 선포하는데 예수는 그를 재승인을 해줍니다. 하나님의 나라를 받겠다는 것인데, 교훈이 어록으로 나와 있는 것이 마태복음 5, 6, 7장입니다. 그리고 그 뒤에는 예수의 행적이 기록되어 있습니다.

그래서 다음 시간에는 예수의 행적을 풀이하려고 합니다. 그러니까 여러분이 행적은 또 어떻게 기록되었는가 한번 보세요. 그때 자기의 머리로 해석하면 안 됩니다. 이 헛된 생각이 들어오려면 "사탄아,

물러가라" 하세요. (청중 웃음) 그거 고함치지 말라고. "사탄아~ 물러가라~"(큰 소리로) 그러면 그건 자기가 겁이 나서 그러는 거야. (청중 웃음) 조용히 웃으면서 "사탄아, 물러가라"라고 그래야 해요. (청중 웃음) 이놈이 와서 하나님의 말씀에 색깔을 칠하는 것을 조용하게 웃음으로써 제거하세요. 성경 말씀은 하나님의 말씀대로 읽으면 늘 마음 편하게 참 사람에게 생기를 주는 겁니다. 빛을 주고 환하게 보이고, 우리에게 생명을 줘요. 또 새 생명을 낳게 합니다. 그래서 하나님의 아들을 만들어요. 하나님의 나라가 이 땅에 임할 수 있게 해 줍니다. 오늘은 이만큼 하고 우리 주님 가르치신 대로 기도합시다.

> 하늘에 계신 우리 아버지여,
> 이름이 거룩히 여김을 받으시오며,
> 나라가 임하옵시며
> 뜻이 하늘에서 이룬 것 같이 땅에서도 이루어지이다.
> 오늘날 우리에게 일용할 양식을 주옵시고,
> 우리가 우리에게 죄지은 자를 사하여 준 것 같이
> 우리 죄를 사하여 주옵시고,
> 우리를 시험에 들게 하지 마옵시고,
> 다만 악에서 구하옵소서.
> 나라와 권세와 영광이 아버지께 영원히 있사옵나이다.
> 아멘.

(2002년 8월 1일 연세대학교)

제6강

예수의 행적

안식일에 예수께서 밀밭 사이로 지나갈새 제자들이 이삭을 잘라 손으로 비비어 먹으니 어떤 바리새인들이 말하되 어찌하여 안식일에 하지 못할 일을 하느냐. 예수께서 대답하여 이르시되 다윗이 자기 및 자기와 함께 한 자들이 시장할 때 한 일을 읽지 못하였느냐. 그가 하나님의 전에 들어가서 다만 제사장 외에는 먹어서는 안 되는 진설병을 먹고 함께 한 자들에게도 주지 아니하였느냐. 또 이르시되 인자는 안식일의 주인이니라 하시더라. 또 다른 안식일에 예수께서 회당에 들어가사 가르치실새 거기 오른손 마른 사람이 있는지라. 서기관과 바리새인들이 예수를 고발할 증거를 찾으려 하여 안식일에 병을 고치시는가 엿보니 예수께서 그들의 생각을 아시고 손 마른 사람에게 이르시되 일어나 한가운데 서라 하시니 그가 일어나 서거늘 예수께서 그들에게 이르시되 내가 너희에게 묻노니 안식일에 선을 행하는 것과 악을 행하는 것, 생명을 구하는 것과 죽이는 것, 어느 것이 옳으냐 하시며 무리를 둘러보시고 그 사람에게 이르시되 네 손을 내밀라 하시니 그가 그리하매 그 손이 회복된지라. 그들은 노기가 가득하여 예수를 어떻게 할까 하고 서로 의논하니라(누가복음 6:1-11).

하늘이 그래도 비를 멎어 줘서 오늘 강의하게 되었으니 감사합니다. 우리가 지난 시간에는 예수님의 말씀을 공부했고 오늘은 예수님의 행적에 대해서 공부하려고 합니다. 이것을 설교할 때 어떻게 해결해야 하는가의 문제입니다. 이 문제와 관련해서 한때 현대 신학자들이 비신화화하겠다고 그랬습니다. 성경 말씀을 신화적으로 썼다고 해서 비신화화(Demythologization)를 하자고 그래요. 그래서 신화가 몇 종류냐 하면 적어도 하나는 예수의 어록(Saying or Jesus) 그리고 또 하나는 이적 이야기(Miracle Story)로 구분해야 한다는 것입니다. 즉, 이 기적에 관해서 어떻게 기록했냐 하는 것을 연구하자고 그러는 거예요.

오늘 첫째 이야기는 안식일에 관련된 것입니다. 제가 왜 이 안식일 이야기를 택했겠어요? 십계명을 다 모으면 3, 3, 3으로 전체가 다시 셋이 된다고 풀이했습니다. 그래서 하나님과 사람, 사람과 사람, 사람과 자연의 세 관계입니다. 넷째 계명에서는 이 셋을 다시 하나로 묶어서 안식일이라고 했다는 것을 기억하세요. 십계명 가운데에도 주제가 되는 천지인의 조화가 안식일에 들어 있습니다. 그 안식일에는 일하지 말라고 했는데 왜냐하면 아담이 시험에 들어서 땅과의 관계가 저주받고 우리가 땀을 흘려야 먹을 수 있게 되었는데, 거기에서 다시 하나님이 자연스럽게 사람과 자연 그사이의 조화를 이룬다는 의미에서 일을 쉬게 하시는 겁니다. 그리고 또 남종과 여종, 집안 가족들이 다 모이라는 것은 사람과 사람이 소외된 데에서 다시 하나가 되라는 것이고, 그 다음에 하나님을 경외하라는 것이지요. 그게 제4계명이 말하는 것입니다. 그러니까 하나님과 사람, 사람과 사람, 사람과 자연이 하나가 되어서, 다시 창조의 원모습대로 돌아가서 하나님의 뜻이 하늘에서 이룬 것 같이 땅에 이루는 것을 말하는 겁니다.

안식일에 예수께서 밀밭 사이로 지나가실새 제자들이 이삭을 잘라 손으

로 비비어 먹으니 어떤 바리새인들이 말하되 어찌하여 안식일에 하지 못
할 일을 하느냐(누가복음 6:1-2).

여러분, 이거 뭡니까? 안식일에 일하지 말라고 했는데 여러분, 유
대 사람들 잘 보세요. 그 사람들이 생활에서 이 계명을 지키느라고 너
무 고생해요. 안식일에 어떻게 하는지 아세요? 심지어는 엄지손가락
을 끈으로 맵니다. 일하지 않는다고 이거를 맸어요. 그다음에 밥 끓이
면 안 돼요. 그래서 식탁에다가 하루 전날 다 차려놨어요. 그다음에 흰
보자기를 이렇게 싹 덮었어요. 그리고 찬 음식을 먹으려면 어려우니
까 그 사람들 술을 많이 먹습니다. 찬 음식을 먹으려니까 술이라도 들
어가서 뜨뜻하게 해야 되지 않습니까? 그런 식으로 해석했습니다. 그
러니까 그다음엔 하지 말라는 것에 걸려서 성전에 가는 그 거리에서
도 몇 발자국 이상 걷지 말라고 하여 그 이상을 걸어가면 안식일을 범
했다는 것이 됩니다.

자, 안식일에는 손을 매고 있으라고까지 그랬는데 제자들이 가서
밀밭에 가서 손을 비볐으니 안식일을 범한 것 아닙니까? 맞지요? 그런
데 이거 보세요. 유대 종교의 약점이 뭔가 하면 긍정적으로 말을 못 했
어요. '일하지 말라' 이렇게 번역한 것이 너무 고약합니다. 사실은 쉬
라는 겁니다. 쉬는데 이걸 과장을 해서 '하지 말라, 하지 말라'가 강조
되었어요. 그러니까 '하면' 안식일을 어겼다고 했습니다.

그러나 다시 성경으로 돌아가서 주기도문에 가면 어떻게 되어 있
습니까? 구약에는 하나님의 이름을 망령되이 하지 말라. 우상을 만들
지도 말라. 그다음에 섬기지도 말라. 그랬지요? 그 내용이 신약에 가서
주기도문에서 하나님의 이름을 거룩하게 하라는 이 한마디로 종합됩

니다. 하나는 긍정적으로 나왔고, 하나는 부정적으로 나온 것입니다. 그러니까 이 부정적으로 해석한 것이 구약의 본의, 십계명의 본의에 맞습니까? 본의는 예수께서 바로 맞게 해석하셨지요.

하나님의 이름을 거룩하게 하옵시며. 여러분, 이 말 조심하세요. 이름을 거룩하게 해달라는 것 꼭 잊지 마세요. 그것을 잊으면 잘못 해석됩니다. 그래서 기적 문제들도 다 어긋나게 풀이합니다. 거룩하게 하는 것이 목적입니다. 하나님의 나라가 거룩하게, 하나님의 이름을 거룩하게 하는 것이 안식일의 목적인데 이것을 부정적인 면으로 확정해서 강조된 것이 유대교입니다.

또 이르시되 인자는 안식일의 주인이니라 하시더라(누가복음 6:5).

자, 이제는 인자는 안식일의 주인이라고 그랬습니다. 이 말을 정확하게 알아야 됩니다. 인자는 안식일의 주인이라고 했습니다.

하나님 아버지 안에, 하나님의 아들이 있고 또 아들이 하나님 안에 있고, 아들 예수는 우리 안에 있고, 우리는 예수 안에 있다는 요한복음의 말씀(요한복음 17장)을 기억하세요. 세 층으로 구성되어 있다는 것을 다시 연상하여 이걸 다시 보세요. 안식일의 주인이니라? 이거 무슨 말이 됩니까? 내가 하나님의 아들이니까 내가 곧 안식일의 주인이다. 그렇게 한 말입니까? 만약 그랬다면 예수가 유대 사람들 앞에서 돌 맞아 죽어야 됩니다. 자기가 누군데 안식일의 주인이라고 그래요? 분명히 마리아의 아들인데. 아시겠어요? 그래서 이거 해석을 그렇게 해 놓으면 부담이 너무 큽니다.

안식일의 주인이라는 것은 예수 그리스도가 자기가 주인이라고 하는 말이 아닙니다. 내 안에 누가 있다는 것입니까? 내 안에 하나님 아버지가 있어요. 또 내 안에 누가 있다는 것입니까? 모든 창조물이 들어가 있어요. 우리를 포함해서 다 들어가 있어요. 이것을 잊지 마세요. 내가 안식일의 주인이라 할 때는 하나님이 안식일의 주인이시라는 말이지 자기가 주인이 됐다는 것이 아닙니다. 이건 어디에서 착안한 발상이냐 하면 나 개인에다 놓고 해석을 해서 그런 것입니다. 그러면 하나님이 안식일의 주인이라고 할 때는 모든 역사적으로 여러 가지 죄에서 문제가 된 것을 그리스도 안에서 복원이 됩니다. 그래서 하나님의 뜻이 하늘에서 이룬 것 같이 땅에서도 이루어질 때 우리는 이 지상에서 더 이상 종이 아닙니다. 지금 범죄 해서 우리가 모든 소외 가운데 하나님과 이탈된 그 세상에서 우리는 종이 되어 있지만, 안식일에는 하나님의 뜻이 하늘에서 이룬 것 같이 땅에 이루기 때문에 우리가 하나님의 아들이 되어 이 모든 것의 주인이 된다는 말입니다. 그러니까 여러분 문장을 자세히 보세요. 모든 기적의 문제를 줄여서 다룰 때 본문을 읽어보세요. 첫째 부분에서는 안식일에 대해서 잘못 해석한 것을 다시 해석해 주시는 말씀입니다. 그리고 둘째 부분을 보면:

또 다른 안식일에 예수께서 회당에 들어가사 가르치실새 거기 오른손 마른 사람이 있는지라. 서기관과 바리새인들이 예수를 고발할 증거를 찾으려 하여 안식일에 병을 고치시는가 엿보니 예수께서 그들의 생각을 아시고 손 마른 사람에게 이르시되 일어나 한가운데 서라 하시니 그가 일어나 서거늘 예수께서 그들에게 이르시되 내가 너희에게 묻노니 안식일에 선을 행하는 것과 악을 행하는 것, 생명을 구하는 것과 죽이는 것, 어느 것이 옳으냐 하시며 무리를 둘러보시고 그 사람에게 이르시되 네 손을 내밀라 하시니 그가 그리하매 그 손이 회복된지라. 그들은 노기가 가득하여 예수를 어떻게 할까 하고 서로 의논하니라(누가복음 6:6-11).

　　이것은 사례인데, 여기에 예수께서 보통 기적을 행한 것이 아닙니다. 그런데 비신화화 주장한 사람들은 자꾸 일반적인 신화를 배경으로 놓고 분석해요. 그래서 이 스토리 안에서, 일반적인 기적 이야기(Miracle Story)에 있어서 일반적인 형태를 추출하고 나면 예수의 진실한 말의 본질이 나온다고 그렇게 해석했는데, 그렇게 하면 안 됩니다.

　　지금 안식일 정황(Context)인데, 여기에 두 파트가 나옵니다. 하나는 전통을 숭배하는, 즉 구약의 해석을 과장해서 자기중심에서 해석해 놓은 해석의 대표격인 바리새인과 사두개인입니다. 그다음에는 병들어 손이 마른 사람이 나옵니다. 예수께서 말씀하시는 표현대로 하면 포도나무와 가지 사이에서 가지가 말라버린 것을 상징해서 이야기한 겁니다. 그런데 여기에서 안식일에 고쳐야 되느냐, 안 고쳐야 되느냐 하고 질문한 겁니다. 이건 양편으로 다 잡는 질문이에요. 고치면 바리새인들에게 안식일을 범한 것이고, 안 고치면 자비심이 없다는 것이 됩니다. 그래서 이렇게 해도 문제에 걸리고 저렇게 해도 걸리게 만든 것이 바로 바리새인과 사두개인들의 역할입니다. 바리새인은 십계명을 부정적으로 과장 해석해요. 그래서 하지 말라는 전체 위에서 예수가 문제에 걸리도록 만들어 놓은 겁니다. 그래서 사도 바울이 어떤 때, 구약의 율법을 해석할 때 바리새인의 입장으로 보면 이것은 죽음으로 이끄는 일이라고 말한 겁니다. 그러나 바울에게는 아직도 하나가 문제로 남는데, 예수 그리스도 자신이 나는 율법을 완성하러 왔다고 하셨다는 것입니다. 완성하겠다는 말은 율법을 버리자는 말이 아닙니다. 율법의 본뜻을 완성하겠다는 것인데, 그것은 다시 말하자면 뜻이 하늘에서 이룬 것 같이 땅에서도 이루겠다는 것을 완성하겠다는 겁니다. 그래서 여러분, 이 균형을 잃지 말고 보세요.

그래서 여기에 이렇게 차이가 납니다. 꼭 같은 십계명을 가지고 하나는 부정적으로 해석해 놓았고, 하나는 본래 하나님의 뜻을 지상에서 이루는 것으로 삼아서 해석하여 이 둘에 차이가 납니다. 이제 그 계기가 되어서 예수께서 하신 것을 보세요.

> 예수께서 그들에게 이르시되 내가 너희에게 묻노니 안식일에 선을 행하는 것과 악을 행하는 것, 생명을 구하는 것과 죽이는 것, 어느 것이 옳으냐 하시며 무리를 둘러보시고 그 사람에게 이르시되 네 손을 내밀라 하시니 그가 그리하매 그 손이 회복된지라(누가복음 6:9-10).

이것 참 조심해서 보세요. 대답 안 하시고 행동으로 넘어갔습니다. 목사님들, 그것이 있어야 돼요. 괜히 남하고 부딪혀서 말로 하지 말아요. 행동으로 넘어가세요. 제가 빕니다. 목사들 자꾸 강단 위에서 말로만 하는데 행동으로는 안 넘어가요. 자꾸 '옳으냐 그르냐' 그러는데 예수께서 '이거 옳다, 그르다' 대답하지 않으셨습니다. 그것을 꼭 참조하세요. 뭐 다들 꼭 그렇게 살라는 이야기는 하기 어렵지만, (청중 웃음) 아주 중요한 것입니다. 남보고 이거 이래야 하고, 저래야 하고 그러지 마세요. 가만히 문제를 보고 그다음에는 행동으로 넘어가세요. 말로 해결하려 하지 말아요. 말에 말이 연접되고 그렇게 되면 말만 많아집니다. 이것도 예수님한테 잘 배우는 것이 좋을 겁니다.

예수께서 여기서 고치셨습니다. 고친다는 뜻이 뭡니까? 사람들이 예수 그리스도를 믿으면 능치 못한 일이 없다고 그럽니다. 그래서 기적을 행한다고 그래요. 그렇습니까? 여러분 이제 그 말을 다시 생각해 보세요. 이거 지금 큰 시험에 든 겁니다. 예수를 믿고, 그 이름으로 명령을 하면 병이 당장 낫고 기적이 일어난다는 겁니다. 한번 여러분 생각은 어떤지 들어봅시다. (앞좌석의 청중들에게) 언제 안수해서 병 고쳐 봤어요? 솔직하게 얘기해보라고. (청중 웃음) 했어, 안 했어? (청중 웃음) 그래도 남이 하는 것은 봤어? 그것도 안 보면 되나, 자기가 못하면 가서 보기라도 해야지. 누구 안수기도하는 분 봤어요? 어때요? 일어났어요? 일어나면 그게 기적이요? 나는 하나님 믿으면 그까짓 병 고치는 건 문제없습니다? 그런 것이 아닙니다.

예를 들자면 마태복음 8장에 기적 행한 이야기들이 나오는데 문둥병자를 고치는 이야기부터 나옵니다. 그러면 이 나병이 무엇을 의미합니까? 여러분 나병이라고 하면 세 가지, 즉 천지인의 관계가 다 끊어진 것입니다. 첫째로 하나님이 저주해서 나병이 생겼다고 그랬어요. 둘째로 우리 한국에서도 그랬지만, 격리시켰어요. 정상적인 사회에 들어가지 못합니다. 그러므로 성전에도 못 들어갑니다. 또 성 바깥으로 내쫓겨요. 사람과 사람 사이가 단절된 것입니다. 그다음에 셋째로 육체적으로는 죽음으로 가는 겁니다. 그래서 하나님과 사람과 자연과의 관계가 모두 끊어진 존재입니다. 그래서 여러분 성경 읽을 때, 나병환자라고 할 때 그 사람이 손가락이 떨어졌을 것이고, 코가 문드러져 없을 것이다. 이렇게 보는 것은 너무 천한 생각입니다. 그거는 당신이 의사 입장으로 병을 보는 겁니다. 그러나 성경의 의미에서는 그것이 아닙니다. 천지인의 관계에서 완전히 소외당해서 버림받은 사람을 말합니다.

> 한 문둥병자가 나아와 절하고 가로되 주여 원하시면 저를 깨끗케 하실 수
> 있나이다(마태복음 8:2).

당신이 원하시면 내가 깨끗하게 된다? 예수께서 원하기만 하시면 그저 나병뿐 아니라 귀신 들린 사람도 쫓아내고 다 하실 수 있다는 말입니까? 다시 생각하세요. 그러니까 당신들 어떻게 됐나 하면, 예수 그리스도가 여기에 있는데 이걸 믿으면 내가 능력이 있어서 병을 보고 나으라 하면 난다는 겁니다. 이렇게 되면 이런 사람은 병을 고쳐도 후에 예수께서 "내 이름을 주여, 주여 불렀고, 내 이름을 기적도 행하고 병도 고쳤지만, 나는 너 모른다"라고 하실 것입니다. 이거 조심하십시오.

저는 기적을 행한다고 하는 곳에 가 보았습니다. 그런데 절대로 비판하는 눈으로 보지 마세요. 저 사람이 어째서 저렇게 됐느냐 그것을 보세요. 예수를 믿으면 내가 힘이 있어서 마귀도 쫓고 병도 고치고 예언도 하고, 막 그렇게 된다는 것에서 문제가 발생한 것입니다. 이 말씀을 다시 보세요. **"주여 원하시면"**이라는 말이 무엇입니까? 지금 왜 다 틀렸냐 하면 머리 안에 '나'라는 것이 이 문장에서 주어인 줄 알아요. 그러나 그러면 절대로 성경의 깊이를 모릅니다. 예수께서 '나'라고 하실 때에는 항상 하나님의 아들을 말합니다. 천지인을 지으신 하나님의 아들이에요. 우리가 예수를 통해서, 그리스도 안에서 또 하나님의 아들이 되었다는 경우에는 모든 과거의 질병과 소외와 죽음에서 넘어선다는 겁니다. 믿느냐고 물으실 때 예수 이름을 믿어서 천당 간다라

고 그러면 큰일 납니다. 하나님이 아들이요 하나님의 뜻이 하늘에서 이룬 것처럼 땅에서 이루겠다는 전체를 보고 말씀하시는 것이지 '나'라는 것이 우리가 생각하는 '나'가 아닙니다. 항상 '나'는 하나님 안에 있고 하나님 뜻대로 이 세상에 왔고, 하나님의 뜻을 세상에 선포하고 그래서 내가 하나님 안에 있고, 하나님은 내 안에 있고, 너희가 내 안에 있고, 내가 너희 안에 있다는 의미에서 표현되는 주님입니다. 이걸 잊어버리고 자꾸 개인의 '나'라고 그러니까 마치 당신이 이렇게 하는 줄로 착각합니다. '나'가 아닙니다. 그런데 '나'가 들어가면 은혜받고 권능 있는 목사가 되는 걸로 알아요. 그게 바로 무슨 시험인 줄 아세요? "저 높은 성전 꼭대기에 서서 뛰어내려 봐라. 네 다리가 안 부러진다." 마귀 시험에 쏙 들어간 겁니다. 그래서 이 마귀 시험에서 나와야 합니다.

하나님의 말씀은 하나님의 말씀의 체계대로 보고 이걸 하나님의 말씀으로 들어가야 됩니다. 기억하세요. 마귀가 뭐라고 그랬어요? 네가 하나님의 아들이라면 성전 꼭대기에서 떨어져 봐라, 그랬지요? 그 시험에 지금 들고 있지 않소? 그래서 이거 참 경계해야 합니다. 언제든지 하나님의 뜻이 하늘에서 이룬 것 같이 우리는 하나님의 자제로서 이 문제를 다루는 것이지 내가 믿기 때문에 되는 것이 아닙니다. 그래서 마귀 시험 참 잘합니다. 그래서 시험에 들지 말게 해달라고 꼭 기도하세요. 마귀는 고약한 시험을 하는데 정말 정신을 바짝바짝 차리지 않으면 그저 쏙쏙 빠져들어 갑니다. 이제 여기에서 그걸 꼭 분간해 주세요.

다음에 문제 하나 더 던지겠어요. 바리새인이 와서 가이사(로마 황제)에게 세금 바치는 게 옳으냐고 그렇게 물었어요. 그래서 예수께서 어떻게 대답하셨습니까? 가이사의 것은 가이사에게, 하나님의 것은 하나님에게 바치라고 하셨습니다. 그러니까 가이사의 것을 하나님께 바치고, 하나님 것을 가이사에게 바치면 안 된다는 것입니다. 그건 지옥 갑니다. (청중 웃음) 이것은 마치 주님의 본래 뜻, 하나님의 본래 뜻을 바리새인들의 뜻대로 해석하는 것입니다. 그러면 하나님에게 바칠 것을 가이사에게 바치는 것이 됩니다.

예수의 말씀에서 하나 지혜를 얻으세요. 가이사의 것은 가이사에게 주라고 하셨습니다. 여기 여성 신학자들 있다고 그러는데, 그러니까 우리 이렇게 해석하면 됩니까? 남자 것은 남자에게 주고, 여자 것은 여자에게 주자? 이렇게 하면 됩니까? 요새 여성 신학 많이 나옵니다. 하늘 아버지를 하늘 어머니라고 찾는 사람까지 나오던데, 하늘 어머니는 하늘 딸에게, 하늘 아버지는 하늘 아들에게, 그렇게 되란 말이요? 어떻게 되란 말이요?

여러분, 세끼 밥 먹는 것, 그것 좋아요. 여러분이 생각나서 이북 동포가 굶으니까 한 숟갈씩 남기겠다, 어떤 사람은 두 숟갈씩 남기고, 어떤 사람은 밥그릇 다 내놓으면 좋은데, 밥그릇 다 내놓은 사람이 한 주일만 지나가면 자기가 이북 가려고 하는 데에 문제가 있어요. (청중 웃음) 다시 잘 들어요. 세상에도 세상일을 해석하는 체계가 있어요. 이거 자꾸 우리 기독교인이 뭘 잘못하나 하면 마구 다른 체계로 들어갑니다. 그건 하나님의 뜻을 가이사에게 넘기려고 하는 겁니다. 이 정치체계는 정치체계대로 있고, 문화는 문화대로 있는 것입니다. 거기에다가 갑자기 풀어 넣지 마세요. 땅끝까지 가서 전도하라고 하니까 정치권에도 전도해야 되고, 경제권에도 전도하고, 노사문제에도 전도해야 되고 이렇게 생각합니다. 거기 가서 하나님의 뜻을 전해도 하나님의 뜻이 이런 것이라고 하면 좋은데, 저기 가서는 다른 사람들의 해석에다가 자기 맘대로 해석한 것을 덮어씌워 놓으니까 맞아서 쫓겨나고, 어떨 때는 죽어요. 그다음에 또 뭐라고 그러냐면 주님의 복음을 위해서 죽으면 천당 간다고 하고 우리가 순교자라고 하고 또 그걸 영광스럽게 생각해요. 나는 그런 것을 보면 가증스럽게 생각합니다. 그건 순교 아닙니다. 순교라는 것은 하나님의 말씀을 하나님의 뜻대로 해석이 되어서 그 안에서 죽으면 순교지만, 이걸 갖다가 비틀어 해석한 것을 비틀어진 데다가 맞추려다가 죽은 것은 그건 얻어맞아 죽어서 싼 겁니다. 천당 아니라 지옥도 못 가요. 예수께서 그러셨어요. "내가 절대로 모른다"라고 했습니다. 예수께서 모른다고 했으니까 지옥도 못 가고 천당도 못 가요. 차라리 마귀 제자가 되면 지옥을 가는데 이거 천당도 못 가고 지옥도 못 가니까 가운데 매달려서 아마 한참 바쁘게 영원히 뛰어놀 겁니다. 조심하세요. 하나님의 말씀을 하나님의 뜻 가운데서 해석이 되는 것은 좋습니다. 또 세상 체계 안에서 자기네 생각을 그렇게 하는 것은 괜찮아요. 그런데 이걸 섞지는 말라는 겁니다. 가이사의 것은 가이사의 것이니까 이건 이거대로 처리해야지 이것을 섞어 놓으면 안 됩니다.

제가 중국에서 우리나라 사람들이 설교하는 것을 여러 번 봤는데 비밀리에 성경책을 나눠 줍니다. 그리고 비밀로 집회를 해요. 그러다가 잡히면 혼나고 쫓겨나고 감옥에 들어가고, 감옥에 들어가면 주님의 복음 전파를 위해서 감옥에 들어왔으니 나도 바울같이 감옥에서 찬송하고 기도를 하겠다는 겁니다. 바울은 그래서 나오기라도 했지만, (청중 웃음) 이거는 그 안에서 나오지도 못해서 내내 고생하는 사람들 많이 봤어요. 그런데 보세요. 중국은 공산국가입니다. 공산국가에서도 법이 있어요. 집회하려면 그 집회의 목적을 분명히 해야 합니다. 그래서 종교단체는 가서 등록해야 합니다. 등록한 사람들 집회에는 뒤에 형사 한 사람이 와서 앉아 있어요. 그건 뭔가 하니 사상이 통제가 된 나라니까 그럴 수밖에 없어요. 그런데 그것에 대해서 주님의 자유를 제한한다? 아니에요. 그건 그것대로 하라고 그래야 해요. 저 사람 앉아서 듣는 것은 문제가 되지 않습니다. 하나님의 말씀을 뜻대로 잘 설명하고 이걸 전파하고 있는데 아무렇지도 않아요. 만약 감시원이 나를 잡아간다고 해도 그건 정말 천당 갈 일이지요. 그런데 저 사람이 왔다고 그래서 쫓아내야 한다는 것은 틀린 소리이고 그래서 설교 안한다는 것도 틀린 것입니다.

그래서 예수께서 가이사의 것은 가이사에게 주라고 했어요. 이것을 안 하고 가이사의 것을 예수의 이름으로 주게 되면 예수가 죽어요. 또 거꾸로 예수의 것을 가이사에게 씌우지 마세요. 내가 뭐 거기 가서 전도했다? 이건 너도 아닙니다. 그 사회에서는 소란이에요. 그렇게 하고 또 땅끝까지 전도하겠다고 하는데 이거 해석이 너무도 지금 당신들 개인적으로 생각해서 문제입니다. 이것도 그런 뜻이 아닙니다. 땅끝까지 하나님의 복음을 전해야 돼요. 하나님의 말씀은 하나님의 말씀대로 정말 순수하게 전해야 됩니다. 그러나 이런 용어들을 우린 지금 내 생각으로 좁혀서 해석했어요. 성경이나 그 당시의 모든 말의 해석을 그렇게 했습니다.

칼빈(Calvin)은 하나님 말씀을 하나님 말씀대로 해석하자고 그랬는데 성경 말씀을 사실은 사도신경으로 풀이했어요. 주기도문도 사도

신경의 틀에서 해석했습니다. 그래서 성부/성자/성신/교회의 4단으로 구성했습니다. 그러나 우리가 지금 여기서 하는 것은 예수의 주기도문을 구약의 십계명 안에서 설명했어요. 그리고 예수의 말씀을 창세기와 그 후의 모든 전통에서 해석했습니다. 예수의 말씀을 예수 시대 전에서부터 기준을 두고 함께 봐야지 예수 시대 훨씬 후에 나온 사도신경에 기준을 두고 해석하면 어떻게 됩니까? 그래서 우리 신앙의 입장을 예수께서 승천한 다음 시대에 기록에 의해서 만들어진 신조를 하나님 말씀을 하나님 말씀대로 해석하는 테두리로 삼겠느냐, 그렇지 않으면 창세기에서부터 내려오고 십계명에서도 나오고 구약의 모든 내용을 통합해서 신약을 해석해야 하겠느냐 하는 문제를 신중하게 고려해서 발전시켜 주세요.

그리고 절대로 내 마음대로 성경 말씀 해석하지 마세요. 이거는 큰 사고를 벌이는 시작입니다. 꼭 성경으로 돌아가세요. 주님께서는 구약에 나타난 하나님의 뜻을 하나도 버림 없이 이 모든 것을 완성하러 오신 겁니다. 그렇기 때문에 부정적으로 표현한 구약을 긍정적으로 풀어주신 것입니다. 그래서 예수의 이름을 믿노라고 하는 것이 여러분, 그걸 구약의 언어로는 뭔지 아세요? 하나님의 이름을 거룩하게 하자는 그 말은 하나님을 올바로 알아 하나님을 영광스럽게 하겠다는 말입니다. 그 이름에 매달리면 내게 힘이 생겨 난다는 것이 아닙니다. 분간하세요. 그런데 우리는 자꾸 기도할 때도 예수님의 이름으로 비나이다, 아멘 하면서 예수의 이름을 부르면 예수가 내 말을 들어줘서 내 맘대로 하고 싶은 대로 되는 줄 아는데, 이것은 큰 사고가 납니다. 또 어떨 때는 고함치면 되는 줄 알아요. (청중 웃음)

주님의 말씀을 전할 때 전체를 전제하고 이야기하는 것이지 절대로 부분의 말만을 뽑아서 전하지 마세요. 그래서 늘 생활화하는데, 신앙의 풍부함을 가지세요. 여러분, 그냥 자장가 부르지만 마세요. 목사들이 자꾸 자장가만 해요. 자장가를 부르면서도 자기 어머니가 자기가 어렸을 때 들려주던 그 소리를 한쪽으로 들으면서 자장가를 하세요. 이거 안 하면 그 자장가에 아이가 감명을 받지 않아요. 그래서 들리는 소리와 부르는 소리가 하나가 되어서 엮어 나와야지 요즈음 방식대로 내가 하는 자장가만 부르면 큰일 납니다. 그거 아이가 자다가 놀라서 깨요. (청중 웃음) 잘 자지 못해요. 그러니까 어머니가 들려주시던 그 노래가 다시 내 입으로 나와서 내가 아이에게 들려줄 때 이거는 정말 오랜 인간의 그 두께와 깊이가 따라 내려옵니다. 신앙도 같습니다. 하나님이 계시듯이 하나님의 아들과 그 안에 있는 우리 그리고 하나님의 아들들을 한꺼번에 연결시켜서 노래해야지 중간을 딱 자르면 거기에는 그 어머니의 어머니가 불러주신 소리가 안 들려요. 그러니까 결국은 그렇게 단출하고, 깊지 못하지요.

여러분, 언제든지 여유 있게, 성경을 든 다음에는 전부를 늘 한번에 보세요. 이거 여름에 비 오고 그러면 참 좋은 것이 있어요. 밖에 나가지도 못하니까 앉아서 이거 좀 다 읽으세요. (청중 웃음) 하나님의 말씀을 하나로 봐서 통상된 말이지만, 신구약을 한 번에 같이 읽으세요. 그래서 그 안에 하나님의 말씀이 구약에서 나온 것이 어떻게 신약에서 되었는가를 늘 생각하세요. 또 신약의 말씀은 구약에서 어떤 범위에서 이야기가 이루어지는가를 생각하면서 보세요. 그러면 참 우리의 신앙이 천박해지지 않고 두터워집니다.

그래서 이런 것을 다 조심해서 하나님의 말씀을 다 기억하고 나가서 설교하면 참 좋습니다. 사람들이 정말 은혜받게 되면 그거 정말 얼마나 기쁜 일입니까? 그래서 오늘은 예수의 행적을 살펴보았습니다. 다음번에도 비신화화를 주장하는 사람들이 떠드는 것을 교정하려고 합니다. 그러니까 우리가 신약을 구약에서 해석하는 것은 비신화화에 속하지 않습니다. 구약 테두리 안에서 이걸 해석하는 것이지 비신화화하는 것이 아닙니다. 비신화화에서는 어떤 것은 다른 종교에도 다 있고 그 공통된 것을 여기서 빼내자고 그러는데, 빼내면 또 안 돼요. 여러분, 열 손가락 가운데서 이거는 신화다 그래서 셋만 뽑아 놓으면 어떻게 돼요? 조심해야 합니다. 저는 비신화화의 문제 제기 자체는 좋다고 봐요. 그러나 실제로 성경에 적용할 때는 적절치가 않아요. 오히려 손가락 세 개 제거하자면서 남은 손가락 두 개로 다른 뿔을 만드는 격입니다. 그러니까 비신화화해서 성경 해석하는데, 그 사람들의 약점은 우리같이 구약의 말씀이 신약에서 해석되고, 신약의 빛에서 구약의 말씀을 해석하는 것을 다루지 못합니다. 그런데 우리가 하는 것은 비신화화가 아닙니다. 우리는 하나님의 말씀을 하나님의 말씀대로 해석해 보라는 겁니다. 자, 다 같이 주님이 가르치신 대로 기도드립시다.

하늘에 계신 우리 아버지여,
이름이 거룩히 여김을 받으시오며,
나라가 임하옵시며
뜻이 하늘에서 이룬 것 같이 땅에서도 이루어지이다.
오늘날 우리에게 일용할 양식을 주옵시고,
우리가 우리에게 죄지은 자를 사하여 준 것 같이
우리 죄를 사하여 주옵시고,

우리를 시험에 들게 하지 마옵시고,

다만 악에서 구하옵소서.

나라와 권세와 영광이 아버지께 영원히 있사옵나이다.

아멘.

(2002년 8월 8일 연세대학교)

제7강

사랑

내가 사람의 방언과 천사의 말을 할지라도 사랑이 없으면 소리나는 구리와 울리는 꽹과리가 되고 내가 예언하는 능력이 있어 모든 비밀과 모든 지식을 알고 또 산을 옮길만한 모든 믿음이 있을지라도 사랑이 없으면 내가 아무것도 아니요. 내가 내게 있는 모든 것으로 구제하고 또 내 몸을 불사르게 내어 줄지라도 사랑이 없으면 내게 아무 유익이 없느니라. 사랑은 오래 참고 사랑은 온유하며 시기하지 아니하며 사랑은 자랑하지 아니하며 교만하지 아니하며 무례히 행하지 아니하며 자기의 유익을 구하지 아니하며 성내지 아니하며 악한 것을 생각하지 아니하며 불의를 기뻐하지 아니하며 진리와 함께 기뻐하고 모든 것을 참으며 모든 것을 믿으며 모든 것을 바라며 모든 것을 견디느니라. 사랑은 언제까지나 떨어지지 아니하되 예언도 폐하고 방언도 그치고 지식도 폐하리라. 우리가 부분적으로 알고 부분적으로 예언하니 온전한 것이 올 때에는 부분적으로 하던 것이 폐하리라. 내가 어렸을 때는 말하는 것이 어린아이와 같고 깨닫는 것이 어린아이와 같고 생각하는 것이 어린아이와 같다가 장성한 사람이 되어서는 어린아이의 일을 버렸노라. 우리가 지금은 거울로 보는 것같이 희미하나 그때에는 얼굴과 얼굴을 대하여 볼 것이요. 지금은 내가 부분적으로 아나 그때에는 주께서 나를 아신 것같이 내가 온전히 알리라. 그런즉 믿음, 소망, 사랑 이 세 가지는 항상 있을 것인데 그 중의 제일은 사랑이라 (고린도전서 13:1-13).

우리가 지난 여섯 주일 동안은 성경을 볼 때, 어떻게 하나님의 말씀을 하나님의 말씀으로 제대로 이해할 수 있는가가 중심 테마였습니다. 그래서 그것을 설명해 주었고, 오늘부터는 기독교에서 제일 중심으로 생각하는 주제들을 다룰 것입니다. 오늘은 사랑이라는 것을 여러분과 같이 해석해 보려고 합니다.

여러분, 이 고린도전서 13장 말씀을 읽을 때 어떻게 생각해요? 여러분, 음식을 만드는데 양념을 넣어야 되지 않습니까? 그때 음식이 다 되어 있어도 사랑이라는 양념이 들어가지 않으면 맛이 없다고 우리 교우들은 생각해요. 이제 가만히 읽어보세요.

> 내가 사람의 방언과 천사의 말을 할지라도 사랑이 없으면 소리 나는 구리와 울리는 꽹과리가 되고 내가 예언하는 능력이 있어 모든 비밀과 모든 지식을 알고 또 산을 옮길 만한 모든 믿음이 있을지라도 사랑이 없으면 내가 아무것도 아니요. 내가 내게 있는 모든 것으로 구제하고 또 내 몸을 불사르게 내어 줄지라도 사랑이 없으면 내게 아무 유익이 없느니라.

보세요. 몸까지 던져서 사랑하는데 요새 같으면 뭐 신문에 나고, 도리를 다한 사람이라고 아주 정말 굉장하게 대서특필할 것인데, 거기에 사랑이 빠지면 안 된다는 것 아닙니까? 그러니까 거기에다가 사랑이라는 양념이 들어가야지 (청중 웃음) 몸을 바쳐서 좋은 일을 해도 효과가 나겠다는 겁니다. 보통 그렇게들 생각하고 있습니다.

사랑이라는 것이 무엇인가 생각할 때나 우리가 설교할 때도 다르지 않아요. 모든 것에 사랑이 빠지면 안 된다는 것입니다. 그런데 이것은 누구의 생각입니까? 잊지 마세요. 언제든지 남이 무엇을 이야기할 때 어떤 것으로서 이 말씀을 해석하느냐를 봐야 하는데, 이것은 주방장의 해석방법입니다. (청중 웃음) 주방장이 이것을 어떻게 하느냐 아닙니까? 지금 보통 이런 주방장의 생각을 하는 겁니다.

그러면 바울 선생이 이 고린도전서 13장을 쓸 때 그분의 심정은 어떻게 되었기에 이걸 쓰셨겠습니까? 왜 이걸 썼어요? 바울의 그 직접적인 생각, 그때의 상황이 어떻게 된 것이냐를 찾아보아야 합니다. 여러분 그래서 성경 읽을 적에 제가 늘 말씀드립니다만, 성경 말씀을 한 절 한 절 읽지 마세요. 한 절씩 읽으면 그 말씀의 해석이 전부 다 지금 내 상황에서 해석하게 됩니다. 절대 그러지 마세요. 고린도전서 같으면 한 번에 다 읽어 버려야 됩니다. 그리고 전서가 있으니까 후서도 시간을 내서 한 번에 앉아서 다 읽어 버리세요.

여러분, 제가 지금까지 이만큼이라도 기억하게 되는 이유가 있습니다. 단시간 안에 빨리 책을 보는 방법이 있는데 그것은 그저 참고하세요. 사람들이 지금까지 책을 볼 때 눈을 이렇게 (좌우로) 줄을 따라서 읽습니다. 그렇게 하면 이거 몰라서 그렇지 이렇게 책을 읽어 버릇하면 두 가지가 문제가 생깁니다. 첫째로 여러분이 책을 볼 때 정신 분열이 생겨요. (청중 웃음) 왜냐하면 이것 한 페이지 읽는데 좌우로 몇 번을 반복해야 하는데, 한 이삼십 번 반복하고 거꾸로 오고 하면 얼마나 머리 안에 신경이 불안하겠습니까? 그래서 사실 책 읽는 것이 아닙니다. 마음이 아주 불안한 상태에서 이걸 보기 때문에 문제가 돼요. 그리고 또 하나는 입에서 자꾸 이렇게 우물우물 읽어요. 이것은 왜 틀렸냐 하면 귀로 들어서 이해를 하겠다는 것이 됩니다.

그러나 빨리 정확하게 읽는 방법이 있습니다. 이것은 사실 2차대전 때 군에서 발견한 거예요. 그런데 그거 쉽습니다. 적 비행기나 큰

함정이 먼 곳에서 올 때 저건 무슨 함정이고 무슨 스타일이고 포가 얼마고 이런 것을 한눈에 보고 알아봐야 돼요. 그래서 제2차 세계대전 처음에는 그것을 사용했습니다. 그다음에는 레이더가 나와서 좀 사정이 나았지요. 그러니까 이걸 한번 탁 보고 끝내야 되는데, 그때 어떻게 눈을 쓰냐 하면 구역을 나누어서 한 번에 보는 훈련을 합니다. 그래서 이다음에 타임매거진(*Time*)을 보시면 한 줄이 길지 않게 이렇게 '칼럼'(Column)으로 되어 있습니다. 그건 왜 그렇게 인쇄하느냐 하면 눈을 이동하지 않고 자연스럽게 한눈에 볼 수 있도록 만든 것입니다. 눈을 움직이지 않고 봐야 합니다.

이거 우리나라 사람들이 요새는 지하철에서 책 좀 본다고 그러는데 이거 책을 제대로 못 봅니다. 그건 완전히 거짓말이에요. (청중 웃음) 생각해 보세요. 지하철이 이렇게 움직이는데 어떻게 책을 봅니까? 그때 책을 봤다는 사람은 그건 거짓말도 대단한 거짓말이니까 믿지 말아 주세요. 그것은 그저 남의 눈 피하지 않으면 (청중 웃음) 괜히 그저 나는 책 본다 하는 것으로 보이는 겁니다. (청중 웃음) 책을 들고 있으니까 책을 보는 줄 아는데 이다음에 그런 사람들 책의 표지를 잘 보세요. (청중 웃음)

여러분 문명국에서 지하철 타는 사람은 책을 제대로 보기 위해서 시독(Sight Reading)을 배워 두어야 합니다. 왜 이게 가능하냐 하면 이거 한 줄 탁 보는 데 얼마나 시간이 걸리겠어요? 눈 안에 들어가는데 이거 얼마나 시간이 걸리겠어요? 한번 보는데 10만분의 1초 걸려요. 그러면 이거 1초 안에 몇 줄 읽어야 돼요? 훈련이 되면 아무리 늦어도 이런 정도는 1초 안에 한 장을 다 읽을 수 있어요. 그래서 이거 지금 나이가 들었어도 훈련하세요. 그것 훈련해야지 책을 많이 볼 수 있습니다. 거기에다가 생각이 따라가면 성경책도 한 번에 많이 볼 수 있습니다.

그리고 또 첫 장을 보고, 이 사람 머리가 이렇게 되었다고 측정이 되면 끝까지 다 보지 마세요. 그다음에 중간쯤 펴서 검토해 보세요. 생각이 일관성이 있는가를 보는 겁니다. 그다음에는 마지막 부분에 가서 또 생각이 맞으면 다 읽은 것입니다.

그런데 이걸 다 끌어안고서 책 봤다고 하는 것이 참 고민스러운 문제입니다. 사실 이것이 우리 집의 싸움인데, 우리 집사람은 첫 페이지서부터 끝까지 다 보아야 합니다. (청중 웃음) 잡지이든, 전문서이든 그저 처음 페이지부터 끝까지 다 봐야 돼요. 그렇게 안 보면 일종의 죄책감을 느낀대요. (청중 웃음) 제가 책 보는 방법과는 아주 다르지요. 저는 책을 들면 지금 말씀드린 대로 읽고는 끝냅니다. 그러니까 TV 보는 데에도 문제가 생깁니다. (청중 웃음) 여러분 TV 첫 장면부터 끝까지 다 봅니까? 저는 들락날락 다니면서 봐요. (청중 웃음) 보다가 아 저만큼 됐구나, 그러면 이다음에 이렇게 될 거라고 보고, 그다음에 저거 오늘은 저만큼 하고 끝나겠구나, 그렇게 봅니다. 그런데 여러분도 재미를 그렇게 붙여보세요.

제가 왜 이런 이야기를 하나 하면, 책을 한 권 읽는데 만일 여러분이 2~3일 걸렸으면 그동안에 앞에서 본 것 다 잊어버렸어요. (청중 웃음) 그러니까 여러분이 지금 고린도전서 13장을 갖다가 앞뒤를 연결해서 읽으려면 열 장은 함께 읽어야 되는데 그것도 잘 안 됩니다. 그래서 눈 훈련을 좀 하시고, 마음의 준비를 하고 읽으세요. 그러니까 여러분이 성령의 감화로 성경을 보는 것은 머리가 바뀌는 것 아닙니까? 마음이 바뀌는 거예요. 그런데 이렇게 보는 것은 기술이 있어야 됩니다.

솔직하게 여러분에게 이야기합니다. 지금 고린도전서 다 읽고 어떻게 하겠다고 그러다가는 시간이 다 지나가고, 우리가 다루려는 내용은 다 없어집니다. 그래서 제가 지금 다시 테스트하는 겁니다.

고린도전서 13장의 앞뒤에서 무엇을 이야기했어요? 12장서부터 읽어보세요. 이렇게 되어 있습니다. 고린도 교회가 은혜 많이 받은 교회래요. 그래서 은혜를 많이 받았으니까 예언하는 사람도 많고 방언하는 사람도 많았다는 겁니다. 그 사람들은 세상에 제일 중요한 것이 바로 예언이라고 했습니다. 또 다른 사람은 그렇지 않고 행동이 있어야 된다고 했습니다. 또 다른 사람은 병을 치유하고 기적을 행하는 사람이 최고다, 이렇게 되었어요. 또 하나는 그런 것 다 쓸데없다는 겁니다. 어려운 사람에게 구제하는 것이 중요하다고 했습니다. 그러다가 싸움이 났어요.

그래서 고린도전서 13장의 배경은 싸움이 발생한 교회를 전제하고 봐야 합니다. 그러니까 싸움하는 교회에 있어서는 어떻게 우리가 처신해야 되느냐? 그래서 싸움하는 교회에는 이러이러한 것이 필요하다고 설명했고, 그다음에는 다시 신앙적으로 신학의 체계에다 놓고 바울이 풀이한 것입니다. 그래서 13장을 보실 때에는 12, 13, 14, 15장을 한 단위로 가지고 읽으세요. 그 안에는 하나는 싸움하는 배경이고, 그다음에는 싸움하는 교회에는 무엇이 필요하고, 그다음은 그 의미는 무엇이라는 것을 밝히고 있는 것입니다.

우선은 우리가 내 생각으로 사랑이 양념이라는 그런 생각하지 말고, 바울이 쓸 때 내용이 무엇이라는 것을 포착하고 보자는 겁니다. 싸움하는 교회의 배경으로 들어가서 이젠 이걸 읽으세요.

사랑은 오래 참고 사랑은 온유하며 투기하는 자가 되지 아니하며

여러분, 이 말을 가지고 풍자하느라고 제가 옛날에 못된 생각을 많이 했어요. 그런데 여러분은 사용하지 마세요. (청중 웃음) 그냥 넓은 마음으로 들어주세요. (청중 웃음) 옛날에 옆집에 도둑이 들었는데 우리 집에다가 사다리를 놓고 옆집으로 건너갔어요. 새벽 한 두어 시 됐어요. 저는 지금도 늦게까지 밤잠을 안 자니까 아직도 우리 집에 도둑이 들어오는 것은 아주 힘들어요. (청중 웃음) 제가 가끔 잠을 안 자면 성공할 텐데 (청중 웃음) 저만큼 밤에 잠을 안 자는 사람은 세상에 드물 겁니다. (청중 웃음) 저는 도둑의 도둑 시간을 쓰니까. (청중 웃음) 그런데 밤중에 뭐가 덜그럭덜그럭 그래요. 그래서 우리 집의 창문을 여니까 거기두 사람이 있어요. 그래서 "뭐하십니까?" 그랬더니 전기 수리하러 왔다고 그래요. (청중 웃음) 무슨 새벽 두 시에 전기를 수리하러 와? (청중 웃음) 그랬더니 가만가만 철수하기 시작해요. 그래서 옆집에 전화해주었어요. 너희 집에 도둑 들었는데 알고 있냐고 그랬더니 불을 다 켜요. 그런데 도둑이 옆집에서 도둑질하다가 급하니까 전기다리미, 그때는 전기다리미가 귀했어요. 그걸 우리 집 쪽에다가 내려놓고, 그다음에는 고물 TV 그런 것들을 훔치려다가 내려놓았습니다. 자, 내가 도둑맞은 상황에 있다고 생각해 보세요. 그다음에,

사랑은 오래 참고 사랑은 온유하며 투기하는 자가 되지 아니하며

자, 도둑을 잡아야 되는데 도둑도 사랑해야 되지 않습니까? (청중 웃음) 그러니까 도둑이 지금 물건을 한참 훔치는데, 사랑은 오래 참아야

돼, 그러니까 잡으면 안 돼요. (청중웃음) 그다음에 사랑은 온유하니까 도둑을 잡아도 꽉 세게 잡으면 안 돼요. (청중웃음) 가만히 살그머니 잡아야 됩니다. 그다음에 사랑은 투기하는 자가 되지 않아야 하니까 그 사람하고 싸움하면 안 돼요. (청중웃음) 그러니까 기독교인이 도둑 하나 못 잡아요. (청중웃음) 이거 사랑 이야기가 그렇게 적용을 하자면 말이 아닙니다. 그런데 그런 뜻이 아니에요. 그래서 다른 환경에 두고 한 말을 이렇게 비틀어 놓으면 완전히 다른 뜻이 됩니다.

기독교에서 하나님의 말씀을 이런 식으로 자유롭게 해석하니까 정말 형편없이 됩니다. 그래서 정말 시간이요 환경이요 하나 진지하게 맞추어 보는 사람이 드물어요. 하나님은 전능하시고 무소불능하시다고 떠들면서 자기 마음대로 태초부터 시간을 마구 바꾸어 놓고 공간을 마구 다루니까 다 맞지 않아요. 기독교윤리학자들이 뭐 상황윤리라고 하는데, 상황윤리라면 벌써 늦었어요. 상황 판단도 안 되는데 (청중웃음) 상황윤리를 어떻게 이야기한다고 그래요? 그거 다 도둑도 못 잡아요. (청중웃음) 그래서 지금 바울이 이야기하는 말을 조금도 바꾸면 안 됩니다. 그 말씀은 그 말씀의 상황대로 해석해야지, 그렇지 않고 내 상황에 놓고 해석하면 그 말의 본의에 도달하지 못해요.

그런즉 믿음, 소망, 사랑 이 세 가지는 항상 있을 것인데 그중에 제일은 사랑이라.

그러니까 싸움하는 교회 안에서 제일 중요한 것은 사랑이라는 겁니다. 믿음도 필요하고 소망도 필요한데, 싸움하는 교회에는 사랑이 제일 중요하다고 그렇게 된 말입니다. 여러분, 그런데 고린도전서 13

장을 결혼식 때에 목사님들이 많이 사용해요. (청중 웃음) 전 그래서 속으로 저 목사님이 아직도 못 배웠구나 생각하고 결혼식 주례해 주면서 벌써 부부는 싸움하는 것이 원칙이라고 가르치는구나 생각합니다. (청중 웃음) 다른 상황 아래서 이야기한 그 사랑인데, 그것을 완전히 다른 것으로 해석해서 나오니까 우리가 얼마나 급합니까?

모든 것을 참으며 모든 것을 믿으며 모든 것을 바라며 모든 것을 견디느니라.

이것은 무슨 말입니까? 여러분, 왜 이 말은 잊어버리고, 꼭 마지막 13절만 읽으십니까? 마지막 절 다시 읽어주세요. 이 두 절을 붙여서 읽어보세요.

그런즉 믿음, 소망, 사랑 이 세 가지는 항상 있을 것인데 그중에 제일은 사랑이라(고린도전서 13:13).

모든 것을 참으며 모든 것을 믿으며 모든 것을 바라며 모든 것을 견디느니라(고린도전서 13:7).

이거이거 한번 잘 생각하세요. 여러분, 바란다는 말이 무엇입니까? 바울이 쓰실 때 7절서부터 이제 손으로 쓰셨을 텐데, 7절 쓰고나서 12절까지 쓰시는 데 도무지 시간이 얼마나 걸리겠어요? 10분 걸리면 충분할 것입니다. 맞지요? 아무리 그때 새털 끝으로 이렇게 매여서 썼다고 해도 10분이면 됩니다. 그러니까 10분 전에 7절 이야기하셨습니다.

모든 것을 참으며 모든 것을 믿으며 모든 것을 바라며 모든 것을 견디느니라.

여기에서 주제(Subject)가 뭐예요? 13절이 사실은 앞에서 나오는 말을 다시 연결시키는 겁니다. 사랑은 모든 것을 믿으며, 사랑은 모든 것을 참으며, 사랑은 모든 것을 바라며, 이렇게 되었지요? 여러분 이제 바란다는 말이 뭐예요? 맞아요. 소망입니다. 또 7절에는 믿음이 소망이고, 소망이 사랑이고, 사랑이 믿음이에요. 셋이 하나입니다. 7절을 다시 보세요. 여러분, 그래서 성경 읽을 때 하나님의 말씀을 막 모래알로 만들어서 7절도 모래알, 그다음에 10절에 와서도 그만 모래알이 되었어요. 다시 보세요.

모든 것을 참으며 모든 것을 믿으며 모든 것을 바라며 모든 것을 견디느니라(고린도전서 13:7).

자, 여기에 있어서 소망도 들어 있고, 믿음도 들어 있습니다. 사랑은 소망이요 사랑은 믿음이라, 이렇게 되어 있습니다. 그러니까 여러분 생각하기에 '이건 사랑이고, 저것은 믿음이다' 이렇게 생각하지만, 아닙니다. 같은 것입니다. 7절에서는 같은 것 세 가지를 이야기하는 것인데, 싸움할 때 제일 중요한 것은 이제 말하는 사랑이라는 것입니다. 그런 이야기입니다.

아까 처음에는 우리가 주방장의 입장으로 사랑을 양념으로 생각한 것입니다. 그러나 12, 13, 14, 15장을 한 단위로 보고, 12장을 넣고 13장을 다시 볼 때 싸움하는 교회에 있어서 믿음도 중요하고, 소망도 중요하고, 사랑도 다 같은 것인데 사랑이라는 면이 중요하다고 강조한 것입니다. 그런 말씀이지, 사랑 따로 믿음 따로 떨어지고 사랑 따로 소망 따로 떨어져 있다는 것이 아닙니다. 무조건 이렇게 잘라서 토막을 내면 문제가 생깁니다.

그런데 신기하게도 백이면 백 모두 해석하기를 그 가운데 제일이 사랑이라고 합니다. 기독교에서는 그다음 이걸 또 옮깁니다. 그래서 기독교 신학 가운데에서 제일 중요한 게 뭐냐? 사랑이다. 그다음 사랑은 무엇이냐? 남을 위해서 죽는 거다. 그러나 그것 가지고도 이야기가 다 안 돼요. 그다음에 역으로 남을 위해 죽어도 사랑이 없으면 소용없다고 이렇게 다시 놓으니 (청중 웃음) 이거 정말 머리가 막 혼동합니다. 그걸 믿었다가는 여러분 큰일 나요. 그런데 그건 성경의 잘못이 아닙니다. 이제 이해하시겠지요?

그러면 사랑이 뭡니까? 사랑이 믿음이고, 사랑이 소망이고, 그러면 사랑이 뭐예요? (청중 대답: 온전히 아는 것) 어떻게? (청중 대답: 온전히 전체적으로 아는 것) 그러면 전체가 뭡니까? (청중 침묵) 이거 보라고. 지금 하는 말을 기독교인으로서 두 번 물어보면 다 지옥 가요. 이제 사랑은 온전히 아는 것이라고 했습니다. 그다음에 '온전히 전체적'이라고 했어요. '온전히'라는 말은 뭐가 온전하다는 말입니까? 사랑이 뭐냐고 물었더니 당신은 사랑에 특성이 있는데 그게 온전한 거다. 사랑이 뭐냐고 아직 설명하지 않은 겁니다. 그래서 이런 것을 조심하세요. 말한 것 같지만 말이 안 되는 말을 해요.

교수하다 보면 뭐 별일 다 당해요. 우리나라 학생들은 대화할 줄 몰라서 교실에서 조용하고 그냥 듣고, 서양에 가면 아이들이 아주 능동적으로 손을 들어서 쉬지 않고 선생들하고 토론하고 이렇게 한다고 그러는데, 여러분 그 말이 옳아요? 옳은 것 같은데 또 틀린 거예요. 서양 아이들은 코가 높아서 첫째 시간쯤은 코를 갖다가 잘라 줘야 해요. (청중 웃음) 어떻게 코를 자릅니까? 우선 물으라고 그럽니다. 그렇게 하고 묻는 대로 모두 칠판에 적어 둡니다. 그다음 또 물으라고 하고 칠판에 다 써 놓아요. 그다음 이제 하나하나 따지면 결국 뭐를 물어본 줄 아세요? What, Where, When, How, 이렇게 네 가지밖에 없어요. 그 다음에 뭐라고 하냐면 "너희가 정말 물었냐? 물은 것이 아니고 네 가지 용어 따라 말한 것이지, 정말 너희 속에서 무엇을 물어봤냐?" 사실 물어보지 않았어요. 그러면 그동안 너희는 무얼 공부했냐? 결국 빈 것을 공부했다는 것밖에 안 됩니다. 그래서 조심하세요. 당신 대답은 '온전하다'라는 형용사(Adjective)를 갖다가 '사랑이 뭐다'라고 한 겁니다. 사랑하고는 떨어져 있는 것입니다.

기독교에서 사랑이 뭔지 설명이 안 되니까 신학자들이 급하면 용어 둘을 써서 하나는 '에로스'(Eros)요 또 하나는 '아가페'(Agape)라고 했습니다. 그래서 아가페는 거룩한 사랑이고, 에로스는 세속적인 사랑이다. 그런데 성경에서 말한 사랑은 아가페다? 여러분, 이거 어때요? 문제는 아가페가 뭐냐 이겁니다. 역시 대답 못 해요. 그래서 두 번 물으면 대답 못 해요. 그래서 부흥사들이 한참 떠드는데 다행히 이 듣는 사람들에게 물어볼 권리를 안 주었어요. (청중 웃음)

제 아들이 어렸을 때 우리가 그 당시에는 루스채플이 없어서 학생회관 꼭대기에서 교수들이 모여서 예배를 드렸어요. 한 30여 년 전 일입니다. 그때 목사님으로부터 전화가 왔어요. "야, 너 아이를 어떻게 키웠길래 그렇게 만들었냐?" 그럽디다. (청중 웃음) 왜 그러시냐고 물었더니 오늘 설교하는데 제 아들 녀석이 손을 들고 물었답니다. 그래서 아이한테 물어보았습니다. "목사님이 뭐라고 하셨는데 네가 물었느냐?" 목사가 설교하는데 하나님이 천지를 지으시고 모든 것을 다 아름답게 짓고 그래서 세상에 참 좋았다는 겁니다. 그래서 자기가 손들어서 그러면 여우를 왜 만들었고, 못된 것들을 왜 만들었냐고 그걸 물었는데요. (청중 웃음) 그러니까 목사도 미안하지만, 요거 조그만 놈한테 대답을 못 할 정도로 큰소리를 해 놓았으니 (청중 웃음) 그 사람의 설교가 어른 귀에 들어갔다는 것은 기대하기가 어려운 것 아닙니까?

그래서 이 사랑이 뭐냐? 그러면 아가페. 이거 또 서양사람들이 한 겁니다. 그리스어 조금 공부한 사람이 그리스말에 에로스하고 아가페가 있으니까 구분하는 겁니다. 그런데 에로스하고 아가페가 뭐가 달라요? 여러분 찬송하는 것을 보세요. 그 장미꽃 동산에서 뭐 주님을 만나고, 그건 에로스지 왜 그게 뭐가 아가페입니까? 찬송가를 그렇게 만드니까 아주 민망해요. 그래서 그럴 때 입 꼭 다물고 찬송 안 합니다. (청중 웃음) 유명한 성탄절의 노래 있잖아요? 그거 사실 <Lady's Greensleeves>입니다. 솔직히 얘기해서 우리말로 하면 술집에서 술 파는 여자에 대한 노래예요. 그걸 바꿔서 찬송가로 만들어서 이거 참 거룩하다고 그러는데, 참 죄송합니다. 그리고 그다음에는 기독교에서 제일 중요한 것은 사랑이기 때문에 모든 더러운 사람도 기독교에 들어오면 깨끗해진다고 변명합니다. 더러우면 더러운 것이지 왜 또 깨끗해집니까? 그것도 거짓말입니다. 그래서 기독교가 사랑이라고 하고 그것을 제대로 인식했느냐 하면 제대로 안 되어 있어요.

여러분, 성경의 전체 틀이 기억나십니까? 여기에서 그리스도의 사랑이라는 것은 우리가 창조 이야기서부터 연결되는 것인데, 하나님께서 우리를 하나님의 아들로 만들었다고 했습니다. 그런데 그만 인간이 타락했어요. 그래서 그리스도께서 오셔서 다시 하나님의 사람, 하나님의 아들과 자녀로 만드신 겁니다. 만약 아들이 되지 않으면 성경의 이론으로는 그것은 물건이에요. 종입니다. 종은 물체입니다. 우리나라에서도 그랬어요. 여러분, 우리나라의 과거 어떤 기록을 보면 그 사람이 자식이 몇 명인데, 성 가진 사람은 몇 명이라고 그랬습니다. 종에게서 낳은 것은 아예 이름이 없어요. 첩은 그래도 신분이 낮은 여자고, 종에게서 낳은 것은 아예 이름이 없어요. 여러분, 지금 성씨 가진 것을 고맙게 생각하세요. (청중 웃음) 여러분, 이름이 없는 것은 종이 됩니다. 종은 물체입니다. 그건 상대가 되지 않아요. 그런데 그리스도의 사랑으로, 하나님의 아들이 다시 우리를 종의 상황에서 아들로 옮겨 놓으신 것입니다. 그래서,

> 누가 우리를 그리스도의 사랑에서 끊으리요. 환난이나 곤고나 핍박이나 기근이나 적신이나 위험이나 칼이랴. 기록된바 '우리가 종일 주를 위하여 죽임을 당케 되며 도살할 양같이 여김을 받았나이다' 함과 같으니라. 그러나 이 모든 일에 우리를 사랑하시는 이로 말미암아 우리가 넉넉히 이기느니라. 내가 확신하노니 사망이나 생명이나 천사들이나 권세자들이나 현재 일이나 장래 일이나 능력이나 높음이나 깊음이나 다른 어떤 피조물이라도 우리를 우리 주 그리스도 예수 안에 있는 하나님의 사랑에서 끊을 수 없으리라(로마서 8:35-39).

이것 보세요. 하나님이 다시 우리를 아들로 만드셨습니다. 이 모든 항목이 신분(Status)을 바꾸는 것입니다. 완전히 바꾸는 것입니다. 완

전히 다른 상태가 됩니다. 하나님의 사랑으로서 그리스도를 통해서 우리가 종의 상황과 종의 입장에서 지금 아들의 입장으로 변하는 겁니다. 옛날 법에 의하면 아들은 상속권도 있고 모든 치리권을 다 가지고 있어요. 물론 이름도 있고 그 아래서 연속이 되어 나와요. 그러나 종이면 이런 것이 없습니다. 그런데 이 연속되는 것, 즉 아버지와 아들 사이를 환란 등등이 끊지를 못해요. 아시겠어요? 이것을 지금 이야기해 주는 겁니다.

다시 들어가 보면 구약의 십계명에서는 이 끊긴 상황에서 어떻게 자기 힘으로 올라가 볼 수 있느냐고 했지만 갈 수가 없다는 것 아닙니까? 그래서 예수 그리스도께서 오셔서 우리로 하여금 하나님의 자식이 되게 하시는 그분을 통해서 다시 하나님의 자식의 신분을 얻게 됩니다. 이것을 지금 말씀하는 겁니다. 그래서 구원이라는 것은 단지 환란에서 구원을 얻는다는 것이 아니에요. 구원은 바로 아버지하고 아들의 관계이지 바깥의 싸움하고는 관계가 없어요.

여러분, 그러니까 기도하는데 뭐가 틀렸고, 찬송하는데 뭐가 어렵고, 성경 보는데 뭐가 잘못됐냐 하면 내가 여기 급하니까 이것을 달라고 할 때 하나님한테 구하면 준다는데, 잘못된 말입니다. 믿음이란 그런 것이 아닙니다. 하나님의 자녀가 됨으로써 그다음에 그 입장에서 내가 일을 하는 것입니다.

그러니까 예수께서 "네가 내 이름으로 기적을 행하고, 예언하고 그래도 나는 모른다"라고 그러신 것입니다. 하나님의 자식이 된 신분으로 하지 않는 것은 다 부정되는 겁니다. 보세요. 성경에서 부모를 사랑하라고 그랬는데, 예수께서 율법을 완성하러 오셨다고 하시고는 자기 어머니하고 식구들이 오니까 누가 내 어머니요 누가 내 형제냐고 하시지 않았습니까? 가만히 보면 한쪽엔 이거 하라고 하고 또 다른 한쪽에는 어머니도 모른다고 그러니 이거 잘못하면 미칩니다. 그러나 그게 아니에요. 하나님의 자식이 되었음을 말씀하시는 것입니다. 하나님의 자녀가 된 모든 사람을 두고 다 어머니요 형제라고 이야기한 겁니다.

그래서 사랑에 대한 성경 말씀을 잘 해석해 주어야 합니다. 이거 잘못하면 세상에 별 더러운 것이 다 들어옵니다. 그래서 기독교 빙자한 사교가 왜 그렇게 성적으로 문란한 줄 아십니까? 이젠 아시겠어요? 사랑, 사랑하고는 마지막에는 어디로 들어가요? 완전히 우리 기독교하고 관계없는 데로 가는 겁니다. 그래서 이다음에 교주들 보세요. 그건 절대 하나님의 아들이 아니에요.

여러분, 고린도전서 13장 다시 보세요. 성경 말씀에 사랑하라고 해서 사랑했다가 아닙니다. 이웃을 사랑했다? 뭐 자기 이웃을 위해서 몸을 던져 불살랐다? 아무리 그래도 그 사람이 하나님의 아들이 되지 않으면, 하나님의 아들이 된 상태가 아니면 모두 소용이 없다는 것입니다. 이제 다시 정리합니다. 성경 말씀을 볼 때 일반의 상황에서 보게 되면 아까 말씀드린 것과 같이 요리사 해석이 돼요. 그래서 사랑은 양념이다. 모든 것에 사랑을 쳐야 맛이 난다? 그런 것은 다 요리사 설명 방법입니다. 성경 말씀의 본뜻이 아니에요.

여러분, 바울은 바울로 보충했어요. 바울이 고린도전서에서 말씀한 것을 바울이 쓴 로마서로 다시 해석하고, 로마서를 다시 성서 전체의 흐름에 두고 보자면 어떤 뜻이 나온다고 풀이했습니다. 그래서 하나님의 사랑이라는 것까지 생각하게 되었고, 좀 더 큰 범위에서 이야기할 때 하나님의 아들이 되어서 하나님이 사랑을 믿는다는 것을 말씀드렸습니다.

　자식이 아니면 물체인데, 물체는 사랑의 대상이 되지 못합니다. 미안하지만 팔아도 됩니다. 필요하면 종을 다 팔았어요. 여러분 감독이라는 '감'(監)자 있지요? 한자로 '감독'(監督)이라는 '監'자, 그것은 눈을 옆으로 세운 겁니다. 그러니까 '監督'이라는 사람은 남의 일하는 것을 옆으로 본다는 것입니다. 그래서 눈을 옆으로 그려 놓았어요. 그다음엔 옆에 이렇게 되어 있죠. 그건 뭔지 아세요? 그거, 그때 광산에 들어가서 구리 같은 광석을 캐와야 하는데 그때는 구멍이 아주 작았는데, 거기에서 일하는 사람은 새까맣게 되지요. 그런 곳에 들어가서 땀 흘리고, 죽어 나오는데 거기 그런 곳에 누가 들어가겠습니까? 그래서 일 시키고 도망칠까 봐서 눈을 그어 버렸어요. 그래서 이것이 손톱으로 눈알을 째는 것을 그린 것이고 그 손톱은 눈을 상처 내는 손톱입니다. 세상에 이렇게 고약한 건데, 똑똑히 알아야 합니다. 종이면 눈을 파던지, 다리를 부러뜨려도 됩니다. 그래서 함무라비 법전을 봐도 종은 상대방으로 여기지를 않아요. 내가 만일 당신의 종의 다리를 부러뜨렸으면 돈으로 계산해 주면 됩니다. 그런데 만일 당신이 내 아들 다리를 부러뜨렸으면 당신의 어디를 부러뜨려야 해요. 법률에도 그렇게 되어 있었습니다. 예전에는 완전히 다른 것으로 여겼습니다.

　그래서 자식이 되었다는 것! 하나님의 사랑은 우리를 다시 그리스도를 통해서 하나님의 자녀가 되게 하신 것입니다. 그래서 우리가 하나님의 사랑을 받을 수 있어요. 종의 아들은 사랑을 받을 수가 없어요. 여러분 뭐 자비를 베풀었다고 할 수는 있어도 사랑은 아니에요. 사랑의 항목은 그렇게 되어 있지 않습니다.

성경에서 사랑 이야기를 많이 한 곳이 또 요한 1서입니다. 요한 1서에 사랑에 관한 말씀이 많이 나옵니다.

우리는 하나님께 속하였으니 하나님을 아는 자는 우리의 말을 듣고 하나님께 속하지 아니한 자는 우리의 말을 듣지 아니하나니 진리의 영과 미혹의 영을 이로써 아느니라. 사랑하는 자들아 우리가 서로 사랑하자 사랑은 하나님께 속한 것이니 사랑하는 자마다 하나님께로 나서 하나님을 알고 사랑하지 아니하는 자는 하나님을 알지 못하나니 이는 하나님은 사랑이심이니라(요한 1서 4:6-8).

자, 이거 보세요. 여기에는 하나님이 우리를 하나님의 자녀로 만드시고, 다시 말하면 하나님이 우리를 사랑해서 우리에게 새 아들, 새로운 자식의 신분을 준 것인데 그러니까 당신도 하나님의 아들이고, 그런 경우에는 모두가 다 형제니까 사랑하게 된다는 것입니다. 이렇게 되지 않으면 사랑이 안 됩니다. 그러니까 여러분이 사랑이라 해서 모든 것이 다 건너간다고 생각하지 마세요. 그것은 일종의 기대입니다. 그러니까 하나님의 아들이 신분을 얻어 하나님의 아들의 신분으로 세상을 보면서 살라 그겁니다. 그래서 이렇게 되었고, 그렇게 하고 보니까 하나님은 사랑이시다 이렇게 말씀하시는 것입니다. 이것은 여러분에게 힌트만 드렸고, 집에 가서 여러분이 요한 1서를 다 읽으세요. 요한복음이 기록될 때는 사랑이 무엇이라고 많이 못 썼어요. 왜냐하면 역사적 사실에 관한 이야기가 많아서 사랑에 대해서 많이 못 썼지만, 요한 1서에서는 이론화가 많이 되어 나와요. 그래서 그리스도의 사랑이 무엇이고, 하나님의 사랑이 무엇인지를 많이 정리해 줍니다. 그래서 '하나님은 사랑이시다' 이렇게까지 되어 있습니다.

그러나 여러분, 조심하세요. 믿음과 소망과 사랑, 그중에 제일은 사랑이라고 할 때 이것은 특수한 고린도 교회에 대하여 한 말씀입니다. 그다음에 이걸 넓혀 생각할 때는 로마서로 가서 사랑의 의미를 찾으세요. 그래서 8장을 중심으로 찾아보시고, 다른 사도는 사랑을 어떻게 설명하는가를 보실 때에는 요한 1서를 보세요. 그러면 하나님이 우리를 이렇게 사랑하셔서 우리에게 자녀의 신분을 다시 회복해 주시기 위해서 베푸신 그 사랑이 얼마나 귀하신 사랑인가를 들을 수 있습니다. 그런 것 하나하나 성경 말씀을 볼 때 하나하나를 마음에 새겨서 보시면 얼마나 좋습니까?

그리고 꼭 잊지 마세요. 책 읽는 방법을 꼭 준비하세요. 그래서 세상의 남의 말 다 들으려면 시간도 없고 귀도 나빠져요. 그러니까 제일 빨리하는 건 10만분의 1초를 한꺼번에 내려 읽는 것입니다. 지금 그 스피드는 100분의 1초 하고, 50분의 1초까지 내려갑니다. 그러니까 1초 안에 한 칼럼을 다 읽어야 해요. 그것은 훈련이 되어야 합니다. 그런 것은 성령의 은혜가 아니에요. (청중 웃음)

여러분, 하나님이 참 세상을 재미있게 만드셨습니다. 특히 눈하고 귀하고 코하고, 이것들은 여러분 상상 이상의 것으로 만들어 놓으신 겁니다. 그런데 이렇게 발달된 것을 그대로 놔두면 되겠습니까? 여러분, 생각해 보세요. 이 글자들이 눈으로 들어가 그다음 거기서 끝나지 않아요. 이 두뇌 가운데로 가서 귀로 가요. 그래서 그것으로 끝나는 것이 아니라 다시 혀를 움직여요. 혀를 움직여서 다시 또 어디로 Reflex 시키냐 하면 귀를 Reflex시켜요. 그러니까 당신이 이 한 줄 읽는데, 그 신경회로로는 요새 말로 하면 컴퓨터 안에서 수백만 번을 더 움직이게 하는 겁니다. 그래서 그다음에 귀로 들어왔을 때 그 뜻이 뭐냐? 이거 보세요. 그러니까 내가 사랑의 방언 한마디를 이해하는 데에도 머리가 이렇게 사용되게 되어 있어요. 밥 먹고 왜 거기다가 쓸데없이 허비합니까? 그래서 이런 것은 준비를 좀 합시다. 자기를 위해 수양을 해서 Sight Reading을 좀 훈련하세요. 서너 달이면 많이 발전해요. 그래야 지하철에서 이렇게 움직여도 책 보는데 머리가 아프지 않습니다. 그렇게 안 하면 머리 아파서 못 견뎌요. 다시 Sight Reading을 하면 100분의 1초 만에 벌써 들어와 있어요. 다시 눈을 뜨고 볼 필요가 없습니다. 이미 들어온 겁니다. 벌써 머리 안에 다 들어와 있어요.

하나님이 그렇게 만들어 놓으신 겁니다. 참 재미있게 잘 만들어져 있어요. 여러분, 세상에 뇌가 바깥으로 나온 것이 바로 눈이에요. 아시겠어요? 신경이 직접 밖을 나와 있는 겁니다. 그거 얼마나 잘 만들었어? (청중 웃음) 저보고 그렇게 만들라고 하면 상당히 좀 더 시간이 걸려야 만들어 볼 수 있을 겁니다. (청중 웃음) 코도 대단합니다. 여러분, 생각해 보세요. 그 조그마한 냄새가 어떻게 방에 들어와서, 그 조그마한 한 두 분자가 날아와 코 안에 들어오면 우리는 그것을 벌써 알아채니까 이거 얼마나 예민한 겁니까? 그런 것을 보고 아, 이 생체는 정말 기묘하게 잘 되어 있구나 생각하시고, 이렇게 만들어진 것을 왜 안 써요? 꼭 우리가 옛날같이 고개를 앞뒤로 흔들면서 성경을 읽어야 됩니까? (청중 웃음) 옛날같이 흥얼흥얼하면 이게 언제 머리로 들어와요? 여러분, 또 읽을 때도 하나님이 말씀이니까 좌석에 정좌하고 있어야 한다? 이거 글자 쓴 것, 이거 인쇄한 것, 하나님께서 인쇄한 거 아니에요. 당신네가 인쇄한 걸 가지고…. (청중 웃음) 그런 건 분간해 놓고 보세요. 괜히 쓸데없이 데다가 신경 쓰지 마세요.

훈련되어서 하나님의 말씀을 하나님의 말씀대로 찾으려면 어떻게 들어가야 되느냐? 지금 당장 읽는 사람이 느끼는 상황은 조금 제거하고, 쓴 사람은 어떻게 쓰고 있느냐를 봐주세요. 그리고 기록한 사람을 좀더 넓게 이해하자면 어떤 의미에서 확장할 수 있겠는가? 그다음 다른 동료는 어떻게 풀이했느냐? 그다음에 성경의 공모로 보자면 그 말씀이 어떻게 해석될 수 있느냐? 그렇게까지 봐야 성경이 바로 보이게 돼요. 그러니까 여러분께서 이다음에 설교하실 때는 꼭 그렇게 하세요.

제가 늘 말씀드립니다만, 다시 돌아와서 보면 주기도문에 다 들어 있어요. 주기도문에 입각하지 않고 당신이 만들어서 한다는 것은 위험한 일이 됩니다. 그래서 쉬운 말로 그 모든 전체를 그래도 제일 완벽하게 소화해서 나왔다면 그때 사람으로는 예수 따라갈 사람이 없어요. 사람으로 봐도 예수 따라갈 사람 없어요. 그만큼 생각을 잘 정리해 주셨어요. 그래서 여러분들이 항상 고마운 마음으로 믿음의 세계에서 하나님의 말씀을 보아야 되고, 하나님 말씀을 절대로 내 맘대로 해석하지 마세요. 그러면 하나님께서 '네가 내 말을 네 멋대로 해석했으니까 너는 지옥 가라' 그러실 겁니다. 그러면 그때 여러분이 어떻게 해야 돼요? 아멘 해야지. (청중 웃음) 자 우리 다 함께 주님께서 가르치신 대로 기도합시다.

하늘에 계신 우리 아버지여,
이름이 거룩히 여김을 받으시오며,
나라가 임하옵시며
뜻이 하늘에서 이룬 것 같이 땅에서도 이루어지이다.
오늘날 우리에게 일용할 양식을 주옵시고,

우리가 우리에게 죄지은 자를 사하여 준 것 같이

우리 죄를 사하여 주옵시고,

우리를 시험에 들게 하지 마옵시고,

다만 악에서 구하옵소서.

나라와 권세와 영광이 아버지께 영원히 있사옵나이다.

아멘.

(2002년 8월 22일 연세대학교)

제8강

믿음

엿새 후에 예수께서 베드로와 야고보와 요한을 데리시고 따로 높은 산에 올라가셨더니 저희 앞에서 변형되사 그 옷이 광채가 나며 세상에서 빨래 하는 자가 그렇게 희게 할 수 없을 만큼 심히 희어졌더라. 이에 엘리야가 모세와 함께 그들에게 나타나 예수와 더불어 말하거늘 베드로와 예수께 고하되 랍비여 우리가 여기 있는 것이 좋사오니 우리가 초막 셋을 짓되 하나는 주를 위하여, 하나는 모세를 위하여, 하나는 엘리야를 위하여 하 사이다 하니 이는 그들이 몹시 무서워하므로 그가 무슨 말을 할지 알지 못함이더라. 마침 구름이 와서 그들을 덮으며 구름 속에서 소리가 나되 이는 내 사랑하는 아들이니 너희는 저의 말을 들으라 하는지라. 문득 둘 러보니 아무도 보이지 아니하고 오직 예수와 자기들뿐이더라. 그들이 산 에서 내려올 때에 예수께서 경고하시되 인자가 죽은 자 가운데서 살아날 때까지는 본 것을 아무에게도 이르지 말라 하시니 그들이 이 말씀을 마음 에 두며 서로 문의하되 죽은 자 가운데서 살아나는 것이 무엇일까 하고 이에 예수께 묻자와 이르되 어찌하여 서기관들이 엘리야가 먼저 와야 하 리라 하나이까. 이르시되 엘리야가 과연 먼저 와서 모든 것을 회복하거니 와 어찌 인자에 대하여 거룩하기를 많은 고난을 받고 멸시를 당하리라 하 였느냐. 그러나 내가 너희에게 이르노니 엘리야가 왔으되 기록된 바와 같 이 사람들이 함부로 대우하였느니라 하시니라. 이에 그들이 제자들에게 와서 보니 큰 무리가 둘러싸고 서기관들이 더불어 변론하더니 온 무리가 곧 예수를 보고 매우 놀라며 달려와 문안하거늘 예수께서 물으시되 너희가 무엇을 저희와 변론하느냐 무리 중에 하나가 대답하되 선생님 말 못하게 귀신 들린 내 아들을 선생님께 데려왔나이다. 귀신이 어디서든지 그를 잡으면 거꾸러져 거품을 흘리며 이를 갈며 그리고 파리해지는지라. 내가 선생의 제자들에게 내쫓아 달라 하였으나 저희가 능히 하지 못하더이다. 대답하여 이르시되 믿음이 없는 세대여 내가 얼마나 너희와 함께 있으며 얼마나 너희를 참으리요 그를 내게로 데려오라 하시매 이에 데리고 오니 귀신이 예수를 보고 곧 그 아이로 심히 경련을 일으키게 하는지라. 그가 땅에 엎드러져 구르며 거품을 흘리더라. 예수께서 그 아버지에게 물으시되 언제부터 이렇게 되었느냐 하시니 이르되 어릴 때부터니이다. 귀신이 그를 죽이려고 불과 물에 자주 던졌나이다. 그러나 무엇을 하실 수 있거든 우리를 불쌍히 여기사 도와주옵소서. 예수께서 이르시되 할 수 있거든이 무슨 말이냐. 믿는 자에게는 능치 못할 일이 없느니라 하시니 곧 그 아이의 아버지가 소리를 질러 이르되 내가 믿나이다. 나의 믿음 없는 것을 도와주소서 하더라. 예수께서 무리의 달려와 모이는 것을 보시고 그 더러운 귀신을 꾸짖어 이르시되 말 못 하고 못 듣는 귀신아 내가 네게 명하노니 그 아이에게서 나오고 다시 들어가지 말라 하시매 귀신이 소리 지르며 아이로 심히 경련을 일으키게 하고 나가니 그 아이가 죽은 것같이 되어 많은 사람이 말하기를 죽었다 하나 예수께서 그 손을 잡아 일으키시니 이에 일어서니라. 집에 들어가시매 제자들이 조용히 묻자오되 우리는 어찌하여 능히 그 귀신을 쫓아내지 못하였나이까. 이르시되 기도 외에 다른 것으로는 이런 종류가 나갈 수 없느니라 하시니라(마가복음 9:2-29).

여러분과 같이 오늘 마가복음 9장을 읽자고 그랬습니다. 이 마가복음 9장은 사건을 중심으로 해서도 읽을 수 있지만, 그 내부의 구상을 보면 참 재미있습니다. 문학적으로 말하자면 3중 겹으로 이야기를 싸놓는 겁니다. 보통이 아니에요. 우리도 그전에 자장가 이야기하면서 3중으로 되어 있다고 이야기를 했지만, 이분도 한 장 안에 가사를 세 겹으로 썼습니다.

> 또 저희에게 이르시되 내가 진실로 너희에게 이르노니 여기 섰는 사람 중에 죽기 전에 하나님의 나라가 권능으로 임하는 것을 볼 자들도 있느니라 하시니라(마가복음 9:1).

여러분, 이 말씀을 읽을 때 어떤 말이 먼저 들어옵니까? 육체가 죽기 전에 하나님의 나라가 권능으로 임하는 것을 볼 수 있을 사람이 있다는 것입니다. 그런데 이것만 분리해 놓고 다음의 말씀을 보고 생각하면 안 됩니다. 그다음에 무슨 이야기가 나옵니까? 예수께서 변화되는 이야기입니다. 그러니까 다시 말해서 하나님 나라가 권능으로 임하는 것을 볼 수 있다고 했는데, 그 사건으로 직접 나오는 것이 바로 변화산상의 이야기입니다. 여러분이 늘 성경 볼 때 짧게 한 절 읽고서 거기서 명상하지 마세요. 이 사람이 기록한 때의 의도대로 따라 하세요. 그래서 처음에는 사건으로 변화산상의 일을 이야기했고, 그다음에 14절에 가서 귀신 들린 아이 이야기입니다. 그 병상을 보면 간질병 들린 아이인데, 그 아이에게 이루어지는 일에서 다시 말하자면 아까 말한 하늘나라가 하나님의 나라가 권능으로 임하는 것을 보여주고 있습니다. 그래서 아이가 병에서 치유 받는 과정을 그렸습니다.

이제 9장의 그 뜻을 아시겠습니까? 먼저 테마를 이렇게 주었고, 그다음에 두 가지 사건이 나옵니다. 처음에는 변화산상의 사건이고, 그 다음에는 그 간질병 환자 아이를 치료하는 사건이 자세하게 나옵니다. 이만큼 복잡한 것을 다시 세 겹으로 쓴 거예요. 그래서 여러분이 읽을 때 먼저 이걸 주의해서 읽어주세요.

그러면 이것하고 믿음이 무슨 관계냐? "이 믿음이 없는 세대야, 왜 하나님의 나라가 권능으로 임하는 것을 보지 못하느냐?" 그러시지 않았습니까? 그렇다면 믿음은 어디에 관한 문제인가 하면 하나님의 나라가 권능으로 임하는 것을 봄과 보지 못함에서 차이가 난 것입니다. 그래서 믿음이란 것을 절대로 우리가 우리 마음대로 해석하면 안 됩니다.

첫째, 변화산상 이야기는 믿음이 없을 때 주님을 보는 것과 믿음으로 눈이 열려서 우리가 변화되는 예수의 모습을 보는 것을 말씀하고 있습니다.

둘째, 간질병 환자 아이 이야기에서도 마찬가지입니다.

셋째, 간질병 환자 아이의 병세와 고치는 과정의 이야기입니다. 여러분이 아주 주의해서 보세요. 우선 그 치유의 과정을 서술했습니다. 이 아이가 어떻게 되고, 어떻게 되어서, 어떻게 됐는데, 간질이 들려서 정말 자기의 생명을 끊으려고 했다면서 그 증상을 아주 자세히 그렸어요. 정확해요. 한번 보세요.

무리 중에 하나가 대답하되 선생님 벙어리 귀신 들린 내 아들을 선생님께 데려왔나이다. 귀신이 어디서든지 저를 잡으면 거꾸러져 거품을 흘리며 이를 갈며 그리고 파리하여 가는지라 내가 선생의 제자들에게 내어쫓아 달라 하였으나 저희가 능히 하지 못하더이다. 대답하여 가라사대 믿음이 없는 세대여 내가 얼마나 너희와 함께 있으며 얼마나 너희를 참으리요 그를 내게로 데려오라 하시매 이에 데리고 오니 귀신이 예수를 보고 곧 그 아이로 심히 경련을 일으키게 하는지라 저가 땅에 엎드러져 굴며 거품을 흘리더라. 예수께서 그 아비에게 물으시되 언제부터 이렇게 되었느냐 하시니 가로되 어릴 때부터니이다. 귀신이 저를 죽이려고 불과 물에 자주 던졌나이다 그러나 무엇을 하실 수 있거든 우리를 불쌍히 여기사 도와주옵소서(마가복음 9:17-22).

여러분, 이 간질병 걸린 사람들 너무 가련하게 보지 마세요. 세상에 유명한 사람 중에서 간질병 걸린 사람 많아요. '줄리어스 시저'(Julius Caesar)가 그 가운데 하나입니다. 그가 루비콘강을 건너가기 전에 그 마지막 결전을 해야 되는데 그때도 자기가 직접 싸움은 못 했습니다. 명령해 놓고 자기는 넘어져요. 죽지는 않았어요. 다시 이제 살아 나와요. 그래서 꼭 간질병 걸렸다고 해서 간질병에 중심을 두지 마세요.

또 귀신이 들렸다 하는 것도 여러분 또 너무 묻지 마세요. 왜냐하면 지금 이 아버지는 귀신 들렸다고 믿고 있어요. 그러니까 당신들이 안 믿고 믿는 것은 여기에 개입하지 마세요. 그거는 또 성경 말씀에다 다른 것을 막 잡아넣는 겁니다. 제발 그러지 마세요. 성경에 썼으면 그때의 그 사람과 그 상태를 그대로 받아들이세요. 그때는 이것이 간질병의 분석이 아니고 귀신이 들려서 이런 증상이 나온다는 거예요. 요새는 또 해석이 다르지요. 그러니까 그때는 귀신 들렸다고 해석했고, 요새는 간질병이라고 해석했습니다. 그래서 성경에 한 체계가 이렇게 됐으면 그 시대와 다른 시대에 와서 들은 것을 여기에 막 주입하지 마세요. 여러분이 이다음에 세상을 이해하게 만든다는데, 이해가 아니에요. 남을 완전히 교란시키는 겁니다.

성경을 볼 때도 제발 여기에 대해서 "귀신이 있느냐 없느냐" 그러지 마세요. 어제도 누가 한 사람이 저보고 귀신이 있느냐고 물어요. (청중 웃음) 그래서 "귀신이 보여?" 그랬더니 "어휴, 귀신이 있는 것 같아요." 어, 그러면 있다고 그랬지. (청중 웃음) 그거 뭐, 그 사람 지금 머리 안에 귀신이 있다고 꽉 차 있는데 내가 없다고 그럴 필요가 있나요? (청중 웃음) 그 사람에게는 있어요. 그래서 이거 조심하세요. 있다고 그러는 사람을 갖다가 내 입장에서 없다고 그러지 마세요. 그런 사람에게는 있다고 해주라고. (청중 웃음) 병에 대해서는 그만큼 봅시다. 이걸 귀신이냐, 간질이냐? 그거는 간질 증상도 있고 귀신 들린 사람도 이럴 수 있어요. 거기에 대해서 논하는 것은 본문의 뜻이 아닙니다.

그래서 첫째, 설명을 했고 그다음에 예수께서 믿음이 없는 세대라고 하시며 지금 믿음이 없다고 하십니다. 그렇게 한탄하신 다음에 그 아이를 데려왔는데 오자마자 예수 앞에서 치료받기 전에 더 발작을 일으켜 야단을 부렸다는 것입니다. 그러더니 마지막에는 거품을 품으면서 '캐털랩시'(Catalepsy)가 와 몸이 굳어집니다. 그래서 죽은 것같이 되었어요. 몸이 다 굳어지니까 아, 이제는 죽었다고 사람들이 그랬다는 것을 묘사했습니다.

그다음에 아이 아버지가 예수께 도와줄 수만 있으면 도와달라고 그랬습니다. 힘이 있으면 힘을 좀 써 달라 그겁니다. 그런데 '두나마이'(δύναμαι)란 글자 하나를 조심하십시오. 여러분, 이거 어디에서 나온 글자예요? 아까 마가복음 9장 1절에 거기 한번 다시 보면 이 말이 나와요. **하나님의 나라가 권능으로**에서 권능이 '두나미스'(δύναμις)입니다. 아시겠습니까? 권능으로라고 그랬는데 지금 여기에 와서는 할 수만 있다면, 즉 당신이 권능만 있다면, 그것이 같은 글자입니다. 그래서 '두나마이' 이거 잊지 마세요. 그러니까 권능이 있다면, 이렇게 나온 말입니다.

할 수 있거든. 이게, 우리나라 말의 번역입니다. 사실은 당신이 권능이 있으시면 하는 것과 같은 말입니다. 그래서 권능이 있으시면 좀 도와주시오 하니까 예수의 대답이 믿는 자에게는 능치 못한 일이 없느니라 이렇게 되어 있습니다. 여기에

"πάντα δυνατὰ τῷ πιστεύοντι"

라고 했는데, '판타'(πάντα)라는 것은 전부라는 말이고, '두나타'(δυνατὰ)는 권능이라는 말입니다. '토 피스튜온티'(τῷ πιστεύοντι)는 믿는 자에게라는 말입니다. 이것이 영어로 번역이 어떻게 됐냐 하면, 누구 영어 성경 가진 것 있으면 한번 읽어보세요.

Everything is possible for him who believes.
믿는 자에게는 능치 못할 일이 없느니라(마가복음 9:23).

그런데 이거 잘못 번역하였습니다. '믿는 자에게는' 이건 믿는 자가 주체가 되었지요? 그런데 이게 왜 이렇게 됐느냐? 우리 말 번역할 때 사용한 것이 '킹제임스 버전'(King James Version)입니다. '킹 제임스'(King James)의 시대가 '크롬웰'(Cromwell)시대입니다. 크롬웰이 소장파들과 같이 연합을 해서 지방군대를 모았습니다. 정규군이 아니라 지방군을 모아 왕의 저육군하고 몇 차례 싸움했습니다. 그래서 승리

한 후에 마지막에 찰스(Charles)를 잡아 와서 그 목을 벱니다. 그때의 사람에게 있어서는 뭐, 임금의 목도 잘랐으니까 세상에 더 무서울 것이 없어요. 그러니까 이 사람네 번역이 어떻게 됐냐 하면,

If thou canst believe, all things are possible to him what believeth(KJV).

"믿는 자는 모든 것을 다 할 수 있다"라고 이렇게 번역이 되었단 말입니다. 그러나 이 본래 이야기가 있어요. 우리가 다시 1절로 돌아가면 하나님 나라가 권능으로 임하는 것을 볼 수 있다는 것인데, 여기 와서는 변해서 믿는 자가 모든 것을 다 할 수 있다는 식으로 되었단 말이에요. 주체가 막 바뀝니다. 그런데 이건 어째서 바뀌었냐 하면 '크롬웰'(Cromwell) 때 이런 사정 아래에서 번역하니까 믿는 자가 모든 것을 다 할 수 있는 것 같았어요.

그러나 여러분, 조심하십시오. 요새 축구 좀 이겼다고 우리나라가 다 된 것처럼 말하는데, 이거 똑같은 겁니다. 이거 여러분, 너무 다르게 보지 마십시오. 어느 때에든지 역사의 그 배경이 무엇을 해석하는 데 영향을 줘요. 그런데 그때 받은 영향에서 '킹 제임스'(King James) 시대에 번역한 것을 우리나라 말로 번역해서 요새 새 번역이 나온다 그래도 그 번역본에서 벗어나지 못하고 그런 식으로 표현이 나옵니다. 믿는 자에게는 능치 못한 일이 없다는 겁니다.

그렇다면 이제 한국교회에서 믿음이라는 것은 뭐가 됩니까? 믿는 자에게는 능치 못한 것이 없다. 그러니까 믿으면 내게 힘이 생겨서 능치 못할 일이 없다? 만능의 능력이 내게로 들어왔어요? 그래서 그다음에 나도 병도 고치고, 교회도 부흥시키고, 나라도 회개시키고… 생각

이 이런 식으로 되었습니다. 그러니까 하나님 나라가 권능으로 임한다는 말씀은 사라지고, 하나님을 믿으면 내게 권능이 생겨서 내가 권능을 가지고, 못 할 일이 없다고 이렇게 되어버렸습니다.

여러분, 미안하지만 이건 거짓말 중의 거짓말이에요. 기독교인들 한 거 별로 없습니다. 하나하나 다 들어가 보세요. 또 자기가 했다는 놈은 다 거짓말이고…. 이다음에 꼭 기억하세요. 그저 하나님께서 이렇게 하게 해 주셔서 된 것이지, 내가 했다는 놈은 벌써 그것은 아집이 들어간 겁니다. 하나님의 제자가 아니고, 다시 말하자면 세속적인 속물이에요. 그래서 예수를 믿으라고 하는 사람부터도 솔직히 말하자면 속물이 많습니다. 왜냐하면 하나님이 믿게 한다는 것이 아니고 내가 믿어야 된다고 하면서 자꾸 내가 앞서요. 이렇게 되니까 교회가 전부 다 뭐가 되냐면 일종의 촌놈이 교회로 들어와 좀 강단에 서서 우쭐해서 떠드는 것이 되었지만, 이것이 진정한 기독교의 본정신이 아닙니다. 그렇게 되니까 기독교가 이상야릇한 것이 됩니다. 말할 때 자기의 그 과거는 잠재의식에다가 숨기거나 싹 가려놓고, 그다음에는 하나님 이름으로 갑자기 비약해 말하는 것입니다.

그래서 저도 옛날에 우리나라에 부흥이 어떻게 되고, 목사님들이 어떻게 설교하나 들어보았더니 설교를 세속화하면 교인들이 막 몰려듭니다. 어떤 사람은 설교를 참 재미있게 해요. 하나님을 믿느냐? 기도의 힘을 믿느냐? 하나님이 뭐든지 할 수 있는 것을 믿느냐? 그다음에 세속적인 것에 붙여요. 너희가 어떤 좋은 집을 지나갈 때 너의 맘이 어떻게 움직이냐? "가지고 싶으면, 그 집 앞에 서서 기도하라. 하나님이 너희에게 집을 줄 것이다." 그랬습니다. 그러니까 뭐 교우들이 이 사람 설교를 들으면 집도 새로 얻고, 그다음에 대통령 하려면 내가 대통령 되겠다고 기도하면 된다. 그렇게 하면 교우들이 늘어나고, 그다음에 헌금 좀 내라고 하면 다 갖다 바쳐요 (청중 웃음) 기도하면 다 생긴다니까. 아시겠어요? 참 잘해요. 그래서 아마 교회를 제일 큰 것을 가장 처음에 지은 사람일 것입니다. (청중 웃음) 그렇지만 이 9장의 주제가 무엇입니까? 잊지 마세요. 하나님의 나라가 권능으로 임하는 것인데, 이것이 뒤집혀서 내가 권능 가지고 세상에서 맘대로 할 수 있다고 이렇게 변했어요.

문법적으로 보아도 모든 것이 가능하다는 것을 믿는 자는 보게 되리라고 하신 말씀입니다. 그렇다면 이 말씀이 무슨 뜻입니까? 여기에 주체는 하나님이 되시고 하나님의 나라가 중심이 되어야 합니다. 왜냐하면 9장의 주제가 처음부터 하나님의 나라가 권능으로 임하는 것입니다. 여기에 권능, 즉 하나님의 나라의 모든 권능을 믿는 자에게 보여주리라는 말씀입니다. 내가 그 권능을 가지고 내가 원하는 대로 된다는 것이 아닙니다. 여러분, 저는 안수기도하는 것을 탓하지 않아요. 안수기도하세요. 단, 하나님의 나라와 권세와 영광을 위해서 하시란 말입니다. 안수기도가 틀린 거 아니에요. 그런데 지금은 아닙니다. 나는 병 고칠 수 있다. 왜? 내가 믿기 때문이다. 이렇게 되니까 믿음이 잘못되는 것입니다.

마가복음 9장은 먼저 테마를 주고, 하나는 예수에 관한 사건이고 또 하나는 어떻게 하나님의 권능이 이 악하고 믿음이 없는 세상에 나타나는 것인가를 그려 놓은 것입니다. 자, 이젠 이해되십니까? 앞뒤를 바로 보고 하나님의 말씀을 배우세요. 그래서 '판타 두나타'(πάντα δυνατὰ)란 말이 앞에 나왔습니다. 이것은 단지 모든 권능이란 말이 아니고 하나님이 하시는 이 모든 사역을 말씀하는 것입니다. 그다음에 나는 무엇이 되냐 하면 이렇게 되는 것을 볼 수 있게 되는 상태, 마치 제자들이 변화산상에서 하나님이 그 예수의 변화되는 모습을 그 제자들이 볼 수 있게 하신 것과 같이 볼 수 있는 사람이 된다는 것입니다. 여러분, 제자들이 믿음으로 기도해서 예수가 변화한 것이 아니에요. 제자가 산 위에 가서 예수 변화하게 해주시오 기도해서 예수가 산 위에서 변화한 것이 아닙니다. '메테모르포세'(μετεμορΦώθη), 이 말은 그 모습이 변하셨다는 것인데 결국 하나님께서 예수의 모습을 변화시키시는 그 권능을 제자들이 보게 되었다는 말이 됩니다.

그다음에 재미있는 말이 하나 있어요.

곧 그 아이의 아비가 소리를 질러 가로되 내가 믿나이다 나의 믿음 없는 것을 도와주소서 하더라(마가복음 9:24).

현대에서 이런 길을 가는 것을 아주 신학의 제일 전위적이고, 순수한 신앙이라고 믿어온 것이 바로 실존주의자들입니다. 키에르케고르(Kierkegaard)가 이런 말을 많이 사용했어요. 사람의 인간성은 갈대와도 같아서 믿으려고 하면 믿지 않게 되고, 믿지 않으려고 하면 믿게 된다는 것입니다. 두 갈래로 나뉘어 갈대처럼 흔들리고 있다는 거예요. 실존주의에서는 어떻게 해결합니까? 내 몸을 내던져라. 그래야 갈대 노릇하던 것이 행동으로 전달되어서 믿음의 세계로 들어간다고 해서 일종의 뛰어넘음(Leap)을 많이 주장했습니다. 뛰어넘어서 이리로 가느냐 저리로 가느냐의 문제에서 자기 몸을 던져 버리면 그때 믿음의 세계로 들어갈 수 있다는 겁니다. 근사해 보이지요? 그래서 현대의 사람들이 아주 매혹되어서 특히 세계대전 후에 이것이 진리의 근본인 줄 알고 신학계에서도 많이 사용했습니다. 그런데 이것의 틀이 틀립니다. 하나님의 말씀은 하나님의 말씀의 체계 안에서 해석이 되어 나와야 하는데 철학의 현대 실존주의의 철학으로 전이해 갔습니다. 그래서 이대로 믿어야 된다고 하고, 하나님을 믿을 때 벼랑에서 뛰어내리듯이 던져야 한다고 했습니다. 신학의 세계에서도 그렇게 되어야 된다는 것을 주장해 왔는데, 결단해서 던진다면 벼랑에서 뛰어내려서 머리가 깨지고 다리가 부러져요. (청중 웃음) 여러분, 성전 위에서 떨어지나 벼랑 위에서 떨어지나 그 마귀 시험은 같습니다. 여기에 있어서 내가 던지는 것에서 하나님의 기적이 나오는 것이 아닙니다. 하나님이 그 나라의 권능을 나타내시는 일을 믿음으로 보게 되리라고 하셨지, 내가 몸을 던지면 하나님의 나라가 내려온다고는 생각하지 마세요

저는 실존주의에서 하나는 좋다고 해요. 사람이 위기 상황에 들어갈 때에 정말 이것인지 저것인지가 너무 급박하게 양편에서 조여오기 때문에 그 심정에 대한 해석은 아주 좋아요. 그러니까 전쟁과 재난과 이 모든 것이 겹쳐올 때 이런 심정이 아주 절박하게 우리에게 생깁니다. 저는 이런 것을 왜 잘 기억하냐 하면 해방 후에 한국에서 또 6.25전쟁이 발발했습니다. 제가 그때에 미국에 있었어요. 그런데 그 마음에 그 긴박함과 갈등이 있어서 여름에 다른 대학에 가서 실존주의 공부를 좀 했지요. 그래서 실존주의의 책을 많이 읽었는데 실존주의 자체가 긴박감에 있는 상황은 잘 그렸어요. 예를 들자면 이거냐 저거냐 할 때 공산주의로 가느냐 자본주의로 가느냐, 이거 가지고 싸우고 그러다가 우리의 동족 싸움이 그렇게 터진 것 아닙니까? 그 심정은 충분히 잘 알겠어요. 그래서 그때에도 실존주의에 아주 동감을 했어요. 그거,

참 근사하다. 어떻게 하면 되냐? 뛰어내리면 된다. 눈 꼭 감고, 믿음으로 뛰어내리면 해결된다. 그렇게 해서 저도 조금 그렇게 해보려고 그럴 때도 있었습니다. 그러니까 긴박한 상황을 잘 묘사하고 거기에서 어떤 윤리를 가져야 되느냐 하는 문제 하나에 대해서는 이것이 하나의 좋은 해결 방법이지만, 신앙에 대해서는 이것이 빗나간 적용입니다. 그러니까 분간해서 보세요. 그 시대와 그 어려움에 처한 심정은 잘 묘사했고, 적절해요. 그러나 이 말씀은 2000년 전에 나온 것인데, 후대의 철학을 가져다가 설명하면 잘못하다가는 성경의 목을 잘라 그 위에 다른 것을 올려놓고 제사드리는 것이 되고 말아요. 그래서 이런 것은 하지 마세요. 이거 실존주의가 틀렸다는 것이 아닙니다. 실존주의에다가 성경의 말씀을 잘라서 붙이는 것은 적합하지 않다는 그겁니다.

이와 같은 상황이 요한복음 9장에 나옵니다. 어느 분이 요한복음 9장을 읽어주세요.

예수께서 길 가실 때에 날 때부터 소경된 사람을 보신지라. 제자들이 물어 가로되 랍비여 이 사람이 소경으로 난 것이 뉘 죄로 인함이오니이까 자기오니이까 그 부모오니이까(요한복음 9:1-2).

미안하지만 이거냐 저거냐 그렇게 갖다가 붙여 놓은 문제입니다. 그래서 부모의 죄냐 아니면 이 사람의 죄냐?

예수께서 대답하시되 이 사람이나 그 부모가 죄를 범한 것이 아니라 그에게는 하나님의 하시는 일을 나타내고자 하심이니라(요한복음 9:3).

자, 보세요. 하나님께서 하시는 일을 나타내고자 한다는 것입니다. 그래서 예수께서 다시 기적을 행하지 않습니까? 그러니까 예수께서 하나님의 하시는 일을 나타낸 것입니다. 여기에서 용어는 '에르가 투 테우'(ἔργα τοῦ θεοῦ)인데, 이것은 하나님의 행동이란 말씀입니다. 마가복음에서는 하나님의 권능으로 나왔고, 요한복음에서는 하나님의 행동으로 나온 것입니다. 표면의 이야기에서 내면의 이야기로 보자면 하나님의 역사하심, 그 하나님의 역사하심을 보게 하기 위해서 이 사람이 이렇게 되었다는 것입니다. 마가복음 9장 1절에서와 같이 그 테마를 제대로 잡으세요. '하나님의 나라가 권능으로 임하시는 것'이라는 테마와 같이 여기 요한복음 9장에 있어서는 '하나님의 하시는 일을 나타내고자 한다'는 테마입니다.

> 때가 아직 낮이매 나를 보내신 이의 일을 우리가 하여야 하리라 밤이 오리니 그때는 아무도 일할 수 없느니라. 내가 세상에 있는 동안에는 세상의 빛이로라. 이 말씀을 하시고 땅에 침을 뱉아 진흙을 이겨 그의 눈에 바르시고 이르시되 실로암 못에 가서 씻으라 하시니 (실로암은 번역하면 보냄을 받았다는 뜻이라) 이에 가서 씻고 밝은 눈으로 왔더라. 이웃 사람들과 및 전에 저가 걸인인 것을 보았던 사람들이 가로되 이는 앉아서 구걸하던 자가 아니냐 혹은 그 사람이라 하며 혹은 아니라 그와 비슷하다 하거늘 제 말은 내가 그로라 하니 저희가 묻되 그러면 네 눈이 어떻게 떠졌느냐? 대답하되 예수라 하는 그 사람이 진흙을 이겨 내 눈에 바르고 나더러 실로암에 가서 씻으라 하기에 가서 씻었더니 보게 되었노라(요한복음 9:4-11).

여기까지가 첫째 단락입니다. 예수께서 하나님의 나라의 권능을 나타내시고, 하나님의 하시는 일을 드러내는 것입니다. 예수께서 십자가에 달리기 전에, 그 시간 안에서 자신이 해야 할 일을 이렇게 하시는 것입니다.

그다음의 내용은 요즈음 청문회들 많이 하는데, 일종의 청문회 장면이 나옵니다. 여러분, 요새 청문회 아무리 떠들어도 여기에서 떠드는 만큼 법적 절차를 가지고 율법에 의해서 빈틈없이 진행하는 것만큼 못해요. (청중 웃음) 여기에 참 재미있게 나와요.

> 저희가 전에 소경 되었던 사람을 데리고 바리새인들에게 갔더라. 예수께서 진흙을 이겨 눈을 뜨게 하신 날은 안식일이라. 그러므로 바리새인들도 그 어떻게 보게 된 것을 물으니 가로되 그 사람이 진흙을 내 눈에 바르매 내가 씻고 보니이다 하니, 바리새인 중에 혹은 말하되 이 사람이 안식일을 지키지 아니하니 하나님께로서 온 자가 아니라 하며 혹은 말하되 죄인으로서 어떻게 이러한 표적을 행하겠느냐 하여 피차 쟁론이 되었더니 이에 소경 되었던 자에게 다시 묻되 그 사람이 네 눈을 뜨게 하였으니 너는 그를 어떠한 사람이라 하느냐 대답하되 선지자니이다 한대 유대인들이 저가 소경으로 있다가 보게 된 것을 믿지 아니하고 그 부모를 불러 묻되, 이는 너희 말에 소경으로 났다 하는 너의 아들이냐 그러면 지금은 어떻게 되어 보느냐. 그 부모가 대답하여 가로되 이가 우리 아들인 것과 소경으로 난 것을 아나이다(요한복음 9:13-20).

이제 초벌 심사하는 것입니다. 바리새인과 그때의 율법주의자들

모이는 곳에 끌고 가서 안식일에 눈을 고치면 어떻게 되느냐? 우리는 지난번에 안식일의 의미에 관하여 공부했기 때문에 반복하지는 않겠어요. 천지인의 조화가 하나님의 뜻인데, 우리가 하나님의 아들이 되어서, 즉 상속자가 되어서 그 조화의 일을 하라는 것이 안식일 계명입니다. 그런데 율법주의자들은 뭐 하지 말라는 것으로 강조해서 침 뱉고 땅에 손가락을 움직이는 것, 이런 것들은 다 일한 것이라고 주장해요. 그래서 이제 청문회 당하는 거예요. 청문회 하면서 고소하는 것입니다.

> 그 부모가 대답하여 가로되 이가 우리 아들인 것과 소경으로 난 것을 아나이다. 그러나 지금 어떻게 되어 보는지 또는 누가 그 눈을 뜨게 하였는지 우리는 알지 못하나이다 저에게 물어보시오 저가 장성하였으니 자기 일을 말하리이다. 그 부모가 이렇게 말한 것은 이미 유대인들이 누구든지 예수를 그리스도로 시인하는 자가 출교하기로 결의하였으므로 저희를 무서워함이러라. 이러므로 그 부모가 말하기를 저가 장성하였으니 저에게 물어보시오 하였더라. 이에 저희가 소경 되었던 사람을 두 번째 불러 이르되 너는 영광을 하나님께 돌리라 우리는 저 사람이 죄인인 줄 아노라 (요한복음 9:20-24).

이것은 그 부모한테도 연결시켜서 청문하려고 하니까 부모는 살짝 피하는 거예요. 그러니까 저는 아는 것 같은데 모르겠습니다. 저 사람한테 다시 물으시오. 이랬단 말입니다. 요새 청문회 가도 다 그렇지 않아요? (청중 웃음) 뭐 신문 볼 필요도 없어요. (청중 웃음)

이에 저희가 소경 되었던 사람을 두 번째 불러 이르되 너는 영광을 하나님께 돌리라 우리는 저 사람이 죄인인 줄 아노라. 대답하되 그가 죄인인지 내가 알지 못하나 한 가지 아는 것은 내가 소경으로 있다가 지금 보는 그것이니이다. 저희가 가로되 그 사람이 네게 무엇을 하였느냐 어떻게 네 눈을 뜨게 하였느냐. 대답하되 내가 이미 일렀어도 듣지 아니하고 어찌하여 다시 듣고자 하나이까 당신들도 그 제자가 되려 하나이까. 저희가 욕하여 가로되 너는 그의 제자나 우리는 모세의 제자라(요한복음 9:24-28).

이미 다 말했는데 이제 다시 잡아와서 또 무엇을 이야기해 보라고 하니까 이 사람이 왜 자꾸 나보고 이야기하라고 하느냐 항의하는 겁니다. 그러면서 이 사람이 당신도 예수의 제자가 되려고 물어보는 것이냐고 오히려 거꾸로 물어봅니다. 참 재미있게 됩니다.

하나님이 모세에게는 말씀하신 줄을 우리가 알거니와 이 사람은 어디서 왔는지 알지 못하노라. 그 사람이 대답하여 가로되 이상하다 이 사람이 내 눈을 뜨게 하였으되 당신들이 그가 어디서 왔는지 알지 못하는도다. 하나님이 죄인을 듣지 아니하시고 경건하여 그의 뜻대로 행하는 자는 들이시는 줄을 우리가 아나이다. 창세 이후로 소경으로 난 자의 눈을 뜨게 하였다 함을 듣지 못하였으니 이 사람이 하나님께로부터 오지 아니하였으면 아무 일도 할 수 없으리이다. 저희가 대답하여 가로되 네가 온전히 죄 가운데서 나서 우리를 가르치느냐 하고 이에 쫓아내어 보내니라(요한복음 9:29-34).

이제는 아시겠지요? 누구라 생각하냐고 물으니까 소경의 대답이 선지자라고 생각했다는 것입니다. 그러니까 오히려 정통인 바리새인을 가르치려고 하냐고 막 화를 내며 쫓아버리는 장면입니다.

> 예수께서 저희가 그 사람을 쫓아냈다 하는 말을 들으셨더니 그를 만나사 가라사대 네가 인자를 믿느냐. 대답하여 가로되 주여 그가 누구시오니이까 내가 믿고자 하나이다. 예수께서 가라사대 네가 그를 보았거니와 지금 너와 말하는 자가 그이니라. 가로되 주여 내가 믿나이다 하고 절하는지라. 예수께서 가라사대 내가 심판하러 이 세상에 왔으니 보지 못하는 자들은 보게 하고 보는 자들은 소경되게 하려 함이라 하시니, 바리새인 중에 예수와 함께 있던 자들이 이 말씀을 듣고 가로되 우리고 소경인가 예수께서 가라사대 너희가 소경 되었더면 죄가 없으려니와 본다고 하니 너희 죄가 그저 있느니라(요한복음 9:36-41).

그래서 여러분, 이다음에 말싸움하지 마세요. 말싸움 시작하면 저기서 시작해서 말이 꼬리에 꼬리를 물고 가다가 나중에는 맨 처음에 제기했던 이슈가 완전히 없어져요. 설교도 괜히 말을 많이 하지 맙시다. 왜냐하면 말을 많이 하기 시작하면 누구의 말을 들어서 또 누구의 말로 옮겨 누구의 말이 이렇게 되어서…, 이렇게 진행되니까 결국 성경 말씀의 본뜻하고는 멀어지는 수가 많습니다.

여기에서 조심하여야 할 것은 '에르가 투 테우'(ἔργα τοῦ θεοῦ), 하나님의 역사, 하나님의 하시는 일, 이것입니다. 그렇게 말하면 여러분이 기적을 이야기해도 문제가 없어요. 단, 하나님의 나라의 권능이 나타나는 것으로 하세요. 당신의 믿음이 한 것이 아닙니다. 그동안 우리가 말하는 믿음이란 것이 하나님의 이름을 빌려서 내가 힘을 얻겠다고 하니까 결국은 의존하는 것이 돼요. 기독교인들 참 이상합니다. 그래서 일하는 것이 없어요. 전부 다 기댑니다. 기독교 윤리 암만 떠들어도 다 기대는 겁니다. 하나님께 등을 착 대고 기대서 그래서 요새 못된 말로 표현하면 하나님이 나의 후원자가 되어서 내가 힘을 쓴다고 하는 겁니다. 믿음이 이렇게 되어 버렸어요. 믿음이라는 것을 통해 하나님이 내 후원자가 되었다고 그렇게 설명이 되고 있었습니다. 그러나 그것은 사람으로 하여금 인간성도 파괴하고 신앙도 파괴하는 길로 가는 겁니다. 성경에서 말하는 본의와도 거리가 먼 것입니다.

여러분, 구약의 전도서에 천하의 모든 일은 헛되다는 말씀이 나오는데 그것이 무슨 뜻입니까? 그 말이 옳아요? 하나님의 말씀이니까 세상의 일은 다 헛된 겁니까? 그런데 헛되다고 하면서 왜 자기는 떠들어요? 떠드는 것도 다 헛돼야지. (청중 웃음) 이거 참 재미있는 사례예요. 자기가 떠는 것은 헛된 것의 바깥이고 또 모든 것이 헛되고 헛되다라는 것은 진리이다? 그게 어떻게 말이 됩니까? 진리란 것을 만약에 이야기했다면 다 보편성을 지녀야 하는 것 아닙니까?

그래서 이런 표현이 성경의 본의가 아닙니다. 그 말이 '하벨 하바림'(הֶבֶל הֲבָלִים)이에요. 히브리어로는 호흡을 들이쉬었다가 내쉰다는 말입니다. 숨을 들이쉴 때도, 내쉴 때도 하나님을 생각하는 겁니다. 하나님 앞에서 들이쉬고 내쉬는 거예요. 그런데 '킹 제임스' 번역은 '엘리자베스'(Elizabeth) 시대와 관련이 되는데 그때가 우리나라로 하면 갑자기 돈 벌어서 졸부가 막 생긴 시기였습니다. 그래서 그때 몸에다가 치장을 대단히 하고, 여러분, 이다음에 '엘리자베스'(Elizabeth) 여왕 시대의 초상화를 보시면 그 복식이 대단합니다. 그래서 그 시기에 번역이 "Vanity of Vanities"라고 했습니다. Vanity라고 하면 무슨 말입니까? 킹 제임스 번역에서는 Vanity of Vanities로 번역했어요. 본래 구약의 말은 호흡을 내쉬고 들이쉰다는 것인데, 어떻게 또 갑자기 변해서 Vanity로 변했어요. 이게 그 번역하던 때의 상황이 그래서 그렇게 되었어요. 그런데 이것이 한국에 와서 번역할 때는 나라가 망하게 되었을 때입니다. 그러니까 Vanity라는 말은 그래도 좀 뭐가 있을 때 교만해서 이렇게 부유하게 노는 것인데, 우리 망국의 상황에서 보니까 이게 '헛되다'라고 번역이 되었어요. 그래서 호흡이라는 말이 '허영되다'라는 말에서 다시 헛되다는 말로 막 변해요.

그러나 본래 성경의 말씀은 하나이지요. 그만 번역이 이렇게 시대를 바꾸어 나오는데, 이런 점을 늘 주의하세요. 성경 볼 때는 성경 그 시대에서 말과 기사들을 따라 하세요. 같이 어울려서 표현이 나오니까 성경을 성경의 말씀대로 해석하려고 할 때 우리의 부질없는 염려와 그 헛된 것들을 많이 버릴 수가 있어요.

오늘은 믿음에 대한 말씀입니다. 믿음은 우리가 하나님을 믿기 때문에 내가 하나님에게 기대어서 뭐든지 일을 할 수 있다는 것이 아닙니다. 우리가 믿을 때 하나님의 나라가 권능으로 임하는 것이 우리의 눈앞에 보이는 것입니다. 그래서 우리는 늘 하나님께 영광을 돌려야 합니다. 자 우리 또 함께 주님께서 가르치신 대로 기도합시다.

하늘에 계신 우리 아버지여,
이름이 거룩히 여김을 받으시오며,
나라가 임하옵시며

뜻이 하늘에서 이룬 것 같이 땅에서도 이루어지이다.

오늘날 우리에게 일용할 양식을 주옵시고,

우리가 우리에게 죄지은 자를 사하여 준 것 같이

우리 죄를 사하여 주옵시고,

우리를 시험에 들게 하지 마옵시고,

다만 악에서 구하옵소서.

나라와 권세와 영광이 아버지께 영원히 있사옵나이다.

아멘.

(2002년 8월 29일 연세대학교)

제9강

소망

또 내가 새 하늘과 새 땅을 보니 처음 하늘과 처음 땅이 없어졌고 바다도 다시 있지 않더라. 또 내가 보매 거룩한 성 새 예루살렘이 하나님께로부터 하늘에서 내려오니 그 예비한 것이 신부가 남편을 위하여 단장한 것 같더라. 내가 들으니 보좌에서 큰 음성이 나서 가로되 보라 하나님의 장막이 사람들과 함께 있으매 하나님이 저희와 함께 거하시리니 저희는 하나님의 백성이 되고 하나님은 친히 저희와 함께 계셔서 모든 눈물을 그 눈에서 씻기시매 다시 사망이 없고 애통하는 것이나 곡하는 것이나 아픈 것이 다시 있지 아니하리니 처음 것들이 다 지나갔음이러라. 보좌에 앉으신 이가 가라사대 보라 내가 만물을 새롭게 하노라 하시고 또 가라사대 이 말은 신실하고 참되니 기록하라 하시고 또 내게 말씀하시되 이루었도다. 나는 알파와 오메가요 처음과 나중이라. 내가 생명수 샘물로 목마른 자에게 값없이 주리니, 이기는 자는 이것들을 유업으로 얻으리라. 나는 저의 하나님이 되고 그는 내 아들이 되리라. 그러나 두려워하는 자들과 믿지 아니하는 자들과 흉악한 자들과 살인자들과 행음자들과 술객들과 우상 숭배자들과 모든 거짓말하는 자들은 불과 유황으로 타는 못에 참여하리니 이것이 둘째 사망이라(요한계시록 21:1-8).

우리가 전반부에서는 전체 성경을 어떻게 해석해야 하느냐는 문제를 다루었고, 그다음에는 구체적으로 믿음, 소망, 사랑에 있어서 믿음과 사랑은 이미 설명했고, 오늘은 소망을 가지고 말씀드리려고 합니다. 소망이라는 글자가 그리스어로는 '엘피스'(ελπίς)라고 그랬는데 우리말로는 소망이라고 번역했습니다. 우리말로 소망이라고 하면 자꾸 기대하는 것이 많아요. 그것이 뭐 틀린 것은 아니지만 여러분, 기대한다는 말의 기본이 어디에 있겠어요? 또 무엇을 기대하십니까? 아직도 내가 있고, 아집이 있고, 불교 말로 하면 또 색계가 있어서 자꾸 내가 필요한 것을 갖다가 붙이게 됩니다. 그거 다 제거하고, 기대와 소망이라는 것을 정확하게 이야기하면 뭐가 됩니까? 예를 들자면 사람들이 자기가 이걸 하면 저것이 나오겠다고 생각하지 않습니까? 이것을 했다고 해서 저런 것을 기대하고 있다는 식이 되는데, 이 문제를 더 깊이 들어가 보면 바로 시간의 문제입니다. 원인과 결과(Causality)를 연접시키는 겁니다. 그러니까 여러분이 상대에게 소망이 무엇이냐고 물으면 어떤 사람은 자기의 소망은 성적이 좋아지는 것이라고 대답합니다. 그러나 그런 것으로 소망을 이야기하지 마세요. 먼저 이런 것을 풀이하려면 그 바탕으로 들어가서 전체 월의 시간에 관한 것, 다시 말하자면, 역사가 어떻게 되어 있는가를 살펴야 합니다. 그래서 소망을 해석할 때 너무 좁게 개념을 갖지 마세요. 이것이 성경 안에서는 아주 기본까지 다 연결되어 있습니다. 그러면 이 기본까지 다 연속된 역사 문제에 대해서 지난 역사도 문제지만 앞으로 될 것을 어떻게 설명하겠다는 것이 바로 희망의 바탕입니다.

알파와 오메가라는 말은 역사의 과거는 어떻게 되어 있고, 미래는 어디로 가겠느냐의 문제, 즉 그 바탕은 바로 역사의 문제입니다. 그래서 성경에서는 역사를 설명하면서 이 소망을 이야기하고 있는 것입니다. 단순하게 내 소망은 천국 가는 것이다. 이것은 기독교에서 근본적으로 이야기하는 것이 아닙니다. 그래도 이것을 조금 전문화해서 역사가 어떻게 되겠는가를 성서 안에서 찾자면 지금 구약에는 예언서로 나온 것이 있고, 신약에서는 묵시록으로 나온 것이 있습니다. 그래서 이 둘을 합쳐서 소망의 바탕과 소망의 한도와 소망이 어떻게 되었는가를 정확하게 추적하려고 합니다.

오늘 예언서부터 다 찾아서 내려올 수는 없고, 묵시록을 가지고 이야기하겠습니다. 여러분 묵시록을 이야기하자면 이것이 하나의 책인데 이 책을 이해하기 위해서 단위를 어디에 두어야 하겠습니까? 자연히 구약의 예언서를 전제해야 하고, 예언서보다 더 올라가서 창조까지 올라가야 됩니다. 묵시록의 이야기를 내일, 모레 될 일, 말세에 될 일이라고만 한다면 그것은 성경의 본의와는 다른 것입니다. 묵시록 이야기의 바탕은 창세기까지 올라가서 창조의 사건 그다음에 또 출애굽의 구원 사건과 그 이후의 연속되는 사건에 있습니다.

여러분이 이다음에 역사를 공부할 때 제일 중요한 것은 먼저 역사를 쓴 사람의 인지구조가 어떻게 되어 있는지를 분명히 알아야 합니다. 우리가 지금 묵시록을 읽을 때 다시 말하자면 기독교 신앙에 바탕을 둔 소망을 이야기할 때 하나의 책을 보면서 준비하겠지만, 그 인지구조는 전체 성경에다 두고 봐야 된다는 말씀입니다. 오늘 사실은 성경의 묵시록을 다 읽어야 하는데 지금 이 문제를 어떻게 풀이하고 있는 것을 1장부터 한번 봅시다.

예수 그리스도의 계시라. 이는 하나님이 그에게 주사 반드시 속히 될 일을 그 종들에게 보이시려고 그 천사를 그 종 요한에게 보내어 지시하신 것이다(요한계시록 1:1).

지금 곧 되리라고 했는데, 지금 요한이 가신 지가 2,000년이 다 되었어요. 그렇다고 뭐 변론할 때 천년이 하루 같다고 변론하면 묵시록을 제대로 해석하기는 다 틀린 겁니다. 하나님이 이 역사를 어떻게 운영하시느냐 그걸 설명해야 합니다. 나온 글자를 좁게 잡아서 흔들어 놓으려면 말하기는 쉬운데, 그런 것은 하지 마세요. 그건 다 머리 아픈 일들이에요.

요한은 하나님의 말씀과 예수 그리스도의 증거 곧 자기의 본 것을 다 증거하였느니라. 이 예언의 말씀을 읽는 자와 듣는 자들과 그 가운데 기록한 것을 지키는 자들이 복이 있나니 때가 가까움이라. 요한은 아시아에 있는 일곱 교회에 편지하노니 이제도 계시고 전에도 계시고 장차 오실 이와 그 보좌 앞에 일곱 영과 또 충성된 증인으로 죽은 자들 가운데서 먼저 나시고 땅의 임금들의 머리가 되신 예수 그리스도로 말미암아 은혜와 평강이 너희에게 있기를 원하노라. 우리를 사랑하사 그의 피로 우리 죄에서 우리를 해방하시고 그 아버지 하나님을 위하여 우리를 나라와 제사장으로 삼으신 그에게 영광과 능력이 세세토록 있기를 원하노라 아멘(요한계시록 1:2-6).

여기에서 **이제도 계시고 전에도 계시고 장차 오실** 그리스도라고 하면 한 줄로 간단하지 않냐고 생각하실지도 모르겠는데 그렇지 않습니다. 조심하세요. 요한묵시록에서 마귀를 이야기할 때 여기에 쓰는 사람이 머리가 어떻게 되었나를 봐야 합니다. 제가 왜 이것을 이야기하냐 하면 여러분, 이것을 읽을 때 귀로 그냥 넘기지 마세요. 지금 문제는 요한의 인지구조가 어떻게 되었는지 파악해서 성경의 전체 이야기와 틀을 맞춰서 이야기하려 하는 것입니다.

요한은 지금 셋을 이야기합니다. 우리는 역사를 다루면서 고려사라고 하면 고려의 시작과 종말로, 이렇게 설정하면 되는데 여기에서 하나 조심하세요. 우리가 그 전에 성경을 해석할 때 재미있게 이야기 했지요? 어머니가 아이에게 자장가를 불러주는데 자기의 어머니가 부르던 자장가를 하니까 결국 삼층이 됩니다. 그거 잊지 마세요. 여기 묵시록에도 지금 상층으로 나옵니다. 묵시록 읽을 때 제일 어려운 것이 이 삼층을 분간하지 못하는 것입니다. 조심해야 합니다. 그래서 요한이 마귀를 묘사하면서도 예전에 있었고, 지금은 없고, 앞으로는 있을 것으로 서술합니다.

그래서 시간의 축으로 한 층, 두 층, 세 층 이렇게 보면 역사가 되고, 동시에 다른 축으로 보면 우리 신앙의 층계가 돼요. 그런데 이분은 지금 역사를 다룹니다. 그래서 할머니의 자장가, 어머니의 자장가 그리고 듣는 아이, 그래서 삼대가 있는 것과 같습니다. 그리고 이것을 다른 축에서 한눈에 보면 우리의 신앙이 돼요. 그래서 소망을 해석할 때는 시간을 축으로 놓아야 합니다. 그러니까 이 셋을 여러분이 잊지 말고 마음에서 분간하세요. 보통 사람들이 이것을 혼동해요. 그래서 이런 것이 다 같은 것인 줄 알아요. 그런데 이걸 분간을 하면 후에 알기가 쉽습니다.

아시아의 일곱 교회에 편지를 보냈다고 했는데, 일곱 교회라는 말은 뭡니까? 일곱 교회는 전부 소아시아에 있어요. 소아시아는 조그마한 지역입니다. 여기서 이분이 숫자를 사용하는데, 묵시록에는 숫자가 여러 가지가 나와요. 그때 여러분 겁내지 마세요.

우선 하나가 7이에요. 완벽한 숫자가 7입니다. 그래서 7일에 하나님이 천지를 다 지으셨다고 하고, 일곱 교회라고 하면 온 천하의 모든 교회를 다 포함한 겁니다. 우리 동양에서는 3이 전부예요. 하나, 둘 그리고 마지막의 셋은 많다는 것으로 되어 있어요. 이다음에 사람 인(人)을 하나 쓰면 사람이에요. 사람 하나를 또 하나 옆에 쓰면 따른다는 겁니다. 사람 셋을 다 쓰면 중(衆)이 됩니다. 대중이라는 말 아시지요? 그다음에는 표현하는 수가 없어요. 그래서 삼천리강산이라고 할 때 삼천리라는 것이 아니라 전체라는 말입니다. 또 9층천은 뭡니까? 셋의 셋(3×3)이 아닙니까? 그 이상은 또 없습니다. 여러분이 표현을 잘 봐야 돼요. 일곱 교회에 보냈다고 하는데 사실 비행기 타고 가면 소아시아는 반 시간도 안 걸려 다 지나요. 이거 미안하지만, 그 말씀이 그 지역의 일곱이 아닙니다. 7을 잊지 마세요. 전체라는 말입니다.

그다음 7의 반은 뭐가 돼요? 그게 바로 이 묵시록이 쓰고 있는 한 해와 두 해와 세 해의 반 또 이걸 날짜로 하면 1,260일, 이거 다 같은 겁니다. 그래서 7을 놓고 그다음 반을 설정합니다. 만일 7을 갖다가 둘로 반을 가르면 한쪽은 뭐가 돼요? 그것이 바로 알파입니다. 다른 쪽은 또 오메가가 되지요. 그다음에 이제 12가 나와요. 이것은 셋(3)하고 넷(4)을 곱한 겁니다. 또 144가 나오면 열둘에 열둘을 곱한 거예요 (12×12). 그래서 이런 식으로 숫자가 나오니까 주의하세요. 자, 요한이 쓰는 용어로는 7이 뭐냐 하면 전체 숫자입니다. 그러니까 모든 교회에 보낸다는 겁니다.

이 일 후에 내가 보니 하늘에 열린 문이 있는데 내가 들은 바 처음에 내게 말하던 나팔소리 같은 그 음성이 가로되 이리로 올라오라. 이후에 마땅히 될 일을 내가 네게 보이리라 하시더라. 내가 곧 성령에 감동하였나니, 보

라 하늘에 보좌를 베풀었고 그 보좌 위에 앉으신 이가 있는데, 앉으신 이
의 모양이 벽옥과 홍보석 같고 또 무지개가 있어 보좌에 둘렸는데, 그 모
양이 녹보석 같더라…(요한계시록 4:1-3).

여러분, 형용하는 말은 너무 신경 쓰지 마세요. 이분이 하늘 말은
한다고 하지만 너무 형용을 많이 해요. 그건 왜 그런가 하니 감격을 느
껴서 하는 이야기니까 그래요. 우리 지금 배우는 사람도 감격은 가져
야 하지만 사실 먼저 본 다음에야 감격이 생기지 보지도 못하고 글자
읽기 시작하는데 어떻게 감격이 옵니까? (청중 웃음)

뒤에 일어날 일이란 말씀이 나옵니다. 자 이 구성이 어떻게 되어
있는지를 보세요. (1) 하늘에 보좌가 있고, (2) 그다음에 성령에 사로
잡혀, (3) 뒤에 일어날 일을 쓰겠다. 그렇게 되어 있어요. 그래서 이 묵
시록이라는 것의 틀은 하늘 보좌 앞에서, 하나님의 모든 뜻을 성령의
감화로 받아서, 앞으로 올 일에 관한 것을 쓰겠다고 이렇게 되어 있습
니다. 구조가 아주 깨끗이 되어 있어요. 그러니까 이런 것을 전제하고
보는 것이 중요합니다.

내가 보매 보좌에 앉으신 이의 오른손에 책이 있으니 안팎으로 쓰고 일곱
인으로 봉하였더라. 또 보매 힘 있는 천사가 큰 음성으로 외치기를 누가
책을 펴며 그 인을 떼기에 합당하냐 하니 하늘 위에나 땅 위에나 땅 아래
에 능히 책을 펴거나 보거나 할 이가 없더라. 이 책을 펴거나 보거나 하기
에 합당한 자가 보이지 않기로 내가 크게 울었더니 장로 중에 하나가 내
게 말하되 울지 말라. 유대 지파의 사자 다윗의 뿌리가 이기었으니 이 책
과 그 일곱 인을 떼시리라 하더라… 어린 양이 나아와서 보좌에 앉으신

이의 오른손에서 책을 취하시니라. 책을 취하시매 네 생물과 이십사 장로
들이 어린 양 앞에 엎드려 각각 거문고와 향이 가득한 금 대접을 가졌으
니 이 향은 성도의 기도들이라. 새 노래를 노래하여 가로되, 책을 가지고
그 인봉을 떼기에 합당하시도다. 일찍 죽임을 당하사 각 족속과 방언과
백성과 나라 가운데서 사람들을 피로 사서 하나님께 드리시고, 저희로 우
리 하나님 앞에서 나라와 제사장을 삼으셨으니 저희가 땅에서 왕 노릇하
리로다 하더라(요한계시록 5:1-10).

지금 두루마리에 일곱 인이 봉해져 있어요. 그것을 어린양이 풀어
서 설명해 주겠다고 되어 있어요. 여러분 이거 무슨 말이요? 이거 묵시
록 잘못 읽었다가는 신비하고 황홀해서 자기가 먼저 넘어집니다. 여
러분 그렇게 하면 하나님의 말씀이 귀에 안 들려요. 왜냐하면 너무도
자기 생각이 꽉 차면 이 묵시록 쓴 사람의 머리가 어떻게 되어 있는가
가 없어집니다. 자기가 무엇이라고 설명해서 들어가다가는 묵시록 첫
장 들어가다가 혼동하게 돼요. 여기 어린양이 두루마리를 일곱 인으
로 봉한 것을 풀이해 주겠다는 말이 뭡니까? 비밀문서예요? 그러니까
사람들이 묵시록 공부할 때 떨어요. (청중 웃음)

여러분, 이 전체 이야기가 어떤 배경에 놓고 있다고 이야기해 드리
지 않았습니까? 구약의 처음부터 다 들어 있어요. 여러분, 이 두루마리
라는 것이 비밀문서가 아닙니다. 여러분, 유대교 회당에 가 보면 그 사
람들은 손으로 쓴 '토라'(Torah), 즉 구약성경을 읽는데 그것이 두루마
리로 되어 있어요. 그래서 읽을 때 이렇게 옆으로 풀면서 읽는데, 그렇
게 하면 두루마리가 이쪽으로는 감기고 저쪽으로는 풀려요. 다 읽은
다음에는 또 끈으로 맵니다. 이런 두루마리가 일곱 인으로 봉해졌다

는 겁니다. 그렇다면 이것이 요한의 말로는 무슨 말이겠습니까? 구약이 기록되어 있는데, 우리의 눈이 봉해져 있어서 귀로도 알아듣지 못하고 눈으로도 모르고 있다는 말입니다. 그다음에 어린양이 이것을 풀이해 주겠다는 것이니까 새로운 예수의 입장, 새로운 복음의 입장에서 구약을 풀어주겠다는 말입니다. 이제 아시겠어요? 여기서부터 여러분 조심하세요. 이 두루마리가 비밀리에 따로 있고, 거기에 인을 '탕탕탕' 해서 이거 떼지 못하게 되어 있다고 그렇게 상상하지 마세요. 구체적으로 성경대로 생각하세요. 두루마리의 일곱 봉인은 보통 사람은 못 푼다는 겁니다. 그래서 어린양이 풀어서 풀이해 주겠다는 거예요.

그리고 또 조심하세요. 어린양이 풀이하는데 단계를 또 셋으로 했습니다. 여러분 성경 역사를 다시 다 공부하세요. 두루마리 안에 뭐가 들어 있어요? 구약성서 안에서 앞으로 될 일이 뭐가 있어요? 여러분 다 알지만, 그거 뭐예요? 예언서 아닙니까? 그래서 이 요한묵시록의 절차가 처음에는 전체 구약성경을 가지고 이야기해요. 그다음에는 예언서로 들어가요. 그다음에 구약에서 핵심으로 나온 게 또 뭐예요? 이것 아주 잘 썼어요. 그래서 이런 것을 볼 때 삼단으로 착착 들어가는 것을 보면 '야, 이거 보통 머리 아니다' 이렇게 감탄이 나오는데 여러분, 미안하지만 여러분 머리는 이단밖에 안 됩니다. (청중 웃음) 삼단도 제가 말한 것 아닙니다. 성경에서 그렇게 말하는 거예요. 그래서 삼단, 셋째 단은 무엇으로 나오겠어요? 이거 보면 너무 즐거워요.

일곱째 천사가 나팔을 불매, 하늘에 큰 음성이 나서 가로되 세상 나라가 우리 주와 그 그리스도의 나라가 되어 그가 세세토록 왕 노릇하시리로다 하니, 하나님 앞에 자기 보좌에 앉은 이십사 장로들이 엎드려 얼굴을 대고 하나님께 경배하여 가로되, 감사하옵나니 옛적에도 계셨고 시방도 계신 주 하나님 곧 전능하신 이여 친히 큰 권능을 잡으시고 왕 노릇하시도다. 이방들이 분노하매 주의 진노가 임하여 죽은 자를 심판하시며 종 선지자들과 성도들과 또 무론 대소하고 주의 이름을 경외하는 자들에게 상주시며 또 땅을 망하게 하는 자들을 멸망시키실 때로소이다 하더라. 이에 하늘에 있는 하나님의 성전이 열리니 성전 안에 하나님의 언약궤가 보이며 또 번개와 음성들과 뇌성과 지진과 큰 우박이 있더라(요한계시록 11:15-19).

이 역사는 하나님이 우리하고 약속하신 거예요. 그것이 구약의 상징으로 무엇입니까? 귀가 있는 자는 들을지어다. (청중 웃음) 귀가 아직도 안 트였습니까? 자, 이거 보세요. 구약의 전체 구원사 그다음에 특히 예언자들이 증거한 내용 그리고 하나님께서 우리와 역사에서 친히 약속하신 언약입니다.

또 언약궤라고 하면 또 그것을 열다가 무슨 사건이 발생하고 하는 것이 중요한 내용이 아닙니다. 언약궤라고 하면 특별히 하나님의 구원을 주장한 것이 선지자들이고, 그다음 그걸 압축해서 하나님께서 친히 말씀하신 것을 의미합니다. 역사를 어떻게 운영하시겠다고 하는 약속, 즉 태초에서부터 종말까지 우리하고 구원의 언약을 맺은 것입니다. 그래서 자꾸 언약을 'Covenant'라고 하면 구원으로 생각해요. 그거 아닙니다. 구원사입니다. 역사를 요약해서 나온 겁니다. 그래서 여기에 역사를 지금 세 겹으로 썼습니다. 여러분, 우리나라 말에 일곱 치마란 말이 있는데 내가 보기엔 머리로는 두 겹도 안 돼요. (청중 웃음) 그러니까 이제 이해하겠어요? 처음에는 구약의 전체, 그다음에는 예언자, 그다음에는 구원의 약속입니다. 자 다음으로는 일곱 봉인을 떼는 사건을 봅시다.

내가 보매 어린양이 일곱 인 중에 하나를 떼시는 그때에 내가 들으니 네 생물 중에 하나가 우레 소리같이 말하되 오라 하기로, 내가 이에 보니 흰 말이 있는데 그 탄 자가 활을 가졌고 면류관을 받고 나가서 이기고 또 이기려고 하더라. 둘째 인을 떼실 때에 내가 들으니 둘째 생물이 말하되 오라 하더니, 이에 붉은 다른 말이 나오더라. 그 탄 자가 허락을 받아 땅에서 화평을 제하여 버리며 서로 죽이게 하고 또 큰 칼을 받았더라. 셋째 인을 떼실 때에 내가 들으니 셋째 생물이 말하되 오라 하기로 내가 보니 검은 말이 나오는데 그 탄 자가 손에 저울을 가졌더라. 내가 네 생물 사이로서 나는 듯하는 음성을 들으니 가로되 한 데나리온에 밀 한 되요 한 데나리온에 보리 석 되로다. 또 감람유와 포도주는 해치 말라 하더라. 넷째 인을 떼실 때에 내가 넷째 생물의 음성을 들으니 가로되 오라 하기로 내가 보매 청황색 말이 나오는데 그 탄 자의 이름은 사망이니 음부가 그 뒤를 따르더라. 저희가 땅 사분의 일의 권세를 얻어 검과 흉년과 사망과 땅의 짐승으로써 죽이더라. 다섯째 인을 떼실 때에 내가 보니 하나님의 말씀과 저희의 가진 증거를 인하여 죽임을 당한 영혼들이 제단 아래 있어 큰 소리로 불러 가로되 거룩하고 참되신 대주재여 땅에 거하는 자들을 심판하여 우리 피를 신원하여 주지 아니하시기를 어느 때까지 하시려나이까 하니 각각 저희에게 흰 두루마리를 주시며 가라사대 아직 잠시 동안 쉬되 저희 동무 종들과 형제들도 자기처럼 죽임을 받아 그 수가 차기까지 하라 하시더라. 내가 보니 여섯째 인을 떼실 때에 큰 지진이 나며 해가 총담같이 검어지고 온 달이 피같이 되며 하늘의 별들이 무화과나무가 대풍에 흔들려 선 과실이 떨어지는 것같이 땅에 떨어지며 하늘은 종이 축이 말리는 것같이 떠나가고 각 산과 섬이 제 자리에서 옮기우매 땅의 임금들과 왕족들과 장군들과 부자들과 강한 자들과 각 종과 자주자가 굴과 산 바위틈에 숨어 산과 바위에게 이르되 우리 위에 떨어져 보좌에 앉으신 이의 낯에서와 어린양의 진노에서 우리를 가리우라. 그들의 진노의 큰 날이 이르렀으니 누가 능히 서리요 하더라. 이 일 후에 내가 네 천사가 땅 네 모퉁이에 선 것을 보니 땅의 사방의 바람을 붙잡아 바람으로 하여금 땅에나 바다에나 각종나무에 불지 못하게 하더라.

이 일 후에 내가 네 천사가 땅에나 바다에나 각종 나무에 붙지 못하게 하더라 또 보매 다른 천사가 살아계신 하나님의 인을 가지고 해돋는 데로부터 올라와서 땅과 바다를 해롭게 할 권세를 얻은 네 천사를 향하여 큰 소리로 외쳐 가로되 우리가 우리 하나님의 종들의 이마에 인 치기까지 땅이나 바다나 나무나 해하지 말라 하더라. 내가 인 맞은 자의 수를 들으니 이스라엘 자손의 각 지파 중에서 인 맞은 자들이 십 사만 사천이니(요한계시록 6:1-7:4).

아멘 찬송과 영광과 지혜와 감사와 존귀와 능력과 힘이 우리 하나님께 세세토록 있을지로다. 아멘(요한계시록 7:12).

여러분, 이거 또 신비하게 생각하지 마세요. 인을 떼었다는 것은 구약을 신약의 입장으로, 쉽게 이야기하면 주기도문으로 구약 해석하는 겁니다. 그러니까 일곱 인을 떼는 것이 뭐와 같은가 하면 영화를 거꾸로 보는 것과 같습니다. 구약에서는 이렇게 상영했다고 하면 그 영화를 거꾸로 상영시키라는 말이에요. 그래서 마지막이 창조할 때가 됩니다. 이젠 어떻게 돼요. 해와 달을 만드시는 것에 대해서 여기에서는 태양이 없어지고 그랬습니다. 창세기에서는 그다음에 사람을 지었다고 그랬는데 묵시록에서는 다 죽었다고 나옵니다. 하나님께서 이런 것을 다 만들어 놓으셨는데, 여기서는 다 없어져요. 알파는 이렇게 되었다면, 오메가는 반대로 되는 겁니다. 이렇게 되는 거예요. 그래서 열두 지파가 나오고 또 14만 4천 명이 나와요. 그건 뭐예요? 예수는 열두 제자를 가지셨지요. 그리고 열둘에 열둘을 곱하면 얼마가 나옵니까? 144가 나와요. 그리고 다시 1,000을 곱하면 144,000이 됩니다. 이것은 예수의 제자의 제자들로 해서 1,000배를 더 늘리자는 의미이지 하늘나라에 14만 4천 명이 들어간 것이 아닙니다. 즉, 제자의 제자에 1,000배가 더 붙은 숫자를 말하는 겁니다. 그래서 이런 것 같은 것은 여러분이 숫자 나올 때 신비하게 생각해서 그러는데, 사실은 그거 정리해서 이야기해 주세요.

지금 제가 이야기하면 추상으로 알아들을 수 있어요. 그런데 이다음에 조금 심각하게 들어가서 공부하면, 제가 예전에 '오거스틴'(St. Augustine)에 대해서 가르쳐 주지 않았습니까? 오거스틴의 역사관을 대칭의 곡선 모양으로 그려준 것 다 기억할 겁니다. 오거스틴이 성경에서 많이 배웠습니다. 쉽게 이야기하면 오거스틴에게는 역사가 하나에서 나와서 양편으로 갈라져 진행되다가 다시 마지막에 하나로 된다고 그래요. 그것이 후에 유명한 변증론의 기초가 되고 또 그것이 역사 철학의 기초가 되어서 근대에 '헤겔'(Hegel)이 종합하게 됩니다. 그뿐만 아니라 자연과학자들의 진화론에 오거스틴의 이론에 근거해서 후에 나오고, 다시 좌익의 역사관이 나온 겁니다. 그런데 요한은 한 번이 아니에요. 일차가 아니고 또 한 번이 있고 또 한 번이 있어요. 그러니까 세 번입니다. 물론 어떤 사람은 역사라는 것은 그냥 움직여서 진행되는 것이라고 해석할 수도 있어요. 그런 것은 우리가 지금 추상적으로 이야기할 문제가 아니고, 여러분이 앞으로 공부 많이 한 다음에 다루세요. 지금 들어가면 조금 어려움이 있을 수 있습니다. 이해하지 않고 다루면 안 됩니다.

여기에서 일곱 인봉을 떼는 이야기가 1차 역사에 관한 것이라는 것을 기억해두세요. 그다음 일곱 인봉을 떼실 때 하나는 예수 그리스도가 승리하는 그 장면이 나오면서, 반대편은 패하고 멸망하는 모습이 그려지고 창조의 사건까지 다다릅니다. 그다음 이걸 다 정리해 놓고 14만 4천의 신도가 그리스도를 따르면서 나오는 장면이 나와요. 그러니까 이것이 1차 역사의 서열입니다. 그다음에 8장부터 읽어주세요

일곱째 인을 떼실 때에 하늘이 반시 동안쯤 고요하더니 내가 보매 하나님 앞에 시위한 일곱 천사가 있어 일곱 나팔을 받았더라.

첫째 천사가 나팔을 부니 피 섞인 우박과 불이 나서 땅에 쏟아지매 땅의 삼분의 일이 타서 사위고 수목의 삼분의 일도 타서 사위고 각종 푸른 풀도 타서 사위더라.

둘째 천사가 나팔을 부니 불붙는 큰 산과 같은 것이 바다에 던지우매 바다의 삼분의 일이 피가 되고 바다 가운데 생명 가운데 생명 가진 피조물들의 삼분의 일이 죽고 배들의 삼분의 일이 깨어지더라.

셋째 천사가 나팔을 부니 횃불같이 타는 큰 별이 하늘에서 떨어져 강들의 삼분의 일과 여러 물샘에 떨어지니 이 별 이름은 쑥이라. 물들의 삼분의 일이 쑥이 되매 그 물들이 쓰게 됨을 인하여 많은 사람이 죽더라.

넷째 천사가 나팔을 부니 해 삼분의 일과 달 삼분의 일과 별들의 삼분의

일이 침을 받아 그 삼분의 일이 어두워지니 낮 삼분의 일은 비췸이 없고 밤도 그러하더라….

다섯째 천사가 나팔을 불매 내가 보니 하늘에서 땅에 떨어진 별 하나가 있는데 저가 무저갱의 열쇠를 받았더라. 저가 무저갱을 여니 그 구멍에서 큰 풀무의 연기 같은 연기가 올라오매 해와 공기가 그 구멍의 연기로 인하여 어두워지며, 또 황충이 연기 가운데로부터 땅 위에 나오매 저희가 땅에 있는 전갈의 권세와 같은 권세를 받았더라. 저희에게 이르시되 당의 풀이나 푸른 것이나 각종 수목은 해하지 말고 오직 이마에 하나님의 인 맞지 아니한 사람들만 해하라 하시더라….

여섯째 천사가 나팔을 불매 내가 들으니 하나님 앞 금단 네 뿔에서 한 음성이 나서 유브라데에 결박한 네 천사를 놓아주라 하매 네 천사가 놓였으니 그들은 그 년, 월, 일, 시에 이르러 사람 삼분의 일을 죽이기로 예비한 자들이더라…(요한계시록 8:1-9:21).

일곱째 천사가 소리 내는 날 그 나팔을 불게 될 때에 하나님의 비밀이 그 종 선지자들에게 전하신 복음과 같이 이루리라(요한계시록 10:7).

자, 이제는 여러분 보세요. 이 이야기가 어떻게 된 겁니까? 구약의 큰 구원사에 나오는 두 사건에 비춘 것입니다. 맨 처음에 창조 사건에 뭐가 있었어요? 하나님의 영이 물 위에 있었고, 그다음에 출애굽 사건에서 애굽 사람에게 저주가 내릴 때 물이 피로 변하는 이야기가 있었지요? 지금 나온 피 섞인 물이라는 것이 이 두 사건에서 나온 말입니다.

그다음에 둘째가 바다에 관한 이야기인데, 창조 사건에서 이 물이 갈라져서 윗물과 아랫물로 갈라져서 아랫물이 모여서 바다가 되지요. 불타는 산이 바다에 떨어졌다는 것은 그것과 관련된 이야기입니다.

그다음에 해와 달이 뭡니까? 역시 창조 사건에서 궁창에 해와 달이 창조되지 않았습니까? 그래서 여기 묵시록에서는 해와 달을 어둡게 만들어요. 그래서 넷째 나팔을 불 때까지의 사건들은 알파에 해당되는 창세기의 사건과 해방을 얻는 출애굽의 과정을 이야기했습니다.

다섯, 여섯, 일곱째 나팔은 앞으로 올 이야기와 관련됩니다. 왜냐하면 무저갱에서 마귀를 다시 풀겠다는 것은 시간적으로 지금의 이야기가 아니에요. 이거는 삼단에서 이야기되는 것입니다.

다섯째에서 무저갱이라고 하는 것은 '아비쏘스'(ἄβυσσος)라고 하는데 '아'는 부정하는 말이고, '비쏘스'는 바탕입니다. 그래서 바탕이 없다는 말이에요. 여러분, 그것 재미난 말입니다. 무저항, 생각 못 해 봤지요? 만약에 지구를 중심으로 해서는 무저항이 성립이 안 되지요. 바닥이 있으니까요. 지구에 무저갱이 있다면 관통하는 구멍이 있어서 그곳으로 쑥 빠져나가게 될 겁니다. 그러나 공중에다 놓고 무저항이 되면 참 재미있는 현상이 일어날 겁니다. 생각해 보세요. 거기에서 떨어지는 것이 있겠습니까? 무저갱이란 것은 공간에 한이 없다는 생각으로 그렇게 사용한 말입니다. 그러니까 틀을 벗어 버리세요. 그리스어에 있어서 한이 없다는 표현입니다. 우리 쉽게 이야기하면 가도 가도 안 된다는 겁니다. 그러니까 이 용어는 요한이 성경에서 빌려온 말이 아니에요. '아비쏘스'라고 그리스어에서 나왔지만, 무저항에서 뭐가 나와요? 메뚜기가 나온다는 겁니다. 이것도 기상천외한 일입니다. 그런데 메뚜기는 또 어디에서 나왔겠어요? 이런 이야기는 또 출애굽 이야기에서 나온 것입니다. 알파 때의 이야기를 머리에서 읽으면 안 됩니다. 성경에서 본래 이야기에다 그것을 기초해서 구성하는 것이 바로 성경의 하나님의 말씀이 하나님의 말씀 위에서 나오는 겁니다.

여섯째에는 네 천사를 놓아준다고 하는데 이것은 어떤 천사입니까? 구약에 다 이야기가 있지 않습니까? 천사가 범죄 해서 잡혀 있는 것이 무엇을 지칭합니까? 그것을 지금 풀어 내놓으니까 또 사람 1/3을 죽인다는 겁니다.

그래서 결국 일곱째까지는 알파에 관한 부분이 저주로 표현되어 나옵니다. 그다음에는 오메가의 부분이 나옵니다. 그래서 처음과 끝이 됩니다. 그래서 예언자가 오메가의 부분을, 즉 하나님의 비밀을 전개하겠다고 합니다. 그래서 이 10장까지는 주제만 준 겁니다. 지금까지는 첫째 부분입니다. 여기까지는 천지창조에서의 틀을 가진 겁니다.

저가 내게 말하기를 네가 많은 백성과 나라와 방언과 임금에게 다시 예언하여야 하리라 하니라. 또 내게 지팡이 같은 갈대를 주며 말하기를 일어나서 하나님의 성전과 제단과 그 안에서 경배하는 자들을 척량하되, 성전 밖 마당은 척량하지 말고 그냥 두라. 이것을 이방인에게 주었은즉 저희가 거룩한 성을 마흔두 달 동안 짓밟으리라. 내가 나의 두 증언에게 권세를 주리니 저희가 굵은 베옷을 입고 일천이백육십 일을 예언하리라. 이는 이 땅의 주 앞에 섰는 두 감람나무와 촛대니(요한계시록 10:11-11:4).

이제 두 예언자의 증언이 나옵니다. 그리고 마흔두 달 그러니까 삼년 반 동안, 이것은 사실 삼 년만이 아니라 7의 반수입니다. 그래서 여기에 나온 숫자는 요한이 쓰던 머리에서의 숫자로 보면 7의 반이란 것입니다.

아까는 전체 구약의 구원사로 풀이했고, 그다음에는 예언을 두고 전개합니다. 그런데 거기에서는 중요한 것이 이 두 예언자가 앞으로 올 삼 년 반, 즉 오메가에 대해서 설명하겠다는 겁니다.

저희가 권세를 가지고 하늘을 닫아 그 예언을 하는 날 동안 비 오지 못하게 하고, 또 권세를 가지고 물을 변하여 피 되게 하고 아무 때든지 원하는 대로 여러 가지 재앙으로 땅을 치리로다. 저희가 그 증거를 마칠 때에 무저갱으로부터 올라오는 짐승이 저희를 이기고 저희를 죽일 터인즉 저희 시체가 큰 성 길에 있으리니 그 성은 영적으로 하면 소돔이라고도 하고 애굽이라고도 하니 곧 저희 주께서 십자가에 못 박히신 곳이니라. 백성들과 족속과 방언과 나라 중에서 사람들이 그 시체를 사흘 반 동안 목도하며 무덤에 장사하지 못하게 하리로다. 이 두 선지자가 땅에 거하는 자들을 괴롭게 한 고로 땅에 거하는 자들이 저희의 죽음을 즐거워하고 기뻐하여 서로 예물을 보내리라 하더라. 삼일 반 후에 하나님께로부터 생기가 저희 속에 들어가매 저희가 발로 일어서니 구경하는 자들이 크게 두려워하더라. 하늘로부터 큰 음성이 있어 이리로 올라오라 함을 저희가 듣고 구름을 타고 하늘로 올라가니 저희 원수들도 구경하더라(요한계시록 10:6-11:12).

일곱째 천사가 나팔을 불매 하늘에 큰 육성들이 나서 가로되, "세상 나라가 우리 주와 그 그리스도의 나라가 되어 그가 세세토록 왕 노릇하시로다" 하니…, 이에 하늘에 있는 하나님의 성전이 열리니 성전 안에 하나님의 언약궤가 보이며 또 번개와 음성들과 뇌성과 지진과 큰 우박이 있더라(요한계시록 11:15-19).

이제 두 예언자는 네 가지 사건을 보여줍니다. 여기에서 두 예언자라고 하면 누구겠습니까? 예수께서 변화산상에 가서 누구를 만났어요? 모세와 엘리야 두 예언자를 만나지 않았습니까? 그 두 예언자가 묵시록에서 다시 이렇게 나온 겁니다. 11장에 잘 되어 있는 것은 말씀드린 것과 같이 구약에서의 오메가 이야기, 그다음에 예언자 그리고 이것이 마지막에 구체적으로는 하나님 앞에 있는 언약궤로 나옵니다.

예언자가 예언하는데 또 악마가 '아비쏘스', 무저갱에서 나와요. 그래서 예언자를 죽여요. 죽이고 이 시체를 삼일 반을 둡니다. 앞의 삼일 반에서는 죽임당해서 버려지고, 그다음 삼일 반이 지나니까 부활해요. 그렇다고 삼일 반 할 때 예수가 삼 일 죽었다고 거기에다가 붙이지 마세요. 예수는 정확하게 삼일이고, 여기는 삼일 반이에요. 이건 일곱의 반을 나눈 겁니다. 그러니까 오전에 죽었고 오후에 다시 살아났다는 말과 같은 거예요. 그다음에 이 선지자들은 부활해서 하늘로 올라갔고 그다음에 언약궤가 나옵니다.

> 하늘에 큰 이적이 보이니 해를 입은 한 여자가 있는데 그 발 아래는 달이 있고 그 머리에는 열두 별의 면류관을 썼더라. 이 여자가 아이를 배어 해산하게 되매 아파서 애써 부르짖더라(요한계시록 12:1-2).

이제 여기에 여자가 하나 나옵니다. 여기에 여자라는 말이 무엇이겠습니까? 지금 고전문학으로 공부하면 고전에는 매 성시(聖市)마다, 성시라고 그래서 서울 같은 크기가 아니라 어느 정도인가 하면 옛날 수원성 같은 크기로 보세요. 그 정도면 사람들이 모여 살면서 그저 흙벽돌로 성을 쌓았지요. 그다음 그 안에는 뭐가 있겠어요? 신(神)이 하나 있습니다. 그리고 그 안에는 추장에 해당되는 사람이 있습니다. 여러분 그다음에 하나님은 신들의 신이라고 표현하려고 하고, '만왕의 왕'이라고 했습니다. 그렇게 이야기하는 것은 여러 성마다 다 신이 있고, 거기에는 신이 하나가 있는데 이 신들의 신이라는 겁니다. 그래서 그 말을 조심해 들으세요. 여러분 생각에 만왕의 왕이라고 그러니까 정치적으로 임금의 임금인 줄 알지만 그렇게 생각하면 안 됩니다.

> 내가 보니 바다에서 한 짐승이 나오는데 뿔이 열이요 머리가 일곱이라. 그 뿔에는 열 면류관이 있고 그 머리들에는 참람된 이름들이 있더라(요한계시록 13:1).

그다음에 13장에 가서는 일곱 머리에 뿔이 열 개 달렸답니다. 숫자가 잘 맞지 않아요. 일곱 뿔이 달리지 않으면 열네 뿔이 달려야 맞는데, 그러니까 갖다가 붙이는 것은 여러분 마음대로 하세요. (청중 웃음) 10이라는 것은 세속적인 전체 숫자입니다. 그리고 일곱은 모든 머리를 가졌다는 의미입니다.

여러분, 러시아의 신화도 여기에서 나온 겁니다. 하나의 용인데 머리가 일곱 있어요. 그리고 이 가운데 알이 하나 있어요. 그러니까 이 악한 용의 알을 일곱 개의 머리가 그 사이에서 애지중지 키우고 있어요. 이 악한 것이 악한 계보로 그냥 내려갔어야 하는데 러시아 신화에서는 이걸 기독교와 연결을 시켰어요. 그래서 러시아에서는 두 천사가 가장 중요한데, 하나는 '성 니콜라스'(Saint Nicholas)하고 또 하나는 '성 조지'(Saint George)입니다. '성 조지'는 와서 용의 일곱 머리를 잘라

버리고 죽여요. 그리고 기적을 행하는 '성 니콜라스'가 바로 지금 부르는 '산타클로스'(Santa Claus)인데, 그가 기적을 행해서 용의 알을 변화시켜요. 그런데 죽은 용의 잘린 머리들이 아직도 알을 감싸고 있습니다. 그래서 이다음에 러시아에 가보시면 어디든지 건축에 양파 같은 것이 있습니다. 그 양파가 바로 그 알의 바깥에 용의 머리가 싸고 있는 거예요. 그래서 러시아의 역사를 공부하면 그 시대마다 생긴 모양이 다르게 나옵니다. 바깥의 정치적인 것이 강하게 나오면 용의 비늘 표피가 강하게 표현됩니다. 더 고약하게 말단의 정치를 하면 이 용의 비늘이 일종의 별같이 돌출되고 불이 나요. 그래서 언제든지 그 바깥의 것이 크게 표현되면 정부가 강하고 독재를 하는 것이고, 더 고약한 행정을 하던 시대면 막 뿔이 튀어나오듯 하고 불이 나요. 그다음에 아주 평화로운 시기에는 아주 매끈하게 나옵니다. 피터 대왕 때는 힘은 강했지만, 조직적이고 규율이 있는 겁니다. 그렇게 보면 소련이란 것이 공산주의하에서 변한 것이 아닙니다. 러시아의 전통이 그래요. 공산주의 시대라는 것은 역사로 보면 짧은 거예요.

> 또 내가 보니 보라 어린양이 시온산에 섰고 그와 함께 십사만 사천이 섰는데 그 이마에 어린양의 이름과 그 아버지의 이름을 쓴 것이 있도다. 이 사람들은 여자로 더불어 더럽히지 아니하고 정절이 있는 자라. 어린양이 어디로 인도하든지 따라가는 자며 사람 가운데서 구속을 받아 처음 익은 열매로 하나님과 어린양에게 속한 자들이니 그 입에 거짓말이 없고 흠이 없는 자들이더라(요한계시록 14:1-5).

자, 이제는 어린양하고 14만 4천이 다시 나옵니다. 어디에 있냐 하면 새 예루살렘에 있다는 것입니다. 그 새 예루살렘이라는 용어에 있어서 그때 말로 하면 이 성이라는 것을 여자로 표현했습니다. 그러니까 하나는 해와 달을 지닌 여자인데 그건 새 예루살렘이고 또 하나는 창녀의 성이 되어서 바빌론이라고 합니다. 그것은 상대로 만들어져 있는 겁니다. 그래서 그걸 지금 분간해야 합니다. 그래서 큰 창녀 바빌론 문제가 나와요.

> 또 일곱 대접을 가진 일곱 천사 중 하나가 와서 내게 말하여 가로되 이리오라 많은 물 위에 앉은 큰 음녀의 받을 심판을 네게 보이리라(요한계시록 17:1).

17장은 여러분이 좀 자세히 읽어주세요. 그러니까 여러분 여기에 둘이 나옵니다. 하나는 새 예루살렘이며, 흰옷을 입고 태양과 달과 함께 있는 처녀가 나옵니다. 그리고 또 하나는 바빌론이며, 창녀로 나옵니다. 하나는 흰말을 탔고 또 하나는 일곱 머리에 열 뿔 달린 것을 탔어요. 그래서 여자로 표현된 것은 성을 대표하는데 그때 용어로는 하나는 흰옷을 입은 분은 새 예루살렘이 되고, 반대편은 땅의 음녀라고 했고 바빌론이라고 했습니다.

새 예루살렘을 도성이라고 했는데 후에 성 어거스틴(Saint Augustine)이 이 말을 사용해서 『신의 도성』이라는 유명한 책을 썼지요. 그때 사용한 도성이라는 말이 'Civitate'인데 바빌론하고 새 예루살렘을 구분하는 용어로 사용했습니다. 그런데 묵시록에서 도성이라는 말이 신약 전체에서 이야기할 때는 나라가 됩니다. 그러니까 이 말을 정확히 번역하자면 새 나라입니다. 새 도성이라는 말은 다시 말하면 하나님의 나라가 하늘에서와 같이 땅에 이루어달라고 할 때의 그 나라입니다. 반대로 악마의 나라는 뭡니까? 일곱 머리의 열 뿔에, 창녀라고 한 것이 바빌론이요 악마의 나라입니다. 그래서 악마의 나라를 처리할 때 일곱 대접의 심판이 16장에 나옵니다.

또 내가 들으니 성전에서 큰 음성이 나서 일곱 천사에게 말하되 너희는 가서 하나님의 진노의 일곱 대접을 땅에 쏟으라 하더라.

첫째가 가서 그 대접을 땅에 쏟으매 악하고 독한 헌데가 짐승의 표를 받은 사람들과 그 우상에게 경배하는 자들에게 나더라.

둘째가 그 대접을 바다에 쏟으매 바다가 곧 죽은 자의 피같이 되니 바다 가운데 모든 생물이 죽더라.

셋째가 그 대접을 강과 물 근원에 쏟으매 피가 되더라.

넷째가 그 대접을 해에 쏟으매 해가 권세를 받아 불로 사람들을 태우니…

다섯째가 그 대접을 짐승의 보좌에 쏟으니 그 나라가 곧 어두워지며 사람들이 아파서 자기 혀를 깨물고 아픈 것과 종기로 인하여 하늘의 하나님을 훼방하고 저희 행위를 회개치 아니하더라.

여섯째가 그 대접을 큰 강 유브라데에 쏟으매 강물이 말라서 동방에서 오는 왕들의 길이 예비되더라. 또 내가 보매 개구리 같은 세 더러운 영이 용의 입과 짐승의 입과 거짓 선지자의 입에서 나오니 저희는 귀신의 영이라. 이적을 행하여 온 천하 임금들에게 가서 하나님 곧 전능하신 이의 큰 날에 전쟁을 위하여 그들을 모으더라. 보라 내가 도적같이 오리니 누구든지 깨어 자기 옷을 지켜 벌거벗고 다니지 아니하며 자기의 부끄러움을 보이지 아니하는 자가 복이 있도다. 세 영이 히브리 음으로 아마겟돈이라 하는 곳으로 왕들을 모으더라.

일곱째가 그 대접을 공기 가운데 쏟으매 큰 음성이 성전에서 보좌로부터 나서 가로되 되었다 하니 번개와 음성들과 뇌성이 있고 또 큰 지진이 있어 어찌 큰지 사람이 땅에 있어 옴으로 이같이 큰 지진이 없었더라. 큰 상이 세 갈래로 갈라지고 만국의 성들도 무너지니 큰 성 바벨론이 하나님 앞에 기억하신바 되어 그의 맹렬한 진노의 포도주 잔을 받으매 각 섬도 없어지고 산악도 간데 없더라(요한계시록 16:1-12).

지금 어떻게 되었어요? 개구리 같은 더러운 영이 세 마리가 나온다고 그랬지요? 이거 보세요. 하나님께서 우리를 창조하실 때 생명의 기운에 해당하는 영을 불어넣어 줬다고 그랬지요? 여기에서는 개구리 같은 악령이 세 마리가 나와요. 더러운 것이 나와 세상을 유혹합니다. 그래서 이거 읽을 때 허공에서 해석하지 마세요. 이 요한이란 분은 완전히 성경 안에서 자란 사람이에요. 그래서 용어 하나하나를 구약으로 돌려서 해석해야 합니다.

이 일 후에 내가 들으니 하늘에 허다한 무리의 큰 음성 같은 것이 있어 가로되 할렐루야 구원과 영광과 능력이 우리 하나님께 있도다(요한계시록 19:1).

이것은 두 번째 막의 결론으로 또 하나를 매듭지어요. 그래서 주기도문에서의 나라와 권세와 영광이라는 것이 여기에 다시 되풀이되고 있습니다.

또 내가 하늘이 열린 것을 보니 보라 백마와 탄 자가 있으니 그 이름은 충

신과 진실이라. 그가 공의로 심판하며 싸우더라(요한계시록 19:11).

여기에서 흰말을 타신 그리스도께서 또 한 번 심판하면서 19장이 끝납니다.

또 내가 보매 천사가 무저갱 열쇠와 큰 쇠사슬을 그 손에 가지고 하늘로 서 내려와서 용을 잡으니 곧 옛 뱀이요 마귀요 사단이라. 잡아 일천 년 동 안 결박하여 무저갱에 던져 잠그고 그 위에 인봉하여 천 년이 차도록 다 시는 만국을 미혹하지 못하게 하였다가 그 후에는 반드시 잠깐 놓이리라 (요한계시록 20:1-3).

이것은 아직 둘째 부분입니다. 이 둘째 부분도 여러분이 자세히 보 시면 절차가 같아요. 천 년 동안 악마를 무저갱에다가 가두었어요. 그 다음에 다시 이놈이 나와서 천 년 동안 왕 노릇 하며 활동하게 됩니다. 이것은 앞으로 올 세상에 대한 이야기입니다.

오늘 처음에 읽은 본문이 21장이었는데, 21장에서는 바로 셋째 기 간이 끝나는 겁니다. 자, 이제 다시 봅시다.

또 내가 새 하늘과 새 땅을 보니 처음 하늘과 처음 땅이 없어졌고 바다도 다시 있지 않더라. 또 내가 보매 거룩한 성 새 예루살렘이 하나님께로부 터 하늘에서 내려오니 그 예비한 것이 신부가 남편을 위하여 단장한 것 같더라. 내가 들으니 보좌에서 큰 음성이 나서 가로되 보라 하나님의 장 막이 사람들과 함께 있으매 하나님이 저희와 함께 거하시리니 저희는 하 나님이 백성이 되고 하나님은 친히 저희와 함께 계셔서 모든 눈물을 그

눈에서 씻기시매 다시 사망이 없고 애통하는 것이나 곡하는 것이나 아픈 것이 다시 있지 아니하리니 처음 것들이 다 지나갔음이러라(요한계시록 21:1-4).

여러분, 이거 보세요. 그 예루살렘 성이 하늘에서 내려온다고 그랬지요? 그러니까 이게 무슨 뜻입니까? 하나님의 나라, 즉 하나님의 뜻이 이제는 완성이 되어서 뜻이 하늘에서 이룬 것 같이 땅에서도 이루겠다는 겁니다. 절대로 건성건성 읽지 마세요. 차근차근 읽으면 이렇게 재미있고 우리에게 도움이 되게 쓰여진 것입니다.

다시는 하늘과 바다 같은 것보다는 그것을 만드신 분과 같이 살게 돼요. 그러니까 이건 창조주가 만들었던 세상에서 살다가 이제는 하나님께서 직접 우리와 같이 사신다는 겁니다. 이건 다시 무슨 말입니까? 우리가 타락해서 노예의 상태로 있다가 그리스도를 통해서 하나님의 아들이 되고 하나님과 같이 산다는 그 말이 됩니다.

보좌에 앉으신 이가 가라사대 보라 내가 만물을 새롭게 하노라 하시고 또 가라사대 이 말은 신실하고 참되니 기록하라 하시고 또 내게 말씀하시되 이루었도다(요한계시록 21:5-6).

여러분 새롭게 했다는 말이 뭡니까? 보통은 이렇게 해석합니다. 이 죽을 몸이 부활해서 영원히 살게 새롭게 되었고, 새 나라에 들어갔다고 합니다. 그거 아닙니다. 새롭게 하신다는 것은 종에서 아들로 변해서 하나님의 자녀가 된 것을 이야기한 겁니다. 이걸 잘못 해석하면 천당에 가서 얼굴에 빛이 나고 종일 찬송한다는 하는데, 그러면 얼마나 지루해요? (청중 웃음) 그렇게 해석하는 것이 아닙니다. 완전한 신분이 바뀐 거예요. 질적으로 바뀐 겁니다. 하나님의 아들이 되어서 하나님과 같이 있다는 겁니다. 이거 얼마나 좋은 일입니까. 그런데 조금만 머리를 잘못 쓰면 다른 데로 가서 하늘이 지겨운 곳이 됩니다.

> 나는 알파와 오메가요 처음과 나중이라. 내가 생명수 샘물로 목마른 자에게 값없이 주리니, 이기는 자는 이것들을 유업으로 얻으리라(요한계시록 21:6).

이제 알파와 오메가의 의미는 이해하시겠지요? 여기에 왜 생명수가 나와요? 알파 시기에는 뭐를 잘못했습니까? 사람이 선악과 먹고 죽게 되지 않았습니까? 그런데 에덴동산에 두 나무가 있다고 그랬지요? 선악과는 먹고 죽는 것이었습니다. 자, 이제는 오메가 시기 아닙니까? 이 이야기의 구상이 여기에 와서는 하나님께서 사람에게 생명과와 생명수를 먹게 허락하시는 겁니다. 그래서 이런 것도 성경 말씀대로 돌아가서 해석해야지 생명수 자체를 별도로 분석하려고 하면 잘못됩니다. 왜냐하면 생명수가 어떻게 되었는지 누가 본 일도 없어요. 또 문자대로 하면 하늘 보좌에서 흐른다고 했는데, 요새 집에 물이 새도 못 살겠다고 하는데 (청중 웃음) 보좌 위에 물이 줄줄 흐르고, (청중 웃음) 그걸 또 먹고 죽지 않는다면 어떡합니까? (청중 웃음) 이거 그런 뜻이 아닙니다. 여러분 상상을 그렇게 하지 마세요. 성경대로 생각하세요. 대조된 이야기 기억나시지요? 창세기에서 사탄이 사람을 유혹하여 타락하게 했고, 하나님께서는 생명과를 먹지 못하도록 에덴에서 쫓아내시지 않았습니까? 그런데 지금은 인간이 다시금 하나님의 자제가 되어서 생명수와 생명과를 먹을 수 있는 겁니다. 그런 이야기이지. 생명수가 성분이 뭐냐? 그렇게 머리 쓰면 복잡해집니다. (청중 웃음) 성경 그대로 돌아가서 읽으면 얼마나 편합니까? 괜히 쓸데없는 당신의 상상을 갖다가 붙이지 말아요.

> 나는 저의 하나님이 되고 그는 내 아들이 되리라. 그러나 두려워하는 자들과 믿지 아니하는 자들과 흉악한 자들과 살인자들과 행음자들과 술객들과 우상 숭배자들과 모든 거짓말하는 자들은 불과 유황으로 타는 못에 참여하리니 이것이 둘째 사망이라(요한계시록 21:7-8).

이거 보세요. 아들이 된다고 나오지 않았습니까? 이것이 주제입니다. 이 묵시록은 눈에 보지 못하던 것을 보니까 찬란하다는 소리가 아닙니다. 성경의 알파에 있었던 사건을 오메가로 완결시켜주는 겁니다. 그러니까 시작과 끝을 하나로 만드는 이야기가 바로 묵시록입니다.

> 성령으로 나를 데리고 크고 높은 산으로 올라가 하나님께로부터 하늘에서 내려오는 거룩한 성 예루살렘을 보이니(요한계시록 21:10).

하늘에서 내려오는 거룩한 성, 이게 하나님의 나라입니다. 아시겠어요? 뜻이 하늘에서 이룬 것 같이 땅에서도 이루라는 그 말씀이 이루어지는 것입니다. 그래서 하나님의 나라가, 나라와 권세와 영광이 영원히 계시리라고 한 것입니다. 그다음에 이것을 묘사했는데 문은 열둘이고, 길이와 두께 이야기하는 것은 다 형용하는 말입니다.

성안에 성전을 내가 보지 못하였으니 이는 주 하나님 곧 전능하신 이와 및 어린양이 그 성전이심이라. 그 성은 해나 달의 비췸이 쓸데없으니 이는 하나님의 영광이 비취고 어린 양이 그 등이 되심이라. 만국이 그 빛 가운데로 다니고 땅의 왕들이 자기 영광을 가지고 그리로 들어오리라. 성문들을 낮에 도무지 닫지 아니하리니 거기는 밤이 없음이라(요한계시록 21:22-25).

자, 여기에 재미있는 말씀이 나왔어요. 거기에는 성전도 없고, 그다음에 거기에는 달과 해도 없다고 했어요. 왜냐하면 그전까지는 모두 외재적인 이야기입니다. 그래서 성전을 짓고, 그다음에 태양과 해가 있어야 하는데 이제는 하나님이 직접 우리의 아버지가 되어서 어린양 예수 그리스도께서 우리와 같이 계시니까 필요가 없어요.

또 저가 수정같이 맑은 생명수의 강을 내게 보이니 하나님과 및 어린양의 보좌로부터 나서 길 가운데로 흐르더라. 강 좌우에 생명나무가 있어 열두 가지 실과를 맺히되 달마다 그 실과를 맺히고 그 나무 잎사귀들은 만국을 소성하기 위하여 있더라. 다시 저주가 없으며 하나님과 그 어린양의 보좌가 그 가운데 있으리니 그의 종들이 그를 섬기며 그의 얼굴을 볼 터이요 그의 이름도 저희 이마에 있으리라. 다시 밤이 없겠고 등불과 햇빛이 쓸데없으니 이는 주 하나님이 저희에게 비취심이라. 저희가 세세토록 왕 노릇하리로다(요한계시록 21:1-5).

여기에는 생명과 기억나시지요? 알파의 시기에서는 생명과를 우리가 먹지 못하게 되어 있었던 것입니다. 그러나 오메가 시기의 이야기는 생명과를 먹을 수 있다는 것입니다.

자, 마지막으로 예수 그리스도께서 어떻게 말씀하셨습니까?

보라 내가 속히 오리니(요한계시록 22:7).
보라 내가 속히 오리니(요한계시록 22:12).
내가 진실로 속히 오리라(요한계시록 22:20).

그 부분 자세히 읽으세요. 이거 아주 재미있게 썼어요. 그때 인간
의 대답은 무엇입니까?

아멘 주 예수여 오시옵소서(요한계시록 22:20).

그러니까 사람 편에서의 대답은 '오소서'입니다. 여러분, 제발 주
님보고 오라고 그러지 마세요. 주님이 오시겠다고 할 때 그때 가서 '오
소서'라고 하세요. 그러니까 그렇게 되면 뜻이 하늘에서 이룬 것 같이
땅에 이루게 된다는 것이 맞지 않습니까? 그런데 지금은 그렇게들 하
지 않아요. '주여, 오소서'가 지금 내가 필요하니 와달라는 것이 되었
습니다.
　여러분, 묵시록에서는 뜻이 하늘에서 이룬 것 같이 땅에서도 이루
게 해달라는 말이 이렇게 표현되었어요. '내가 오겠다.' 그때 '오소서'
이렇게 되었어요. 잊지 마세요. 이런 것을 듣지 않고 자꾸 주님보고 와
달라고 그러지 마세요. 또 미안하지만 주님께서 오셔서 어디 있으시
라고 그럽니까? (청중 웃음) 그러니까 그런 허튼 말들 하지 마세요. 주님
께서 하나님의 나라가 땅에 임하는 때의 상황에서 '내가 오겠다'라고
하실 때 우리는 쳐다보면서 '주여, 오소서' 이렇게 말해야 하는 겁니다.

이 묵시록을 보실 때 신구약을 통해서 신구약의 배경을 꼭 두고 봐야 한다는 걸 잊지 마세요. 그러니까 소망을 역사적으로 표현한 요한계시록을 볼 때 성경 전체에 역사의 바탕 위에서 보는 것이 좋을 것 같아요.

그리고 제가 아까 어려운 말을 좀 했지만, 그건 꼭 기억하세요. 이것이 하나, 둘, 셋, 세 번 리듬이 됩니다. (1) 지금 있는 창조 알파와 오메가가 한 번 나오고, (2) 또다시 알파와 오메가가 나오고, (3) 그다음에 잠깐 알파와 오메가가 나와서 끝나요. 그러니까 이 리듬이 세 번 나옵니다. 왜 이걸 알아야 하냐면 후대에도 하지 못한 것을 여기에서 했어요. 여러분이 앞으로 공부해 보면 아직도 머리가 이렇게 되어 있는 사람이 드뭅니다. 그런데 이분은 자기가 계시받는다고 하면서 이렇게 나온 거예요. 의식적으로 한 것이 아니에요.

묵시록에는 삼중으로 구성해서 처음엔 크고, 그다음에 중간이고요, 그다음엔 잠깐이에요. 이 리듬 아시겠습니까? 이건 참 잘된 거예요. 미안하지만 그동안 어거스틴을 통해서 변증론적 형체가 나왔어요. 신의 도성은 역사철학으로 최고입니다. 후에는 다 변주로 나온 것입니다. 그게 어디까지 갔냐 하면, 음악의 소나타가 그 리듬이에요. 그래서 이게 위대한 것입니다. 그런데 어거스틴도 한 번으로 보았어요. 그러나 이번에 묵시록을 다시 한번 살펴보니까 시간의 세 단위를 공간의 축으로 보면 셋이 하나로 보입니다. 시간으로 세 단위를 놓고 이 리듬을 보세요. 여러분, 이 지혜를 가지면 보통 머리가 당해내지 못해요.

앞으로 여러분이 만약에 신학을 한다면 삼위일체를 새롭게 해놓으세요. 지금 삼위일체의 설명이 안 되어 있습니다. 지난번에 식사하면서 보니까 자리가 여덟 자리인데 사람이 다섯밖에 안 왔어요. 그래서 이거 뭐냐고 그래서 제가 이거 삼위라고 그랬더니 "목사님, 왜 망령된 소리를 합니까" 그러는데 (청중 웃음) 사실 삼위일체가 우리말을 갖다가 붙인 겁니다. '트리니티'(Trinity)를 삼위일체라 했는데 사실 위(位)도 없고 체(體)도 없어요. 위는 뭐냐 하면 우리말로 신주 셋을 놓은 거예요. 일체는 뭔가 하니 몸이 하나라는 겁니다. 이거 우리말로 번역 잘못한 겁니다. 본래 '*Persona*', '*Substantia*'라는 말인데 그건 또 후에 신학자들이 떠든 거고, 이 성경 안에서 보면 셋이 온다는 것입니다. 여러분이 한번 잘 정리해서 쓰세요. 우리 시대의 문화가 이원적인 머리로 끝났습니다. 그래서 지금 와서 포스트모더니즘이요 뭐요 다 찾아도 새것이 나오지 못해요. 새것이 나오려면 이원에서 삼원이 나와야 돼요. 미안하지만 21세기에도 해결되어서 없어질 것 같아요. 그런데 만약에 앞으로 문화의 체계를 세우려면 삼위일체로 올라가야 돼요. 신앙의 이 체계를 문화체계로 옮겨 만들어 놓아야 합니다.

지금 언어에서 다 구속되어 있어요. 첫째로 전부 이분(Dichotomy) 했어요. 하나는 움직이고, 하나는 움직이지 않는다. 이것이 동사(Verb) 하고 명사(Noun)입니다. 또 동사는 타동사(Transitive verb)하고 자동사(Intransitive Verb), 둘로 또 갈랐지요? 다음에 명사는 또 무엇으로 이분 했어요? 주격(Subject)과 목적격(Object)으로 갈랐어요. 그다음에 둘이 어떻게 나왔냐 하면 동사와 명사에 붙는 겁니다. 그래서 '에드'(Ad)를 붙여서 부사(Adverb)와 형용사(Adjective)가 된 것입니다. 이거 가지고 말하니까 말 자체가 이원이라는 바탕에 들어 있어요. 그래서 지금까지 기독교도 어디에 빠져 있었냐 하면 그리스도의 이원적인 신성(神性)과 인성(仁性), 이것 가지고 밤낮 싸움했습니다. 그러나 문화에도 이제 다 지쳤어요. 제가 기독론이 효과가 없다는 것이 아니에요. 지쳤어요. 이제는 없어요. 그건 해결이 안 돼요. 그래서 문화사에 들어가서도 한계에 놓인 것을 어떻게 풀이해야 하는가 할 때는 셋이 하나가 되는 것이 필요합니다. 그런데 성경에서는 시간으로도 그렇게 되어 있고, 공간으로도 그렇게 되어 있어요. 셋이 어떻게 해서 하나로 되느냐는 겁니다. 이것은 변증법(Dialect)에 있어서 정과 반이 아닙니다. 셋이 같이 들어가요. 그래서 그런 것은 여러분이 앞으로 우리 문화에 있어서 해결할 수 있는 방향의 하나가 아닌가 생각합니다.

지난 시간에 믿음은 공간으로 풀이했고, 오늘 소망은 시간으로 풀이했습니다. 그런데 안에는 같아요. 왜냐하면 이것이 하나 형체라고 합시다. 여기에서 빛이 나오는데 시간의 축에서 영사시켜도 되고, 공간의 축에서 영사시켜도 되지 않습니까? 그러나 언제든지 돌아와서 보면 이것은 하나입니다. 이렇게 될 때 이렇게 보고 저렇게 될 때 저렇게 봅니다. 그러니까 이것이 하나님의 뜻인데 이것이 소망으로 볼 수도 있고, 믿음으로 볼 수도 있습니다. 또 다른 것도 함께 볼 수가 있습니다. 방향을 달리할 뿐 가운데가 완전히 같게 나와요. 그 점을 여러분이 마음의 정리를 하세요. 그래서 구약의 전체하고, 신약의 전체의 윤곽을 하나로 잡아야 됩니다. 다른 것에다 기준을 두지 마세요. 신학 문제 연구하다 다른 것이 개입되면 큰일 납니다. 또 다른 것 연구하다가 신학을 넣지 마세요. 그것도 다른 것이 됩니다. 가이사의 것은 가이사에게 주고, 하나님의 것은 하나님에게 드리라는 겁니다. 이걸 혼합하지 마세요. 그래서 과학으로 신학을 해석하려고 하지 말고, 신학으로 과학을 해결하려 하지 마세요. 신학은 성경대로 해석하시고, 믿음을 가지고 그렇게 진행하세요. 그래서 이거는 여러분이 너무 복잡하고 앞으로도 100~200년 걸려야 전개될 것이니까 너무 급하게 빨리 해결하려고 하지 마세요.

여러분, 묵시록 한번 다시 자세히 읽어보세요. 신구약의 내용이 전부 다 나오고, 그다음에 선지자, 그다음에 언약궤로 나오지 않습니까? 이거 얼마나 멋있게 쓴 겁니까. 그런데 요한묵시록 읽기가 힘든 이유는 뭐 문이 열둘이라면 열둘을 다 이해하려고 하는 데 있어요. 그래서 뭐 진주로 되었고, 동쪽에 셋이 있고…, 그러는데 요한이란 분은 직접 느껴서 쓰는 것이 많아요. 그러나 우리는 생각이 서술되고 있다는 점은 꼭 한번 여러분이 기억해 주세요. 자 우리 다 같이 주님 가르치신 대로 기도합시다.

하늘에 계신 우리 아버지여,
이름이 거룩히 여김을 받으시오며,
나라가 임하옵시며
뜻이 하늘에서 이룬 것 같이 땅에서도 이루어지이다.
오늘날 우리에게 일용할 양식을 주옵시고,
우리가 우리에게 죄지은 자를 사하여 준 것 같이
우리 죄를 사하여 주옵시고,
우리를 시험에 들게 하지 마옵시고,
다만 악에서 구하옵소서.
나라와 권세와 영광이 아버지께 영원히 있사옵나이다.
아멘.

(2002년 9월 5일 연세대학교)

제10강

고난과 해소

나의 말이 곧 기록되었으며, 책에 쓰여졌으며, 철필과 연으로 영영히 돌에 새겨졌으면 좋겠노라. 내가 알기에는 나의 구속자가 살아 계시니 후일에 그가 땅 위에 서실 것이라. 나의 이 가죽, 이것이 썩은 후에 내가 육체 밖에서 하나님을 보리라. 내가 친히 그를 보리니 내 눈으로 그를 보기를 외인처럼 하지 않을 것이라. 내 마음이 초조하구나(욥기 19:23-27).

무지한 말로 이치를 가리우는 자가 누구니이까. 내가 스스로 깨달을 수 없는 일을 말하였고 스스로 알 수 없고, 헤아리기 어려운 일을 말하였나이다. 내가 말하겠사오니 주여 들으시고 내가 주께 묻겠사오니 주여 내게 알게 하옵소서. 내가 주께 대하여 귀로 듣기만 하였삽더니 이제는 눈으로 주를 뵈옵나이다. 그러므로 내가 스스로 한하고 티끌과 재 가운데서 회개하나이다(욥기 42:3-6).

우리가 옛날에는 비가 오면 강의가 없었습니다. (청중 웃음) 제가 40년 동안 교수 생활했는데 비가 오면 강의한 적이 없습니다. (청중 웃음) 뭐 이유를 대라면 많지요. (청중 웃음) 그렇지만 실제로는 비가 오면 제 머리가 잘 안 돌아요. 그래서 혹시 오늘 말이 조금 이상해도 그렇게 잘 이해하시고 들어주세요. (청중 웃음)

이제 우리가 지난 시간까지는 어떻게 하나님의 자녀가 되어서 우리의 생활에 믿음과 소망과 사랑을 풀이해야 하는가를 살펴보았습니다. 오늘은 욥기의 말씀을 함께 생각해 보려고 합니다.

여러분, 구약성경이 참 재미있게 되어 있습니다. 이 욥기를 중심으로 해서 보면 앞에는 전부 역사 사건의 기록이에요. 그다음에는 예언서도 나오고 시편도 나오고 그러는데 욥기의 위치가 시간으로 보면 인생의 중반 시기이지요. 믿음으로 신앙생활을 하는 데에 있어서 그 중간 시기가 욥기와 같은 때가 많습니다. 요새도 왜 하늘이 저렇게 수재민에게 또 수재를 주고 그러시느냐? 하나님이 보지 못하시는거냐? 그다음에는 교회에서 가서 봉사하느라고들 애씁니다. 그런데 사실 이런 것이 다 인생의 신앙생활 하는 데 있어서 하나님과 마귀와 사람, 이 삼자의 삼각의 관계가 어떻게 되는가의 문제와 관련되어 있습니다.

이 욥기를 쓴 사람의 서술법이 전형적인 중동식의 서술법입니다. 중동 가보면 말이 많아요. 한마디로 끝나는 법이 없습니다. (청중 웃음) 이거는 이렇지 않느냐, 그러므로 저거는 저렇지 않으니까 이렇지 않느냐? 뭐 이렇게 해서 말하는데 (청중 웃음) 대단합니다. 그래서 물건 하나 사려고 해도 물건 사는 것 자체는 잠깐이면 살 수 있는데 그렇게 되질 않아요. 이 사람들이 재미를 어디에 붙였냐 하면 사는데 붙이지 않고 흥정하는데 붙여요. (청중 웃음) 그런데 그 흥정이라는 것에서 말의 태도가 참 재미있어요. 그래서 욥기를 읽을 때 여러분이 머리를 잘 써야지, 그렇지 않으면 그 사람들의 그 말투에 묻혀서 그 진의를 찾아보기가 어려워요.

욥기 전체가 42장으로 길게 되어 있어요. 이걸 이제 하나하나 여러분과 같이 이야기하려고 하는데, 우선 서막이 있어요. 이제 하늘 위에서 되는 '프롤로그'(Prologue), 서막이 있고 그다음에 뭐가 나오냐 하면 같은 말을 세 번씩 세 번 합니다. 그래서 '세트'(Set)로 1막, 2막, 3막이 나와요. 그다음에 마지막으로 '에필로그'(Epilogue) 그러니까 우리말로 종막이 나옵니다. 그래서 이거 전체를 보면 다섯 장으로 되어 있는데 여러분이 잘 분간해서 보세요. 그런데 요점은 프롤로그에 벌써 제시되었습니다. 그래서 그 문제를 다루다가 에필로그에 가서는 그 결론을 지어요. 그래서 하나 던지고 하나 받는데 이거 대칭적으로 잘 쓰여 있어요. 그러나 뭐 문장이 대칭적으로 썼다고 그래서 문학으로는 꼭 좋은 것은 아닙니다. 요새 사람은 대칭으로 쓴 것을 좋아하지 않는 것 같아요. 그래서 여러분이 이 문장의 스타일을 꼭 배워야 된다는 것이 아니고, 그 시대의 것이라고 그렇게 여기고 보세요. 자, 이제 우리가 시작할 텐데, 먼저 1장 조금 읽어주세요.

> 우스 땅에 욥이라 이름하는 사람이 있었는데 그 사람은 온전하고 정직하여 하나님을 경외하며 악에서 떠난 자더라(욥기 1:1).

여기에 뭘 전제로 하냐 하면 온전하고 정직하다고 그랬습니다. 그러면 제가 여러분에게 묻겠어요. 무엇이 온전한 겁니까? 온전하다는 말이 어떻게 되겠어요? 온전한 것이 무엇이라고 대답이 되어 있지 않습니다. 그런데 이게 왜 대답이 안 되어 있느냐? 우리가 이걸 갖다가 글자를 떼어서 그 글자의 의미를 택하려면 성립되지가 않습니다.

우리가 지금까지 계속 이야기하는 것이 있는데 성경 전체에서 말씀하는 틀이 있다는 겁니다. 틀이 있는데, 그 틀 안에서의 온전하다는 뜻이 어떻게 됐느냐, 그것을 찾으면 됩니다. 그러니까 여기에 있어서도 온전하다는 것은 어떤 뜻이겠습니까? 쉽게 이야기해서 주기도문으로 들어와서 하나님과 사람, 사람과 사람, 그다음에 사람과 자연, 그렇게 3부로 나뉘어 있지 않습니까? 그래서 온전하다는 말은 하나님과의 관계에서도 온전하고, 사람하고 사람 관계에서도 온전하고, 사람하고 자연하고 관계에도 온전하다는 의미의 온전이라는 말입니다. 여러분, 그 말을 성경 밖에 놓고 온전하다고 그러면 큰일 나요. 왜냐하면 말이라는 것은 그 한계가 있어서 한계 옆에다가 두고 다루면 그 말이 거짓말이 됩니다. 잘못된 말이 되고, 확실치 않은 말이 되고, 의미 없는 말이 돼요. 그래서 주제는, 전체 여기의 주제는 다시 성경으로 돌아가서, 온전함입니다. 우리가 어떻게 온전할 수 있느냐? 온전한 것이 무엇이냐? 그것을 이제 이야기해요.

그래서 욥이 말할 때 참 반복 많이 한 것 같습니다. 어떤 사람은 이 말 저 말 비슷한 말을 왜 이렇게 중복하냐고 그러는데 그런 것이 아닙니다. 자기는 하나님 앞에도 이렇게 했고, 사람 앞에도 이렇게 했고, 내 모든 물질에 대해서도 이렇게 했다고, 그렇게 말하는 것으로 나옵니다. 자, 이제는 막이 바뀝니다. 온전(Integrity)이라는 말 잊지 마세요. 완전하다, 온전하다는 말을 아래에다가 품고, 그다음에 천상에 대한 막이 나와요.

하루는 하나님의 아들들이 와서 여호와 앞에 섰고 사단도 그들 가운데 왔는지라(욥기 1:6).

자, 보세요. 여러분 생각에는 마귀가 고약하고 끔찍해서 그놈은 아예 하늘에 들이지도 않고 상대도 안 하는 줄 알지만, 여기 보면 재미있는 이야기가 나와요. 하나님의 자녀들이 있는데 사탄도 와요. 꼭 잊지 마세요. 여러분 교회에 꼭 하나님의 아들만 들이려고 하지 마세요. 마 귀도 와서 예배봅니다. 당신 옆에 와서 그러니까 괜히 또 가서 '주여', '아멘'하면 '아멘'은 당신만 찾을 줄 알아요? 마귀도 옆에서 '아멘'할 수 가 있어요.

> 여호와께서 사단에게 이르시되 네가 어디서 왔느냐, 사단이 여호와께 대 답하여 가로되 땅에 두루 돌아 여기저기 다녀왔나이다. 여호와께서 사단 에게 이르시되 네가 내 종 욥을 유의하여 보았느냐. 그와 같이 순전하고 정직하여 하나님을 경외하며 악에서 떠난 자가 세상에 없느니라(욥기 1:7-8).

여기 온전하다는 것, 이 주제가 다시 나옵니다.

> 사단이 여호와께 대답하여 가로되 욥이 어찌 까닭 없이 하나님을 경외하 리이까? 주께서 그와 그 집과 그 모든 소유물을 산울로 두르심이 아니니 이까. 주께서 그 손으로 하는 바를 복되게 하사 그 소유물로 땅에 널리게 하셨음이니이다. 이제 주의 손을 펴서 그의 모든 소유물을 치소서. 그리 하시면 정녕 대면하여 주를 욕하리이다(욥기 1:9-11).

하나님과 사람, 사람과 사람, 사람과 재물의 관계에 있어서, 물질 문제에 대해서 하나님이 이렇게 울타리를 싸주니까 당신을 공경한다 고 그런 겁니다. 그러니까 1/3만 이야기한 거예요. 그러니까 하나님이 뭐라고 그러세요?

여호와께서 사단에게 이르시되 내가 그의 소유물을 다 네 손에 붙이노라. 오직 그의 몸에는 네 손을 대지 말지니라. 사단이 곧 여호와 앞에서 물러 가니라(욥기 1:12).

이것도 참 재미있게 잘 썼습니다. 이거 서술(Description)이 문장에 참 잘 포함되어 있어요. 사탄보고 '너 어디 갔다 왔니?' 하시니까 '천상 천하 안 간 데가 없습니다' 그랬습니다. 이거 잊지 마세요. 안 간 데가 없어도 사탄이 쓸데없이 일하지 않습니다. 당신이 나가다가 문밖에 나가서 뭐에 걸려서 이마가 깨지는 것, 이거 사탄의 시험 아닙니다. 당신이 실족해서 머리가 깨진 거지, 사탄은 천하를 다 다니면서 뭐를 공격하냐면 제일 핵심 되는 하나님과 사람 관계, 사람과 사람 관계, 사람과 자연 관계, 이 핵심 문제를 가지고 흔들지 뭐 싸우다가 머리가 깨지고 피가 흘러서, 이런 것은 하나님도 아니고 사탄도 아닙니다. 당신끼리 싸움하다가 깨진 것입니다.

우리 생각의 약점이 하나님은 전지전능하시고 무소부재하시다고 그래서 그저 일단 다 몰고 가고 또 악한 것은 마귀가 악하다고 해서 전부 잘못되게 했다고 몰고 가는 것에 있습니다. 그래서 지금 이 태풍도 마귀가 불어서 그렇다고 하면 마귀가 입이 그렇게 커요? 마귀가 불면 뭐 지구가 흔들린다고 하는 이런 생각은 하지 마세요. 다 그렇게 너무 과장하지 말고 주제를 분명히 찾으세요. 마귀도 하나님의 제일 온전하다는 그 점을 공격합니다. 그렇게 마귀가 한가롭지 않아요. '너 어디 다녔니?' '나 천상 다 다녀 보았어요.' 그렇게 하고 하나님께서 욥을 봤냐고 물으실 때 다 보았다고 이렇게 나오지 않습니까? 자기도 다 보았다고 합니다.

그러니까 여러분 절대 마귀를 우습게 보지 마세요. 그저 '사탄아, 물러가라!' 하고 소리치면 물러갈 줄 알아요? 당신들 고함치는 것 같은 것은 합창으로 떠들어도 꿈쩍도 안 합니다. 그러니까 여러분 마음을 분명히 잡으세요. 당신의 속의 혼돈을 마귀라고 그러지 말고, 당신네 좋은 것을 가져다가 하나님 것이라고 그러지 마세요. 하나님은 하나님 것이 있고, 마귀는 마귀 것이 있고, 당신은 당신의 것이 있습니다.

그래서 이 '트릴로지'(Trilogy), 3에 있어서 여기에서 지금 나오는 이야기의 핵심을 보세요. 주변을 보지 마세요. 성경 보는 사람들이 너무 한눈을 팔아요. 한눈팔기 때문에 성경이 전부 다른 소리로 나오는 것입니다. 그러니까 하나님 말씀이 무슨 말씀으로 변했냐 하면 당신 말로 변했고, 당신 생각으로 변한 거예요. 그럼 당신들 성경 볼 필요가 없어요. 당신 머리가 그러면 성경이 그렇게 뵈고 말아요. 그래서 이거 항상 조심해야 됩니다.

자, 그러면 이제 사탄이 말할 것도 없이 막 때려죽일 것 아닙니까? 다 죽이는데 동물만 죽이는 것이 아니에요. 사람과 사람의 관계에서 마귀는 하나 더해서 하루아침에 자식까지 다 죽여버려요. 그러면 욥이 뭐라고 이야기하겠어요?

욥이 일어나 겉옷을 찢고 머리털을 밀고 땅에 엎드려 경배하여 가로되 내가 모태에서 적신이 나왔사온즉 또한 적신이 그리로 돌아가올지라. 주신 자도 여호와시오 취하신 자도 여호와시오니 여호와의 이름이 찬송을 받으실지니이다 하고 이 모든 일에 욥이 범죄하지 아니하고 하나님을 향하여 어리석게 원망하지 아니하니라(욥기 1:20-22).

자, 여러분 감사절에 왜 감사합니까? 우리가 추수 감사절이라고 하는데 우리가 뭘 심어서 좋은 결실이 나오기 때문에 하나님께 감사합니까? 미국 사람도 아메리카 대륙에 건너가서 살기가 어려웠는데 옥수수도 먹게 되고, 콩도 잘 자랐고, 칠면조도 잘 잡아먹고 살아서 감사하는 겁니까? 1년 됐으니까 이젠 감사합니다라고 해서 감사절이 생겼다고 그러는데 여러분, 이것도 조심하세요.

주신 자도 여호와시오 취하신 자도 여호와시오니 여호와의 이름이 찬송을 받으실지니이다.

여기에서 문법상으로 용어를 참 재미있게 썼어요. 여러분, '마음이 가난한 자는 복이 있을지어다' 하면 그거는 누가 하는 말입니까? 하나님이 복 주시겠다는 말 아닙니까? 그런데 지금 말이 거꾸로 되었습니다. 여기서 '바라크'(ברך)라는 말을 써요. 그러니까 하나님께서 축복하신다는 것이 아니고 내가 하나님을 축복하겠다는 말이에요. 이거 말이 거꾸로 되었어요. 그런데 이 용어가 욥기에서 몇 차례 나오고 또 다니엘서에도 몇 번이 나와요.

하나님께서 너희를 축복하리라는 그 말이 여기에는 내가 하나님을 복 빌어준다는 말이 됐어요. 그러니까 문장법으로 볼 때는 조금 이상한 말입니다. 하나님이 우리에게 복 주시는 것인데, 이건 지금 주신 것도 당신이요 가져간 것도 당신인데 "하나님 축복받으소서" 이렇게 되었습니다. 여러분, 다 참고해 들으세요. 이거 문장법이 보통이 아닙니다.

여기에서 하나는 꼭 기억하세요. 주어서 하나님 보고 감사하다고 하면, 하나님이 빼앗아 가면 저주합니다. 이거 꼭 조심하십시오. 받아서 감사하다는 사람은 좋지 않은 사람이에요. 왜냐하면 빼앗아 가면 하나님을 저주해요. 그렇지 않습니까? 뭐 억울하다고 그러고 말이야. 꼭 기억하세요. 받아서 하나님 앞에 감사하다는 것은 진정한 감사가 아닙니다. 지금 여기서 모든 경로를 거쳐서 이런 문제를 다 깨끗하게 씻어줍니다. 여기에 이 씻는 방법이 세 막이 지나면서 완성됩니다.

여기에서는, 주었을 때나 가져갔을 때 욥에게는 온전, '인티그리티'(Integrity)가 있다는 말입니다. 그러니까 아까 우리 공부하던 말, 그 말을 히브리 말로 '투마'(תומה)라고 그래요. 그래서 온전했다는 그 말의 뜻이 주었을 때도 욥은 온전했고, 가져갔을 때에도 욥은 온전했다 이 말입니다. 이거 잊지 마세요. 당신네들 신앙이 제대로 되려면 이때도 온전해야 하고, 저때도 온전해야 합니다.

그런데 우리에게는 늘 감사라는 것이 나에게 무엇을 주었기 때문에, 내 마음에 느껴서 그걸 고맙게 생각한다는 것에서 옵니다. 그게 반대 방향으로도 감사라는 말이 되어야 하는데 우린 안 되어 있어요. 서양말에도 되어 있지 않아요. "Thank you" 하면 아시지요? 뭘 해주니까 "Thank you" 하지요. 그러나 발길로 한 대 차봐요. 당장 "You SOB" 이렇게 나오지 않아요? (청중 웃음) 사실은 이렇게 해도 "Thank you"가 나와야 하는데 그렇지 않아요. 하나님 앞의 모든 세 면의 관계에서 늘 감사가 나와야 되는데 그렇지가 못해요.

그런데 이거 참 이상해요. 기독교인이 더해요. 여러분, 뭐 다 지난 이야기입니다만 여운형 씨 잘 아시지요? 그분이 참 잘생겼습니다. 그분의 자제들도 참 잘났어요. 첫째가 홍국이, 둘째가 봉국이인데 저보다는 형님뻘이었어요. 그 얼굴이 꼭 사과 같아요. 빨갛고, 동그랗고,

정말 탐날만한 자식들입니다. 여러분, 이다음에 상하이 가면 여기 임시정부가 4호이고, 2호를 통해서 4호로 들어가게 되어 있어요. 2호는 다락방인데 거기에서 여운형 씨네가 살았어요. 그분의 출신이 본래 성경을 파는 사람이에요. 매서인(賣書人)이었습니다. 지금은 그분이 사회주의자라고 그러는데 이거 다 이유가 있답니다. 그때 그만 집에 불이 났어요. 그래서 아들 둘이 그냥 타서 죽었어요. 그러니까 이분이 앉아서 '하나님? 야, 관둬라'하고 뒤집힌 거예요. 그래서 그다음에 좌익으로 건너간 거예요. 오른편으로 가다가 왼편으로 뛴 거예요. 줄 때는 감사하다고 그러고, 데려가니까 왼편으로 점프해서 가서 그 사람이 사회주의자가 된 겁니다. 그다음부터는 하나님 없다는 거예요. 그런데 뭐 그랬다고 그래서 있고 없다는 것이 아니라, 이런 점들을 조심하시란 말입니다. 특히 우리나라 사람에게는 이게 강해요. 이게 안 되면 저리로 쳐요. 이쪽으로 안 되면 저쪽으로 때리는 성격이 있는데 참 이상해요. 안정된 성격이 아니고 반발하는 성격이 많아요. 그래서 우리는 특히 신앙에 있어서 이 점을 조심해야 됩니다.

또 하루는 하나님의 아들들이 와서 여호와 앞에 서고 사단도 그들 가운데 와서 여호와 앞에 서니 여호와께서 사단에게 이르시되 네가 어디서 왔느냐 사단이 여호와께 대답하여 가로되 땅에 두루 돌아 여기저기 다녀왔나이다. 여호와께서 사단에게 이르시되 네가 내 종 욥을 유의하여 보았느냐, 그와 같이 순전하고 정직하여 하나님을 경외하며 악에서 떠난 자가 세상에 없느니라. 네가 나를 격동하여 까닭 없이 그를 치게 하였어도 그가 오히려 자기의 순전을 굳게 지켰느니라(욥기 2:1-3).

여러분, 테마를 잊지 마세요. 온전하다는 말, 하나님과의 관계, 인간의 관계, 자연의 관계가 다 온전했었다는 말입니다.

> 사단이 여호와께 대답하여 가로되 가죽으로 가죽을 바꾸오니 사람이 그 모든 소유물로 자기의 생명을 바꾸올지라. 이제 주의 손을 펴서 그의 뼈와 살을 치소서. 그리하시면 정녕 대면하여 주를 욕하리이다. 여호와께서 사단에게 이르시되 내가 그를 제 손에 붙이노라. 오직 그의 생명은 해하지 말지니라(욥기 2:4-6).

자, 하늘의 장면이 이렇게 끝납니다. 그런데 사탄이 절대로 쉬지 않습니다. 그 이튿날 또 천하 다 다녔어요. 여러분도 악하게 놀려면 좀 그렇게 근검하세요. (청중 웃음) 악하려면 악하고 근면해야 합니다. 이거 우리나라 사람이 약한 부분입니다. 그래서 우리나라 사람이 싸움하면 지는 경우가 많아요.

여러분, 저도 이 학교에서 당한 것이 많지만, 이 학교에서 보니까 약한 것이 역시 그것입니다. 싸움 한 다음 벌써 잊었어요. 그래서 우리나라에서는 설명하지 마세요. 뭐 잘못했으면 괜히 청문회 나가서 변명하려고 그러지 마세요. 그거 그러냐고 그런 다음에 몇 달만 집에 들어가서 가만히 있으세요. 왜냐하면 우리나라 사람들이 기억력이 나빠서 한 석 달쯤 지나면 싹 잊어버려요. (청중 웃음) 그래서 잘못된 다음에 한 석 달 동안 가만히 있으세요. 그러면 다 잊어요. 누가 하나 기억하는 줄 아세요? 마음 푹 놓고 살아도 됩니다. 그렇지만 외국에서는 그렇지 않아요. 다 기록이 되어서 너 그때는 이랬고, 이때는 이랬고, 그렇게 다 되어 있습니다. 요새 찾는다는 것은 그때 떠들다가 잊어버려서 다시 찾아본다는 겁니다. 다시 찾아보는데 그것도 석 달 가면 다 없어져요. (청중 웃음) 그래서 걱정하지 마세요. 이 나라 같이 죄인들의 천국이 없어요. (청중 웃음) 여러분이 죄진 다음에 어디 가서 살아야 되느냐? 지옥 갈 생각 마세요. (청중 웃음)

사탄이 악해도 근검합니다. 하나님을 설득할 수 있도록 24시간 세상을 다니고 다녀서 이유를 충분히 찾아냅니다. 그래서 하나님이 뭐라고 대답하십니까? 생명만 남기고 해볼 테면 다 해보라고 합니다. 이거 하나님이 끌려 들어가지 않습니까? 그래서 누가 고생해요? 욥이 이제 고생하지 않습니까? 얼마나 마귀의 설득력이 강한가 자세히 보세요. 하나님도 할 수 없이 욥이 고생하는 걸 보고 있어야 돼요. 그래서 악한 놈이 되려고 해도 근검해야 하고, 머리가 비상해야 됩니다. 그런데 한국에는 머리가 비상한 사람도 없고 근검한 사람도 없어서 악도 제대로 크지를 못해요. 저는 한국에도 악이 있으려면 좀 강한 놈이 있었으면 좋겠어요. 악도 강하면 그 미(美)가 있는데 우리나라에는 없어요. 저는 외국에서 태어났기 때문에 짝이 없어서 어떤 때에 당하면 혼자 당합니다. 그러나 여기에서 45년 있었지만, 아직도 평안하게 잘 살지 않아요? (청중 웃음) 얼마나 당하는 줄 아십니까? 그러나 여기 싸움하는 사람들이 다 약해요. 기독교인들이 아셔야 합니다. 강하게 쉬지 않고 붙잡고, 끝까지 머리를 잘 쓰세요. 그렇게 하면 상대방이 넘어가요. 그리고 넘어갈 때는 아주 멋있게 때려치우세요. 저놈이 넘어간다면 가서 싸매도 주고 그러면 상대방이 더 급하게 됩니다. 여러분 마음 놓고 장난하세요. 여러분 기독교인의 늠름함, 여유 있는 모습으로 살아가세요. 잘 생각합시다. 24시간 쉬지 않아야 되고, 머리도 많이 사용해야 합니다. 하나님도 설득되어서 어떤 일을 하지 않을 수 없을 정도로 그렇게 철저히 해야 합니다. 성경 볼 때 자꾸 편견 가지고 마귀는 도깨비라고 생각하지 마세요. 도깨비는 당신 머릿속에서 된 것이고, 마귀는 실체입니다. 여러분, 조심하세요. 이제 욥이 어느 정도로 당했는지 보시면 정말 고생하는 시간이 나옵니다.

> 사단이 이에 여호와 앞에서 물러가서 욥을 쳐서 그 발바닥에서 정수리까지 악창이 나게 한지라. 욥이 재 가운데 앉아서 기와 조각을 가져다가 몸을 긁고 있더니 그 아내가 그에게 이르되 당신이 그래도 자기의 순전을 굳게 지키느뇨. 하나님을 욕하고 죽으라. 그가 이르되 그대의 말이 어리석은 여자 중 하나의 말 같도다. 우리가 하나님께 복을 받았은즉 재앙도 받지 아니하겠느뇨 하고 이 모든 일에 욥이 입술로 범죄치 아니하니라 (욥기 2:7-10).

아내에 대한 내용이 나오는데, 이것은 사람과 사람의 관계에 대한 주제입니다. 아내는 벌써 하나님과의 관계가 파괴되었고, 자기 남편에게 하나님 빨리 저주하고 죽으라고 합니다.

여러분, 사람들이 다 천생인연이라 그러는데, 그거 다 근거 없이 말하지 마세요. 하늘나라에는 장가도 안 가고 시집도 안 간다고 했는데 무슨 천생의 인연이요? (청중 웃음) 그런 말은 조심해서 잘 쓰세요. 그래서 꼭 마누라 얻었다고 너무 이상적으로 생각하지 마세요. 그 사람도 하나의 인간입니다. 그래서 욥과 같은 일을 당할 때 이 사람은 참지 못하고, 하나님하고도 거리가 멀어지고, 남편하고도 거리가 멀어져요. 물질과의 관계는 이미 다 없어졌습니다. 그래서 마누라 탓하지 마세요. (청중 웃음) 인생의 길을 함께 걸어가는데 마누라는 또 하나의 인간입니다.

자, 여기에도 온전이라는 말이 나오는데 이제 아시겠지요? 하나님과 사람, 사람과 사람, 사람과 자연의 관계를 잘 지켰다는 말입니다.

그다음에는 세 친구가 나옵니다. 자기와 가장 친한 친구들입니다. 이것도 조심하십시오. 여기 세 친구가 오고, 젊은이가 하나 따라 나옵니다. 세 친구를 등장시켜 이 서클을 세 번 돌립니다. 셋을 세 번 돌리니까 결국 아홉입니다. 잊지 마세요. 그런데 제가 왜 이것을 이야기하냐 하면 여러분, 9층천이라는 말 들어보셨지요? 그 당시에 제일 많다는 숫자를 셋으로 생각해요. 그래서 여러분 삼천리강산이라고 그럴 때 누가 재어 보고 삼천리가 아닙니다. 삼천리는 가장 크다는 말이에요. 큰 나라라는 겁니다. (청중 웃음) 탑을 보면 9층들 많아요. 그건 가장 높다는 겁니다. 그런데 여기 욥기에서는 셋을 사용했으니 그건 무슨 말이겠습니까? 할 말 다 했다는 겁니다. 아시겠습니까? 그 설정을 보세요. 아주 재미있게 되어 있습니다. 그러니까 온전하다는 주제의 말이 세 번의 세 번으로 구성되어서 정말 온전하다는 말이 나오게 됩니다. 이런 것은 욥기라는 작품의 특징적 표현법이니까 잘 이해하세요.

그다음에 이제 3장에 가서는 하도 아프고 괴로우니까 욥이 자기의 신세타령을 합니다. 읽어주세요.

그 후에 욥이 입을 열어 자기의 생일을 저주하니라. 욥이 말을 내어 가로되 나의 난 날이 멸망하였더라면, 남아를 배었다 하던 그 밤도 그러하였더라면, 그날이 캄캄하였었더라면, 하나님이 위에서 돌아보지 마셨더라면, 빛도 그날을 비취지 말았었더라면…(욥기 3:1-4).

이 사람이 재산 다 없어지고, 자식 다 죽고, 자기는 역병에 들고, 이제 죽어가니까 죽는 순간이 가까이 왔을 때 차라리 내가 나지 않았다면 하고 처음으로 돌아가는 말입니다. 왜 갑자기 어머니를 저주하고 나오느냐? 그거 그렇게 생각하지 마세요. 한탄을 하는 데에도 하나님과 사람과 자연의 셋을 다 사용합니다. 천지도 창조 안 되고 나도 태어나지 않았더라면 현재의 고통이 없었지 않느냐는 말입니다. 그래서 지금의 고통을 지금 한탄하려고 하지 마세요. 고통의 뿌리까지 맺힌 한을 이야기하는 겁니다.

우리나라 문장을 쓰는 사람들이 약한 것이 하나 있는데, 오늘 당한 것을 오늘 아프다고 그래요. 그래서 일제 아래서도 내가 얻어맞으니까 내가 아프다는 겁니다. 그리고 좀 더 유명해지려면 아프다고 막 고함을 더 쳐요. 그다음에 더 아프다고 하면 그게 유명하게 된다는 겁니다. 그런데 염상섭 선생의 문한은 다른 점이 있었습니다. 지금 우리가 고통당한 것은 그저 앉아서 당하는 고통이 아니라, 욥이 지금 땅에 떨어져서 진흙탕에서 몸부림치고 있는 시대라고 역(易)을 사용해서 풀이해 주었습니다. 그래서 몸부림쳐서 다시 하늘로 올라가면 우리 민족의 영광을 보는 때가 오는 것이라고 했습니다. 여러분, 그렇게 이야기하면 지금 아파도 내일이 보이지 않습니까? 그런데 오늘날 신문을 한번 보세요. 내일이 보이지를 않게 쓰고 있습니다. TV도 한번 보세요. 내일이 보이지를 않아요. 예를 들어 수재 현장을 다 보여주고는 보도 잘했다고 생각해요. 그다음에 모두 다 성금 내라고 해서 어린아이들까지 저금통 털어서 성금을 내게 하고, 그러면 또 우리는 잘하고 있다고 생각합니다. 그래서 오늘은 아무개가 몇천만 원 냈다고 그럽니다. 이거 정말 얼마나 천박한 일입니까? 여러분 언제 이거 잠이 깰는지 모르겠어요. 여러분에게 당부하는데, 다른 사람이 당한 일을 직접 처리한다는 것은 너무도 천박한 겁니다.

여러분, 대학에 와서 무엇을 공부합니까? 역사도 공부하고 문화도 공부해 보면 이런 고난의 사건이 발생할 때 큰 루트가 있다는 것을 볼 수 있습니다. 욥은 지금 죽게 된 일을 당하면서 천지창조까지 없었더라면 지금의 내가 없을 것이 아니냐고 이렇게 깊게 한탄하고 있는 겁니다. 이 사람들의 문장은 길고 그 깊이가 있어요. 회개하라고 그러는데 다른 것으로 회개하라고 그러지 말아요. 눈을 멀쩡하게 뜨고서 죄짓고 있는 이 백성들이 회개해야 합니다. 깊은 문장을 보세요. 지금 여기에 일어난 일에 대한 말이 아닙니다. 그 근본을 따라서 창세까지 가서 천지가 창조되지 않았더라면 이런 일이 없었지 않겠냐고 합니다. 그렇게 보면 보통의 문화적 깊이를 가진 것이 아닙니다.

미안하지만 우리는 월드컵 축구에서 이기고, 응원을 잘해서 국운이 상승한다고 하는데, 그 사람이 다 그 사람인데 갑자기 뭐가 잘됩니까? 돈을 그만큼 쓰고도 일은 그만큼 안 하고 놀았으니까 오히려 더 저주받아요. 여러분 잘 몰라서 그렇지 히딩크 감독이 영웅이라고 떠들지만, 이다음에 잘 보세요. 그 사람이 또 네덜란드인(Dutch)입니다. 영어에서 '더치'라는 말 아시지요? 욕하는 말입니다. 그래서 이다음에 보세요. 얼마 지나면 그 사람 싫어한다는 소리가 나올 겁니다. 어떻게 싫어하는가 하면 와글와글 끓어서 싫어한다고 합니다. (청중 웃음) 두고 보세요. 그때는 또 그때입니다. 그리고 석 달 지나서 또 잊어버려요. (청중 웃음) 여러분이 인문학을 공부해서 다른 문화의 깊은 것을 찾아야 합니다. 그리고 깊은 문화가 몸에 배어 있다는 것도 보아야 합니다.

데만 사람 엘리바스가 대답하여 가로되…(욥기 4:1).

여기에 나오는 세 사람의 이름이 자기의 특징을 다 가지고 나옵니다. 엘리바스(Eliphaz)라는 사람은 그 이름의 본의가 집행관이에요. 그런데 이 사람은 족보 없는 사람입니다. 동양에서 4,000~5,000년 전의 기록을 보면 족보 있는 사람과 족보 없는 사람이 있습니다. 완전히 다릅니다. 족보가 없는 경우에 조상의 직업에서 이름을 가져옵니다. 그래서 그 직업이 후손의 이름으로 다 나와요. 가령 엘리자베스 테일러 하면 모두 아름답다고만 생각하지만, 족보 없는 사람입니다. (청중 웃음) 왜냐하면 그 조상이 누구냐 하면 재봉사(Tailor)입니다. 족보가 없는 경우에 해당합니다. 그다음에 처칠(Churchill)하면 언덕 위에 사는데 그 언덕 위에 교회가 하나 있었다. 이 말이에요. (청중 웃음) 그래서 괜히 지금 와서 떠들지만, 족보 없는 겁니다. 족보 있는 경우는 그렇지 않고 씨(氏)가 있습니다. 제일 처음에 족보는 동물로 나와요. 우리나라의 단군 이야기에서 환웅이란 말은 중국의 황제 족보와 관계가 있다는 겁니다. 그 자식들이 곰이라 하고, 곰 가운데 하나, 둘, 셋, 넷, 일곱 마리가 있어요. 그런 것은 다 분간해서 봐야 하는데, 여하간 여기에서 이 엘리바스라는 사람은 집행관이라는 말입니다. 그런데 성격도 여기에 맞춰서 이야기가 나와요.

누가 네게 말하면 네가 염증이 나겠느냐 날지라도 누가 참고 말하지 아니하겠느냐 전에 네가 여러 사람을 교훈하였고 손이 늘어진 자면 강하게 하였고 넘어져 가는 자를 말로 붙들어주었고 무릎이 약한 자를 강하게 하였거늘 이제 이 일이 네게 임하매 네가 답답하여 하고 이 일이 네게 당하여 네가 놀라는구나. 네 의뢰가 경외함에 있지 아니하냐. 네 소망이 네 행위를 완전히 힘에 있지 아니하냐. 생각하여 보라 죄 없이 망한 자가 누구인가. 정직한 자의 끊어짐이 어디 있는가. 내가 보건대 악을 밭갈고 독을 뿌리는 자는 그대로 거두나니 다 하나님의 입기운에 멸망하고 그 콧김에 사라지느니라. 사자의 우는 소리와 사나운 사자의 목소리가 그치고 젊은 사자의 이가 부러지며 늙은 사자는 움킨 것이 없어 죽고 암사자의 새끼는 흩어지느니라(욥기 4:2-11).

직업이 집행관이니까 할 수 없어요. 엘리바스가 여기에 인과론(Causality)을 두고 원인이 있어야 벌을 받는다는 것을 전제합니다. 그러니까 이 사람의 이론은 이런 범죄가 될 적에 괜히 벌 받는 것이 아니라는 겁니다. 그래서 욥이 지금 이렇게 벌 받고 있는데 원인이 어디에 있느냐를 찾아봐야 한다는 겁니다. "네 죄가 어디에 있느냐? 너의 죄가 이렇게 있기 때문에 이렇게 벌을 받는 것이다." 그래서 죄를 찾아서 회개해야 되지 않겠느냐는 겁니다.

엘리바스가 세 번 나오는데, 아까 말씀드린 셋의 의미를 기억하지요? 세 번 모두 이런 식으로 구성되어 있습니다. 그 사람의 직업과 성격과 말한 내용이 일치되는 겁니다. 이렇게 문장을 쓸 때 개성이 살아난다는 것을 보세요. 모든 차원이 한꺼번에 합쳐져서 그 사람의 개성을 입체적으로 살아나게 하는 것입니다. 입체적으로 살아난다는 것에 있어서 여러분은 아직도 공간의 3차원만 가져요. 그런데 사실 머리는 6차원으로 되어 있습니다. 보통 사람은 3차원까지 사용합니다. 이것은 고급이 아닙니다. 여러분, 동물적으로 보면 아주 저급입니다. 왜냐하면 머리를 발달시키지 않았어요. 두뇌 안에 신경세포조직이 6층으로 되어 있습니다. 그런데 생각이 3층도 못 올라간다면 평면인간이에요. 즉, 이차원 인간밖에 안 됩니다. 그래서 잊지 마시고, 아침부터 저녁까지 생각하고 쉬지 말고 뛰어야 6층에 올라갈 겁니다. (청중 웃음) 그런데 엘리바스의 생각이 틀린 것이고 저급의 사고방식입니다. 벌을 받는다면 원인이 있지 않느냐? 죄가 있다면 그것을 회개해야 되지 않느냐? 이거 괜찮은 이론 같지요? 아닙니다.

그러면 욥은 뭐라고 대답하겠어요? 지금 엘리바스는 집행관의 심성에서 인과(Cause and Effect)로 설명하여 이런 죄가 있어서 이런 벌을 받는다는 것인데, 욥의 대답은 마지막에 뭐라고 나오겠습니까? 예상 되십니까? 욥의 마지막 대답은 이런 일이 없어도 저렇게 될 수 있고, 저런 일 없어도 이렇게 될 수 있다는 걸 주장합니다. 원인이 있으면 반드시 결과가 있다? 이런 죄가 있기 때문에 이런 벌을 받을 수 있게 되었다? 그러나 욥은 엘리바스의 인과론을 다 무너뜨립니다. 이거 아주 중요한 겁니다. 세상이 인과로 되어 있지 않습니다. 그거 깨달은 사람이 누군지 아세요? 욥도 물론 한 분이겠지만, 이것을 역사적으로 철저하게 인과라는 관계가 없고 사람 머리 안에서 인과의 관계를 형성했다는 것을 주장한 분이 부처입니다. 그다음에 서구에서 아주 철저히 연구한 사람이 영국의 데이비드 흄(David Hume)입니다. 그래서 여러분, 이거 다 공부하세요. 그런데 이걸 깨달은 사람들은 보통 사람이 아닙니다. 깨달은 다음에는 해탈로 들어가요. 그래서 부처가 해탈한 겁니다. 데이비드 흄은 이론적으로 해탈해 들어가지요. 그래서 여러분이 인과관계에 잡히지 마세요. 원인하고 결과가 어떻게 연결이 된다고 하는가를 잘 보세요.

수아 사람 빌닷이 대답하여 가로되 네가 어느 때까지 이런 말을 하겠으며 어느 때까지 네 입의 말이 광풍과 같겠는가 하나님이 어찌 심판을 굽게 하시겠으며 전능하신 이가 어찌 공의를 굽게 하시겠는가 제 자녀들이 주께 득죄하였으므로 주께서 그들을 그 죄에 붙이셨나니 네가 만일 하나님을 부지런히 구하며 전능하신 이에게 빌고 또 청결하고 정직하면 정녕 너를 돌아보시고 네 의로운 집으로 형통하게 하실 것이라. 네 시작은 미약하였으나 네 나중은 심히 창대하리라(욥기 8:1-3).

여기에 빌닷(Bildad)의 테마가 나옵니다. 정의라는 말이 나옵니다. 엘리바스는 인과를 말하는데, 빌닷은 하나님의 정의를 말해요. 그러면 정의라는 것이 무엇입니까? 요새 정의를 주장하며 사회적으로 투쟁하는데 도대체 누구의 주장이 하나님의 정의입니까? 여기의 용어를 잘못 사용하지 마세요. 하나님이 정의라고 하는 빌닷의 이야기는 범죄한 것이 이만큼이면 벌도 이만큼 받는다는 것입니다. 하나님이 꼭 맞도록 맞춰서 형벌을 주신다는 겁니다.

이제 보세요. 욥이 지금 참 고통스러운 벌을 받고 있는데 하나님이 정의로우시다면 꼭 맞는 그만한 죄가 있을 것이라는 전제하에 묻고 있는 것입니다. 이것도 사실 추상적인 겁니다. 미국이나 외국의 법정에 가보면 법정 꼭대기에는 한 여인이 눈을 가리고 손에 든 저울을 보지 않는 상이 있습니다. 이것이 서구의 정의(Justice)를 대변합니다. 동양에는 칭(稱)이라는 말이 있습니다. 갑골문으로 보면 이룰 성(成)자도 같은 기원이고, 흥성하다고 할 때의 성(盛)자도 같은 기원입니다. 전부 저울대를 그린 것입니다. 여러분 고대 중국의 신농씨(神農氏)라고 있지 않습니까? 신농씨의 부인이 바로 칭씨 집안사람입니다. 역사적으로 보면 다 저울에서 나온 성씨들입니다.

욥기의 이 부분에서 정의라는 말은 꼭 벌 받는 만큼의 죄가 있다는 것을 주장하는 말입니다. 그리고 빌닷은 남하고 다투기 좋아하는 사람이라는 말입니다. 다투는데 공정성을 중요시하여 공정성을 찾겠다는 겁니다. 그 이름부터가 다투기 좋아하는 사람이에요. 그러나 이거 다 조심하세요. 이거 다 사람의 정의입니다. 지금 하나님께서 벌 받을 만큼의 죄가 있다고 해서 욥에게 벌을 주셨습니까? 마귀가 머리가 좋아서 그렇게 된 것 아닙니까?

나아마 사람 소발이 대답하여 가로되 말이 많으니 어찌 대답이 없으랴. 입이 부푼 사람이 어찌 의롭다 함을 얻겠느냐. 네 자랑하는 말이 어떻게 사람으로 잠잠하게 하겠으며 네가 비웃으면 어찌 너를 부끄럽게 할 사람이 없겠느냐. 네 말이 내 도는 정결하고 나는 주의 목전에 깨끗하다 하는구나. 하나님은 말씀을 내시며 너를 향하여 입을 여시고 지혜의 오묘로 네게 보이시기를 원하노니 이는 그의 지식이 광대하심이라. 너는 알라. 하나님의 벌하심이 네 죄보다 경하니라(욥기 11:1-6).

그다음에는 소발(Zophar)이 나옵니다. 소발은 우리말로 하면 권위주의자라는 말인데, 여기에서 소발의 입장은 무엇입니까? 소발이 욥에게 '너 잘났다고 그랬지?' 그럽니다. 다시 읽어보세요. 이거 어떤 때에 이 사람들 문장이 참 농축되고 요약이 잘 되어 있어서 아주 재미있어요. 문학에 있어서는 이런 '컨덴세이션'(Condensation)을 얼마나 하는가가 중요합니다. 어떤 때에는 한 마디로 다 정리될 수 있을 만큼 강해야 돼요. 여기에서도 소발의 주장을 볼 수 있어요.

첫째, 엘리바스에게는 인과론이었고 둘째, 빌닷에게는 정의였습니다. 이제 셋째는 무엇이겠습니까? 욥이 깨끗하다는 말인데, 이것이 하나님 눈에는 가당치 않다 이겁니다. 이게 뭐냐 하면 하나님의 가능성을 사용하는 논쟁(Argument by Omnipotence)입니다. 이것을 좋아할 사람도 있고 싫어할 사람도 있어요. 그러니까 자꾸 떠들면 "야, 네가 뭘 알아? 하나님은 천지를 지은 분인데 네가 뭘 안다고 그래?" 하는 것입니다. 아시겠어요? 이 논법은 쉽게 이야기하자면 논쟁 위에 하나를 설치해 놓고 상대 주장을 무력화시키는 것입니다. "네가 뭔데, 하나님 앞에서 잘했다고 하냐?" 바로 하나님 앞에서 빌라는 것입니다. 이거 보면 예전의 우리나라 관청과 같습니다. 하나님 앞에는 무조건 빌면 문제 해결이다 이거예요. 그러나 이것은 문제가 생깁니다. 인간성을 완전히 말살시키는 것이기 때문입니다. 이론은 간단해요. 그런데 대중들 앞에서 이걸 사용하기가 쉬워요. 가령 대중을 우상으로 만들어 놓고, 다 빌고 따라가면 된다는 식입니다. 소발은 이걸 신학적으로 만들어서 하나님에게 근거를 두니까 정말 근사해 보여요. 이론적으로 전능한 하나님 앞에서 너는 아무것도 아니니까 무조건 빌라고 하는 겁니다. 이거 이론으로는 근사하지만, 하나님이 인간을 그렇게 창조했다고 하면 인간이 동물과 똑같아지니까 그렇게 빌 필요도 없어요. 이제 소발의 입장을 아시겠습니까? 논쟁 위에 하나님의 전능을 두고 욥의 입장을 비판합니다. 그러면 욥이 어떻게 이야기하겠어요?

> 그가 나를 죽이시리니 내가 소망이 없노라 그러나 그의 앞에서 내 행위를 변백하리라. 사곡한 자는 그의 앞에 이르지 못하니 이것이 나의 구원이 되리라(욥기 13:15-16).

이거 보세요. 하나님께서 나를 죽여도 좋은데 내가 할 말은 하겠다는 겁니다. 욥이 굴하지 않았습니다. 여러분, 제발 하나님 앞에서 굴하지 마세요. 하나님이 당신을 자녀로 삼았지, 노예로 삼은 것이 아닙니다. 너무 많은 사람이 하나님 앞에 무릎을 꿇으면 되는 줄 알아요. 하나님께서 우리가 하나님 앞에 무릎 꿇는 것을 좋아하는 것이 아닙니다. 욥에게 그것만은 좋은 자세입니다. 내가 죽어도 좋은데 내가 할 말은 해야 되겠다는 거예요. 우리가 하나님의 자제로 지음을 받았는데 뭐가 무서워서 밤낮 무릎을 꿇고 빌어야 돼요? 제가 가톨릭 다 좋아하는데 자꾸 무릎을 꿇으라고 그러는 거, 어떤 때는 교황이 누구 발에 입 맞춰 줘야 되고, 씻겨 줘야 되고 그러는데 그게 꼭 겸손이요? (청중 웃음) 발은 발대로 대면 되지, 발에다가 입 대고 그래야 됩니까? (청중 웃음) 욥의 이 말을 보세요. 내가 할 말은 해야 되겠다. 나는 죽어도 좋고 하나님께 가도 좋다. 그런데 내가 지금 이런 상태인데 하나님이 정말 인간을 사랑하고, 존중하고 자연을 지으셨다면, 내가 하나님의 자제로 만들었다면 왜 내가 이렇게 되었는지 하나님에게 묻고자 하는 겁니다. 여러분, 이거 잊지 마세요. 기독교인들 쓸데없이 굴복하고, 쓸데없이 좋아하고, 쓸데없이 잘난 척해요. 이거는 한번 우리 전체가 하나님 앞에 회개해야 됩니다. 하나님이 우리를 무릎 꿇고 빌라고 만든 것이 아닙니다. 이게 셋째입니다. 이렇게 해서 첫째 사이클이 완성됩니다.

15장부터는 둘째 사이클에서의 엘리바스의 인과론이 나오고, 셋째 사이클에서의 엘리바스의 인과론은 22장에서 나옵니다. 여러분이 꼭 읽고 한번 확인해 보세요. 이 사람이 세 번 이야기하는데 내부적으로는 상호연관이 있다는 말입니다.

18장에서는 빌닷이 둘째 사이클에서 정의를 말합니다. 네가 이런 짓을 했으면 이렇게 벌 받고, 세상에서 어두운 짓을 했으면 네가 어두운 곳으로 가야 되고, 이렇게 꼭 맞춰서 이야기합니다. 후에 단테의 『신곡』(*La Divina Commedia*)을 읽어보면 이렇게 되어 있습니다. 지옥에 가서 받는 벌은 세상에서 지은 악행을 그대로 벌로 받는 것으로 구성되어 있습니다. 빌닷에 의하면 이런 일에는 이런 처벌을 맞게 받는 것이 정의라는 것입니다. 세 번째 사이클에서의 빌닷의 주장은 25장에 나옵니다.

두 번째 사이클에서 소발은 역시 권위에 의한 주장을 합니다. 여기에 욥이 또 재미있게 대답합니다. 21장에 가서 참 멋있게 대답해요.

> **어찌하여 악인이 살고 수를 누리고 세력이 강하냐 씨가 그들의 앞에서 그**
> **들과 함께 굳게 서고 자손이 그들의 목전에서 그러하구나(욥기 21:7-8).**

보세요. 세상에 악한 사람들이 잘살고 있는데 너는 뭘 주장하느냐 하는 겁니다. 이게 욥의 대답이에요. 하나님 앞에서 죄를 지으면 꼭 벌 받는다고 그랬는데, 악인들이 다 잘살고 있는데 이거 어떻게 된 것인지 한번 이야기해 보라는 겁니다. 욥은 실제로 당해서 말하는 것이 되고, 상대방은 자기의 추상적 입장에서 주장하는 것이 되어서 이런 문제에 대해서 확실하게 대답할 수가 없어요.

결국 세 친구가 다 조용해지니까 젊은 사람이 화가 나서 등장합니다. 그 젊은 사람이 '엘리후'(אֱלִיהוּא)라는 사람인데, 엘리후가 무슨 뜻입니까? 하나님이 그분이시다. 즉, 야웨라는 겁니다. 그래서 그가 그라는 겁니다. 그래서 그것을 그것이라고 주장할 사람이에요. 이 엘리후가 32장에서부터 나옵니다.

> 욥이 말하기를 내가 의로우나 하나님이 내 의를 제하셨고 내가 정직하나 거짓말쟁이가 되었고 나는 허물이 없으나 내 상처가 낫지 못하게 되었노라 하니…(욥기 34:5-6).

자, 욥이 잘못한 것 없다고 스스로 의롭다고 하니까 엘리후는 당신이 하나님 앞에서 의롭다고 그러는데, 그 기준으로 보면 정말 하나님 앞에서 의롭냐고 공격합니다. 그래서 욥이 한 말로 욥을 정의해서(define) 그것이 가치가 없다는 것을 밝히는 겁니다. 그래서 이것은 다른 권위에 의해서가 아니고, 정의론에 의해서가 아니고, 인과론에 의해서가 아닙니다. 그 사람이 이야기한 것으로 그 사람을 비판하는 겁니다. 남을 비판할 때 상대의 입장으로 상대를 비판하면 꼼짝 못 합니다. 꼭 기억하세요. 다른 입장 가지고 비판하지 마세요. 정말 상대방이 알지도 못하게 지옥에 보내는 방법은 이 엘리후의 방법이에요. 그 사람 입장을 가지고 그 사람을 공격하는 것이 가장 치명상을 줍니다. 그런데 엘리후는 그것을 보여줍니다. 그래서 욥이 옳다고 강변하면 하나님은 옳지 않다는 말이 되는 것임을 증명해줍니다. 욥의 주장으로 욥을 공격하면 다 끝난 것입니다.

그다음엔 하나님께서 등장하십니다. 이제는 에필로그입니다.

때에 여호와께서 폭풍 가운데로서 욥에게 말씀하여 가라사대 무지한 말

로 이치를 어둡게 하는 자가 누구냐. 너는 대장부처럼 허리를 묶고 내가 네게 묻는 것을 대답할지니라. 내가 땅의 기초를 놓을 때에 네가 어디 있었느냐. 네가 깨달아 알았거든 말할지니라. 누가 그 도량을 정하였었는지, 누가 그 준승을 그 위에 띄웠었는지 네가 아느냐. 그 주초는 무엇 위에 세웠으며 그 모퉁이 돌은 누가 놓았었느냐. 그때에 새벽 별들이 함께 노래하며 하나님의 아들들이 다 기쁘게 소리 하였었느니라. 바닷물이 태에서 나옴같이 넘쳐흐를 때에 문으로 그것을 막은 자가 누구냐. 그때에 내가 구름으로 그 의복을 만들고 흑암으로 그 강보를 만들고 계한을 정하여 문과 빗장을 베풀고 이르기를 네가 여기까지 오고 넘어가지 못하리니 네 교만한 물결이 여기 그칠지니라 하였었노라…(욥기 38:1-11).

이제 하나님이 욥에게 물으십니다. 이제 문제를 가만히 보세요. 욥이 대답할 것이 못 됩니다. 하나님이 천지를 지으실 때에 너 어디있었냐고 하시는데 어디 있긴 어디 있어요? 욥이 대답 못 합니다.

무지한 말로 이치를 가리우는 자가 누구니이까. 내가 스스로 깨달을 수 없는 일을 말하였고 스스로 알 수 없고, 헤아리기 어려운 일을 말하였나이다. 내가 말하겠사오니 주여 들으시고 내가 주께 묻겠사오니 주여 내게 알게 하옵소서. 내가 주께 대하여 귀로 듣기만 하였삽더니 이제는 눈으로 주를 뵈옵나이다. 그러므로 내가 스스로 한하고 티끌과 재 가운데서 회개하나이다(욥기 42:3-6).

이거 아주 멋진 말입니다. 여러분이 이런 문장에 대해서 감각이 없으면 읽어도 그 안의 뜻을 비켜 지나갈 수 있습니다. 여러분보고 책 많이 보라는 것은 지식을 늘리라는 것이 아니고, 책의 내용을 포착하는 예민성을 길러주기 때문입니다. 지금 여기에서 문제가 뭐냐 하면 '하나님 나타나기만 해봐라. 내가 뭘 잘못했기에 이러시냐' 이거예요. 욥의 마음속에 들은 것은 이것입니다. 또 그것은 물어볼 만해요. 그런데 보세요. 하나님께서 나타나셔서 그 문제를 해결해 주겠습니까? 여기에 해결해 주셨어요? 아닙니다. 그러면 욥은 어떻게 그 문제 해결했어요? 납작 엎드려서? 아닙니다. 하나님의 자제인데 왜 무조건 납작 엎드리려고 그래요.

여기 가만히 보세요. 하나님 앞에서 욥은 자기가 던진 문제의 답을 얻은 것이 아닙니다. 문제 자체가 해소되어 버렸습니다. 문제가 아주 없어져 버렸어요. 그래서 말이 달라져요. 다시 보세요. 너무 아름답게 쓰여 있습니다. 내가 전에는 귀로 듣기만 했었는데 이제는 눈으로 뵈었더니 이제는 할 말이 없어졌다, 그겁니다. 문제가 해소되었습니다. 해결된 것이 아닙니다. 하나님 앞에서 문제를 해결하려고 하지 마세요. 기독교인이라고 허튼소리들 하지 말아요. 내가 기도하면 아픈 것이 낫는다? 함부로 그러지 마세요. 무슨 말인지 아시겠어요? 기독교에서 너무 천박하게 해요. 본래 그렇게 주장한 것이 아니에요. 하나님 앞에 가서 주여, 내게 지혜를 주옵소서? 거짓말 말라고, 그런 사람은 달라고 해봐야 받지 못해요. 여기에서 나온 것 보세요. 궁극의 문제는 하나님 앞에 가면 문제가 해소된다는 겁니다. 이제는 문제가, 문제가 안 된다는 것입니다. 문제는 없어지고 다른 것이 나옵니다. 그것은 바로 "너는 내 아들이고 나는 네 아버지다." 이것이 나옵니다. 요즘 사회가 이런데 저렇게 고쳐 주옵소서? 목사님들 똑똑히 기억하세요. 요새 수재민이 생겼는데 주여, 이들의 고통을…, 그러는데 하나님이 눈이 없습니까? 하나님 손가락이 부족합니까? 그들에게 힘을 주시고? 당신이 입으로 말해서 하나님께서 힘을 주고 안 주고 그렇게 되어 있습니까? 말도 되지 않는 소리입니다. 그런 말이 아닙니다. 종교에서 떠드는 문제가 하나님 앞에 가면 문제가 되지 않아요. 문제가 없어지고, 새것이 나와요. 새 생명이 나옵니다. 이거 얼마나 아름답게 썼습니까? 하나님과 마귀와 인간의 투쟁에 있어서 신앙생활이란 것을 얼마나 멋있게 말씀하고 있습니까? 이거 정말 고맙게 생각해야 합니다.

욥기의 주제는 바로 '온전'입니다. 우리는 그 뜻을 그냥 우리말의 온전으로 해석해서 눈도 잘나야 하고, 코도 잘나야 하고…. 그러나 그런 '온전'이 아닙니다. 하나님과 사람, 사람과 사람, 사람과 자연의 관계에 있어서 하나님의 아들로 된 본연으로 돌아가는 것을 말합니다. 이 주제를 욥기는 하늘과 땅의 이야기로 표현했습니다. 여러분 기억하세요. 사노라면 많은 문제가 있습니다. 그때 하나님께 묻고 싶을 겁니다. 그러나 하나님을 만나보세요. 문제가 달라져 있어요. 그래서 새것이 나옵니다.

하나님 앞에 가서는 내가 물을 말이 없어요. 내가 짧았어요. 하나님을 만나 뵈니까 깨달았습니다. 여러분, 신앙에 있어서는 절대 허위로 머리 숙이지 마세요. 또 괜히 인과론에다 붙이지 마세요. 정의에 붙이지도 마세요. 그런 것 다 사람이 갖다가 붙인 겁니다. 신앙은 하나님을 직접 보는 겁니다. 자 우리 다 같이 주님께서 가르치신 대로 기도합시다.

하늘에 계신 우리 아버지여,

이름이 거룩히 여김을 받으시오며,

나라가 임하옵시며

뜻이 하늘에서 이룬 것 같이 땅에서도 이루어지이다.

오늘날 우리에게 일용할 양식을 주옵시고,

우리가 우리에게 죄지은 자를 사하여 준 것 같이

우리 죄를 사하여 주옵시고,

우리를 시험에 들게 하지 마옵시고,

다만 악에서 구하옵소서.

나라와 권세와 영광이 아버지께 영원히 있사옵나이다.

아멘.

(2002년 9월 12일 연세대학교)

제11강

성서의 수

항상 기뻐하라. 쉬지 말고 기도하라. 범사에 감사하라. 이는 그리스도 예수 안에서 너희를 향하신 하나님의 뜻이니라(데살로니가전서 5:16-18).

그러므로 그리스도 안에 무슨 권면이나 사랑에 무슨 위로나 성령의 무슨 교제나 긍휼이나 자비가 있거든 마음을 같이하여 같은 사랑을 가지고 뜻을 합하며 한 마음을 품어 아무 일에든지 다툼이나 허영으로 하지 말고 오직 겸손한 마음으로 각각 자기보다 남을 낫게 여기고 각각 자기 일을 돌아볼뿐더러 또한 각각 다른 사람들의 일을 돌아보아 나의 기쁨을 충만케 하라. 너희 안에 이 마음을 품으라 곧 그리스도 예수의 마음이니 그는 근본 하나님의 본체시나 하나님과 동등됨을 취할 것으로 여기지 아니하시고 오히려 자기를 비어 종의 형체를 가져 사람들과 같이 되었고 사람의 모양으로 나타나셨으매 자기를 낮추시고 죽기까지 복종하셨으니 곧 십자가에 죽으심이라. 이러므로 하나님이 그를 지극히 높여 모든 이름 위에 뛰어난 이름을 주사 하늘에 있는 자들과 땅에 있는 자들과 땅 아래 있는 자들로 모든 무릎을 예수의 이름에 꿇게 하시고 모든 입으로 예수 그리스도를 주라 시인하여 하나님 아버지께 영광을 돌리게 하셨느니라(빌립보서 2:1-11).

여러분, 오늘 성경을 두 부분을 읽었습니다. 하나는 데살로니가전서이고 또 하나는 빌립보서를 읽었습니다. 여러분, 이 둘의 공통점이 무엇이겠습니까? 빌립보서 2장을 보면 아주 특이한 용어를 하나 썼습니다. 빈다는 말이 있습니다. 자기를 비었다고 합니다. 그리고 데살로니가전서 5장에서는 무엇이 나옵니까? 여러분, 이 용어를 자세히 읽어보세요. "항상", "쉬지 말고", "범사에" 이런 말이 나오고 있습니다. 수학적으로 말하면 하나는 제로(Zero)입니다. 또 하나는 모든 것이니까 모든 집합(All Sets)이 다 들어 있어요. 그러면 이 둘이 의미하는 것은 하나는 zero이고, 하나는 all입니다. 그러니까 여기 크게 둘이 문제가 됩니다. 성경을 보면서 성경 안에 나오는 숫자를 수학적으로 해석합니다. 이렇게 하면 이거 완전히 오해할 수 있습니다. 동일한 수이지만, 성경 안에서 이런 숫자가 나오면 무슨 뜻인가 하는 것을 다시 살펴야 합니다. 그래서 결국은 여기에서 한 번 더 깨닫자는 말입니다. 성경의 숫자를 읽을 때 여러분이 조심하셔야 됩니다. 성경에 숫자들이 나오는데 잘못 해석하면 참 큰일 납니다. 가이사의 것은 가이사에게 주고 하나님의 것은 하나님에게 드려야 하는데 하나님께 드릴 것을 가이사에게 주고, 가이사에게 줄 것을 하나님에게 드렸기 때문이란 말입니다. 그러니까 일반 계산에서 하는 것을 성경에다 주입하고, 성경에 있는 것을 수학에 주입하려 하면 이것도 안 되고 저것도 안 됩니다. 그래서 이 점을 조심해 달라는 말입니다.

수를 전체에서 시작하면 여러분이 어려우니까 처음엔 하나, 둘, 셋, 다섯, 열, 백 그렇게 올라가서 어떻게 해석해야 하는가를 봅시다.

먼저 마태복음 18장 19절에서부터 20절까지 읽어주세요.

진실로 다시 너희에게 이르노니 너희 중에 두 사람이 땅에서 합심하여 무엇이든지 구하면 하늘에 계신 내 아버지께서 저희를 위하여 이루게 하시리라. 두세 사람이 내 이름으로 모인 곳에는 나도 그들 중에 있느니라.

이것은 아주 좋은 예입니다. 한두 사람이 같이 모여서 기도하는 것이 혼자서 기도하는 것보다는 좋겠다는 것입니까? 우리가 서로 손잡고 하나님 파에서 기도하고 또 둘이서 하는 것보다 셋이서 하는 것이 좋으리라는 말씀으로 생각하세요? 우리 기독교인들은 항상 같이 모여 있어야 되는 줄 압니다. 모여도 많이 모여야 되는 줄 알아요. 왜냐하면 하나보다는 둘이 합하면 하나님께 고할 때 더 힘있게 고하겠다는 겁니다. 그러면 열 사람이 같이 고하면 하나님이 더 잘 들어줄 것 아닙니까?

틀린 겁니다. 이건 일반수학으로 가서 본 해석입니다. 그래서 하나님 앞에서 데모하면 잘 들어준다는 성격이 그대로 나온 것입니다. 성경 말씀이 아닙니다. 21절서부터 30절이 그 이야기를 더 확장한 것입니다. 여기에서 초점이 무엇입니까? 바로 화해입니다. 우리의 죄를 사한 것 같이 우리의 죄를 사해달라고 하는 주기도문의 말씀 생각나세요? 이게 둘이 붙어서 기도하면 힘이 더 난다는 것이 아니고, 죄로 인해서 소외된 우리들이 주님 안에서 하나님의 자녀가 되어서 화해가 된다는 말입니다. 이때 화해하는 데는 또 누가 오셔야 하겠습니까? 바로 하나님이 오십니다. 그런 말인데 이걸 숫자로만 해석하면 완전히 다른 뜻이 돼요. 그래서 요즈음 교회를 어떻게 해야 합니까? 5,000명 오게 하면 성공한 교회? 요새 기도는 또 어떻게 합니까? 기도 재미있게 해요. 통성기도라는 것이 있어요. 갑자기 목사님이 말하다가 지금부터 통성기도 하자고 합니다. 그러면 각자가 다 막 소리를 높입니다. 그러다가 목사가 목소리를 높이면 다른 사람 목소리가 작아집니다. (청중 웃음) 그래서 통성이 한 소리로 줄어들어 갑니다. 이거 틀린 것은 아닙니다. 기도하는데 틀린 것은 아니에요. 어디서 잘못되었는가 하면 고함을 같이 치면 하나님께서 들어준다는 것입니다. 그러니까 여러분 그 버릇이 그대로 정치에도 그렇게 나오고, 종교에도 그렇게 다 나옵니다. 힘있게 데모하면 상대방이 내 목소리를 들을 수밖에 없다는 거예요. 하나님이 그런 것 무서워하는 줄 아십니까? 백만 명이 모여 보라고 하세요. (청중 웃음) 그리고 그런 식으로 떠들자면 무당들 굿하는 게 더 소리가 큽니다. 하나님이 그런 것을 무서워하시겠습니까? 그렇게 생각하지 마세요. 이거 숫자놀음 문제가 아닙니다. 그래서 성경에 나온 숫자는 성경대로 해결해야 됩니다. 두 사람이 같이한다는 말은 나는 이 사람의 잘못을 용서해주고, 이 사람은 내 잘못을 주님 안에서 용서할 때 형제가 된다는 것이고, 그때 주님께서 와서 같이 계시게 된다는 말씀입니다. 그래서 주기도문에서 하늘에 계신 '우리', 바로 우리라는 말을 잊지 마세요. 그래서 주 안에서 형제가 된 우리라는 것이 중요합니다.

그런데 여러분, 우리라는 말이 어디에서 나온 줄 아십니까? 이거 외국에는 없는 말입니다. 사실 우리나라 문화에서만 통하는 용어입니다. 여러분, 돼지우리라는 말 들어보셨습니까? 바로 우리라는 말이 울타리라는 말입니다. 서울이라는 말이 어떤 뜻인지 아시겠습니까? 서울은 좋은 울타리라는 말이 됩니다. 그러면 하늘은 뭔지 아세요? 큰 울타리라는 말입니다.

'우리'라는 말을 어떻게 영어로 번역합니다. 서양의 'We'라는 말은 너하고 나하고가 떨어져 있어요. 두 개체입니다. 개체를 분리해 놓고 다시 합해서 이야기할 때 'We'란 말이 나와요. 그러나 우리나라는 너와 내가 분화되어 있지 않습니다. 우리말에 "진지 잡수셨어요?"라고 하지 "당신, 진지 잡수셨어요?"라고 하지 않습니다. 우리라는 말은 울타리 안에 갈라지지 않은 것을 의미합니다. 그래서 우리나라 말에 있어서 주어와 목적어를 분리하면 안 됩니다. 그래서 우리나라 말에 있어서 주어와 목적어를 분리하면 안 됩니다. 그러니까 서양에서는 "나는 너한테 이렇게 이야기한다"라고 하는데 우리는 그렇게 말하면 안 됩니다. 우선 사람을 푸대접하는 것이 됩니다.

지금부터 오래전에 모계사회가 있었는데, 이것이 모계사회 때의 용어법에서 온 것입니다. 그러니까 꽤 오래된 이야기입니다. 우리말 자체의 구상이 최근의 말이 아니고, 최소한 4,000~5,000년 전부터 내려오던 관습입니다. 여기에서는 등급이 셋밖에 없어요. 상대를 동급에 놓고 말에 포함해서 표현합니다. "너 먹었니?" 그러면 아랫사람입니다. "진지 잡수셨어요?" 그러면 윗사람입니다. 같은 말이지만 주어는 없어요. 천상천하로 다 올라갔다 내려올 수 있습니다. 그래서 서양어를 왜 못 하는 줄 아세요? 문법이 안 돼서 그렇습니까? 발음이 안 되어서 그렇습니까? 서양사람이 없어서 직접 와서 회화를 안 가르쳐서 안 되는 줄 생각합니까? 아닙니다. 머리가 달라요. 이 머리의 구상하는 법이 다르기 때문에 이것을 바꿔야 영어도 제대로 됩니다. 우리나라 생각으로 영어를 그대로 해볼까요? "Breakfast yes?"(진지 잡수셨어요?) (청중 웃음) 그러면 서양사람이 알아듣지 못합니다. 거꾸로 우리나라에서 "당신, 진지 잡수셨습니까?" 그러면 망측한 놈이라고 그럽니다. 아버지 이름도 제대로 못 부르고 피해야 되는데, 어떻게 주어(호칭)를 쓰느냐는 것입니다. 이것은 문화의 체계가 달라서 그렇습니다. 이런 우리의 문화가 성경 해석하는 데에도 필요합니다. 하늘에 계신 우리 아버지, 우리의 아버지란 말입니다. 이 문제는 서양사람이 암만해도 우리를 못 따라옵니다. (청중 웃음) 우리에게는 쉽게 이해가 됩니다. 하늘에 계신 우리 아버지 할 때는 정말 네 아버지도 되고 내 아버지도 되니까 우리 아버지가 됩니다. 이 점은 성경을 바로 해석하는 데 있어서 우리에게 좋은 것입니다.

두 사람이 같이해서 힘이 생기게 된다는 것이 아닙니다. 우리가 우리의 죄를 사한 것 같이 하나의 아버지 하나님의 한 가족의 형제가 되어서 하늘에 계신 아버지를 찾을 수 있는 것을 말하는 것입니다. 그런데 지금까지 해석해 놓은 걸 보면 성경을 산수로 풀어 놓았습니다. 하나, 둘, 셋, 넷 이렇게 계산했습니다. 그런데 성경에서는 그런 말씀을 한 것이 아닙니다. 성경 말씀은 성경 말씀의 체계대로 풀이해야 됩니다. 성경을 해석하는데 초등 산수로 풀고 있다면 우리 교회가 얼마나 복잡하겠습니까? 하나 다음에 둘이 좋고, 그다음에 셋이 더 좋다는 말이 아닙니다. 소외되었던 인간이 하나님 앞에서 피차 용서하고 하나님의 자녀가 되라는 겁니다.

그다음엔 빛과 소금인데, 마태복음 5장 13절서부터 읽어주세요.

너희는 세상의 소금이니 소금이 만일 그 맛을 잃으면 무엇으로 짜게 하리요 후에는 아무 쓸데없이 다만 밖에서 버리워 사람에게 밟힐 뿐이니라. 너희는 세상의 빛이라. 산 위에 있는 동네가 숨기우지 못할 것이요 사람이 등불을 켜서 말 아래 두지 아니하고 등경 위에 두나니 이러므로 집안 모든 사람에게 비춰느니라. 이같이 너희 빛을 사람 앞에 비춰게 하여 저희로 너희 착한 행실을 보고 하늘에 계신 너희 아버지께 영광을 돌리게 하라.

여기에서 소금과 빛이 되라고 그랬습니다. 이거 어떻게 생각해야 됩니까? 어떻게 소금과 빛이 되겠습니까? 지금 소금과 빛이 되라고 그랬는데 소금은 물에 타면 녹아서 자체가 없어져요. 빛은 또 위에 놓고 비추라는 것인데 그렇다면 완전히 드러나라는 겁니다. 여러분, 이거 잘못하면 기독교인들 참 곤란합니다. 하나님 말씀을 듣고서 실천하는데 어떨 때는 소금이 되고 그다음엔 빛이 되고, 빛이 되었다 또 소금이 돼야 한다는데 정신이 없지요. 왔다 갔다 해요. (청중 웃음) 여러분은 그런 것을 느낍니까? 그렇게 한 다음엔 또 성경에 오른손이 한 일을 왼손이 모르게 하라고 나오니까 그다음에는 조용하게 바꾸는 것입니다. 그래서 기독교인들에게 참 간교한 것이 있어요. 여러분, 숨어서 일해야 되고 또 나타나서 일해야 되고, 이것 보세요. 이것은 둘이 역으로 묶인 문제입니다. 이런 문제는 어떻게 풀이해야 됩니까?

성서대로 돌아가세요. 수학적으로 풀이하면 이제 말한 문제에 대답하지 못합니다. 당신이 숨어서 주님의 일을 해야 됩니까 아니면 드러나서 주님의 일을 해야 됩니까? 어떻게 해야 합니까? 이것 참 힘든 일입니다. 숫자가 둘인데 대위적(對位的) 숫자가 나오면 어떻게 해야 합니까? 그러니까 중도로 하자? 조금 얼굴 비추다가 너무 비추면 물 아래로 들어가서 숨어야 된다? 그러니까 얼마나 들어갔다 나왔다, 들어갔다 나왔다 복잡합니까? 그래서 기독교인들 철저한 것이 부족해요. 이분법적이고 대립적인 두 숫자가 들어가면 기독교인은 꼼짝 못 하거나 정당화할 때는 왼손이 하는 일 오른손이 모르게 하라는 이야기를 하면서 서로 모른다고 하는, 이게 지금 우리의 현 윤리적 상태입니다.

여러분, 기억하세요. 이런 숫자가 나오면 그 숫자의 상대가 당신이 아닙니다. 상대가 당신이 아니에요. 내가 소금의 위치에 태어났으면 소금으로 하나님을 공경하라는 말이고, 내가 빛으로 태어났으면 빛으로 하나님을 증언하라는 것입니다. 그래서 당신에게 숫자상 대립이 아닙니다. 수학에는 대립이 많습니다. 플러스와 마이너스가 대립이고, 곱하기와 나누기도 대립인데 그걸 다 수학적으로 해결하려 하면 문제가 생긴다는 것입니다. 그러나 여기에 있어서는 하나님이 주제이고 우리는 그 아래 예속된 겁니다. 유명한 정명도(程明道)라는 분이 참 재미있게 이야기를 했습니다. 인간이 사는데 '부귀불음빈천락'(富貴不淫貧賤樂)이라고 그랬습니다. 사람이 부귀하면 그때는 음탕하게 놀지 말고, 궁하다고 또 기가 죽어서 있지 말라는 것입니다. 그것에도 즐거움을 가지라 그겁니다. 당신이 지금 그 처지에 있으면 그 처지대로 살라는 말입니다. 하나님께서 해 준 것입니다. 절대로 여러분 지금 있는 위치가 자기가 만든 위치라고 보지 마세요. 하나님이 이렇게 해 주어서 이렇게 된 것입니다. 쉽게 이야기해서 돈 있으면 써요. 없으면 손가락 빨고 있으라고. 돈이 없으면 쓰지 말라는 것입니다. 괜히 없는 것을 있는 척하려고 하지 말아야 합니다. 또 있는데 안 쓰려고 그러지 말아야 합니다. 그것도 부자연스러워요. 하나님이 쓰라고 주셨지 주머니에 놔두라고 주셨습니까? 당신이 하나님의 은행입니까?

또 남의 돈 말았다고 너무 기죽고 그러지 맙시다. 하나님이 주셨으면 당신 것입니다. 아들에게 빚 준 것입니까? "야, 네 용돈을 빚으로 준다"고 하는 아버지가 있습니까? (청중 웃음) 아버지가 주시면 내 것으로 받은 것입니다. 하나님이 주신 것입니다. 감사히 받아서 쓰세요. 그런데 없을 때는 쓰려고 하지 마세요. 없으면 없는 대로 손가락 빨고 가만히 있으면 됩니다. 그러다가 보면 또 하나님이 뭔가 먹여 주시니 걱정하지 마세요. 또 굶을까 봐 혹은 죽을까 봐 걱정하지 마세요. 걱정하면 벌써 죽은 것입니다. 또 죽게 되면 하나님이 그만큼 살고 이제 죽으라는 거니까 그것도 감사하게 생각해서 받아들이세요.

빛으로 태어났으면 빛으로 행세하세요. 절대로 숨어서 일하지 마세요. 그런 사람이 숨어서 일하는 건 가식이야. 예를 들자면 내가 여기서 강의해야 되는데 숨어서 땅속에서 강의하면 여러분 어떻게 되겠어요? 그건 말도 되지 않습니다. 강의할 때는 또 올라서서 하는 것입니다. 하나님이 주신 그거를 그대로 받아서 우리는 반사하는 것입니다. 여기에 숫자가 나오면 대립개념이 생길 수 있는데, 현대 수학에서 나온 문제지 자체에서 나온 문제가 아니에요. 성서는 성서로 돌아가서 해야지 잘못하면 성서를 성서 아닌 수학에서 처리하다 보니 실패가 와요. 그러면 생활이 참 불안하고, 밤낮 복잡합니다. 이중 삼중으로 복잡해요. 그러지 않으면 참 편합니다.

여러분, 사람들 보면 능한 사람이 많아요. 줄리어스 시저는 비서 하나 가지고 만족하지 않았어요. 일곱 명을 사용했습니다. 그렇게 해서 편지 쓸 때는 각각 다른 사람에게 편지를 썼습니다. 옛날엔 다 손으로 써야 되었는데, 갑이라는 사람에게 한마디 하면 쓰는 시간이 걸리니까 그 사이에 그다음 말을 을이라는 사람에게, 그다음 말은 또 병이라는 사람에게 했습니다. 소금이 되어 있으면서 또 머리로는 빛을 생각하면 복잡할 수밖에 없습니다. 자기는 빛이 되어 소금 노릇하면 머리가 복잡합니다. 그러면 자기가 자기를 감당 못 해요. 신앙에 있어서 내분이 됩니다. 그러나 하나님이 하신다고 하나로 통일해버리면 우리에게는 다른 답이 아닙니다. 단, 문장과 상대방의 상황이 다를 뿐 내 입장은 다르지 않습니다.

이다음에 공부할 때도 마음이 통일되어야 합니다. 세상에 제일 괴로운 것이 뭔지 아세요? 마음이 분산된 것입니다. 이거 심산된 걸로, 수학으로 기독교의 말씀을 풀려면 문제가 생기는데 다시 우리 하나님에게로 돌아오세요. 그래서 하나님의 것으로 하세요. 상황이 달라요. 어떨 때는 소금 장사하고 저 사람은 빛 장사하는 거예요. 나는 소금 장사하면 소금 장사대로 하는 거지, 내가 소금 장사하면서 빛 노릇 하려면 이것처럼 부자연스러운 것이 없습니다.

정신통일이라는 말은 어려운 말입니다. 정신이 통일이 안 돼요. (청중 웃음) 누가 안 하고 싶어서 정신이 분산되어 있습니까? 정신은 통일이 안 돼요. 우리의 아버지라는 것이 있어야 하나로 묶이는 것입니다. 그래야 되는 것이지 우리가 통일한다는 것이 아닙니다. 하늘에 계신 우리 아버지라는 하나에 접해야 합니다. 그래서 하나님 안에서 우리가 하나가 되는 것입니다. 우리는 죄의 상태에 있습니다. 소외된 인간이고, 머리가 복잡하고, 하나님하고도 떨어져 있고, 이웃하고도 떨어져 있고, 자연하고도 떨어져 있습니다. 그래서 우리가 통일한다는 것은 안 됩니다. 하나가 된다는 것은 정말 보통 일이 아닙니다. 하늘에 계신 우리 아버지를 가진 사람에게만 통일이 올 수 있는 것입니다. 그러니까 이것은 하나님 차원에서 해결이 됩니다. 이럴 때의 숫자는 인간을 향한 말이 아니라 하나님에 관련된 숫자입니다. 그러므로 수학에서 말하는 하나·둘이나 마이너스-플러스가 아닙니다. 하나님 안에서 우리가 비로소 제대로 이해할 수 있다는 것이 됩니다.

그다음에 마태복음 20장 1절서부터 16절까지 읽어주세요.

천국은 마치 품군을 얻어 포도원에 들여보내려고 이른 아침에 나간 집주인과 같으니 저가 하루 한 데나리온씩 품군들과 약속하여 포도원에 들여보내고 또 제 삼 시에 나가보니 장터에 놀고 섰는 사람들이 또 있는지라. 저희에게 이르되 너희도 포도원에 들어가라 내가 너희에게 상당하게 주리라 하니 저희가 가고 제 육 시와 제 구 시에 또 나가 그와 같이하고 제 십일 시에도 나가보니 섰는 사람들이 또 있는지라. 가로되 너희는 어찌하여 종일토록 놀고 여기 섰느뇨 가로되 우리를 품군으로 쓰는 이가 없음이니이다. 가로되 너희도 포도원에 들어가라 하니라. 저물매 포도원 주인이 청지기에게 이르되 품군들을 불러 나중 온 자로부터 시작하여 먼저 온 자까지 삯을 주라 하니 제 십일 시에 온 자들이 와서 한 데나리온씩을 받거늘 먼저 온 자들이 와서 더 받을 줄 알았더니 저희도 한 데나리온씩 받은지라. 받은 후 집주인을 원망하여 가로되 나중 온 이 사람들은 한 시간만 일하였거늘 저희를 종일 수고와 더위를 견딘 우리와 같게 하였나이다. 주인이 그중의 한 사람에게 대답하여 가로되 친구여 내가 네게 잘못한 것이 없노라. 네가 나와 한 데나리온의 약속을 하지 아니하였느냐. 네 것이나 가지고 가라. 나중 온 이 사람에게 너와 같이 주는 것이 내 뜻이니라. 내 것을 가지고 내 뜻대로 할 것이 아니냐. 내가 선하므로 네가 악하게 보느냐. 이와 같이 나중 된 자로서 먼저 되고 먼저 된 자로서 나중 되리라.

나중에 온 사람이 먼저 되고, 먼저 온 사람이 나중 된다고 합니다.

그러니까 공부도 낙제한 다음에 취직이 잘 되고, 공부 잘한 사람은 마지막에 형편없이 된다는 말입니까? 또는 이런 것이 무슨 사회정의냐? 한 시간 일했으면 한 시간 급료를 줘야지 두 시간 일한 사람과 같은 급료를 줄 수 있느냐고 문제가 제기될 수 있습니다. 성경 말씀을 사회정의로 풀자는 것입니까? 이거 방향이 다른 것입니다. 주의해야 합니다. 지하철을 탈 때 나중에 온 사람은 못 탑니다. (청중 웃음) 나중에 온 사람이 자리에 앉아 갈 수 있습니까? 그래서 이 이야기가 그런 뜻에 관한 것이 아닙니다. 이 이야기의 상황을 봅시다. 데나리온이란 지금 말로 하면 하루 일당입니다. 아침에 와도 6만 원이고, 다섯 시에 와서 일해도 6만 원이란 말입니다.

그런데 사회정의 주장하는 사람들은 왜 임금에 대해서 이렇게 해서 질서를 혼란하게 하고, 예수가 그런 것도 모른다고 주장합니다. 하나님은 전지전능하다고 그랬는데 오늘의 사회문제를 보지 못하고 그런 소리를 했느냐고 하면 다 다른 소리예요. 여러분, 성경 안에서 이 데나리온은 무엇으로 주는 겁니까? 품삯은 누구한테 주는 거예요?

그러니까 성경에서 주제는 노예가 아니에요. 노예로부터 변해서 인간은 하나님의 자녀가 되었죠? 그런데 자녀에게 품삯을 줍니까? 이 컨텍스트를 바꿔야 됩니다. 이건 뭔가 하면 네가 일찍 믿어도 하나님의 아들이고, 밤 열두 시, 내일모레, 아니 종말 직전에 믿어도 하나님의 아들이란 말입니다. 종으로 해석하고 이걸 받으려고 한다고 하면 안 됩니다. 우리 서경에서 메시지의 목적은 종의 위치에서 하나님의 아들의 위치로 바꾸어서 세상을 보라는 것 아닙니까. 당신은 아직도 종의 위치에서 이걸 보고 있지 않습니까? 그러면 이다음에 천당 가서 나는 1/10만 하나님의 아들입니까? (청중 웃음) 왜냐하면 저녁 10시에 왔기 때문에? 또 일곱 시에 온 사람은 주여, 나는 일곱 시 하나님의 아들입니다? 그래요? 반쪽 하나님의 아들입니다? 그런 것이 있습니까? 이 해석은 다 다른 데서 왔습니다. 이건 곱하기, 나누기 법에서 나온 겁니다. 보세요. 수학을 그대로 적용했다가는 큰일 나요. 우리가 하나님의 아들이 되는 데 있어서 (청중 웃음) 하나님의 아들이에요. 거기엔 양의 차별이 없어요. 예수가 무슨 하나님의 1/5짜리 아들입니까? (청중 웃음) 그런 거 없어요. 당신들이 예수의 구원을 얻어서 하나님 아들 될 때는 다 하나님의 아들입니다. 하나님의 아들은 하나님의 아들이에요. 그래서 종의 시각으로 해석하지 마세요. 산수가 잘못하면 여기 들어와서 여러분의 머리를 혼동시키는데 조심해 주시기 바랍니다.

그다음에는 탕자의 이야기를 조금 읽어봅시다. 누가복음 15장에 나옵니다. 15장 11절서부터 읽으세요. 이것도 대립의 숫자입니다.

어떤 사람이 두 아들이 있는데 그 둘째가 아비에게 말하되 아버지여 재산 중에서 내게 돌아올 분깃을 네게 주소서 하는지라 아비가 그 살림을 각각 나눠 주었더니 그 후 며칠이 못 되어 둘째 아들이 재산을 다 모아가지고 먼 나라에 가 거기서 허랑방탕하여 그 재산을 허비하더니 다 없이한 후 그 나라에 크게 흉년이 들어 저가 비로소 궁핍한지라. 가서 그 나라 백성 중 하나에게 붙여 사니 그가 저를 들로 보내어 돼지를 치게 하였는데 저가 돼지 먹는 쥐엄 열매로 배를 채우고자 하되 주는 자가 없는지라. 이에 스스로 돌이켜 가로되 내 아버지에게는 양식이 풍족한 품군이 얼마나 많은고 나는 여기서 주려 죽는구나. 내가 일어나 아버지께 가서 이르기를 아버지여 내가 하늘과 아버지께 죄를 얻었사오니 지금부터는 아버지의 아들이라 일컬음을 감당치 못하겠나이다. 나를 품군의 하나로 보소서 하리라 하고 이에 일어나서 아버지께로 돌아가니라. 아직도 상거가 먼데 아버지가 저를 보고 측은히 여겨 달려가 목을 안고 입을 맞추니 아들이 가로되 아버지여 내가 하늘과 아버지께 죄를 얻었사오니 지금부터는 아버지의 아들이라 일컬음을 감당치 못하겠나이다 하나 아버지는 종들에게 이르되 제일 좋은 옷을 내어다가 입히고 손에 가락지를 끼우고 발에 신을 신기라. 그리고 살진 송아지를 끌어다가 잡으라 우리가 먹고 즐기자. 이 내 아들은 죽었다가 다시 살아났으며 내가 잃었다가 다시 얻었노라 하니 저희가 즐거워하더라. 맏아들은 밭에 있다가 돌아와 집에 가까웠을 때에 풍류와 춤추는 소리를 듣고 한 종을 불러 이 무슨 일인가 물은대 대답하되 당신의 동생이 돌아왔으매 당신의 아버지가 그의 건강한 몸을 다시 맞아들이게 됨을 인하여 살진 송아지를 잡았나이다 하니 저가 노하여 들어가기를 즐겨 아니하거늘 아버지가 나와서 권한대 아버지께 대답하여 가로되 내가 여러 해 아버지를 섬겨 명을 어김이 없거늘 내게는 염소 새끼라도 주어 나와 내 벗으로 즐기게 하신 일이 없더니 아버지의 살림을 창기와 함께 먹어버린 이 아들이 돌아오매 이를 위하여 살진 송아지를 잡으셨나이다. 아버지가 이르되 얘 너는 항상 나와 함께 있으니 내 것이 다 네 것이로되 이 네 동생은 죽었다가 살았으며 내가 잃었다가 얻었기로 우리가 즐거워하고 기뻐하는 것이 마땅하다 하니라.

탕자 이야기가 우리의 잠재의식에 천당은 앞으로 갈 테니까 실컷 놀대로 놀고, 될 대로 다 되어 보고, 그래도 하나님이 나를 천당 보낼 것이라고 들어올 수 있습니다. 잘못하면 잠재의식에 이런 생각이 생깁니다. 그래서 기독교인들 참 재미있어요. 여러분, 이 말씀을 잘못 해석하면 참 힘든 이야기가 돼요. 그래서 미안한 말이지만, 부흥사들이 아주 큰 소리 많이 칩니다. 내가 옛날에 이런 죄인이다 그러는데, 내가 알기로는 죄인이 되려고 해도 죄인 자격이 있어야 해요. (청중 웃음) 이 건 뭐 죄인 자격도 없는 사람이 있는 척합니다. 그런데 괜히 옛날에 그 랬다고 하면서 간증을 하겠다고 하고, 지금 하나님의 앞에서 회개하 고 이렇게 일하고 있다고 그러는데, 그거 다 잘못 해석해서 그런 겁니 다. 그래서 성경을 잘못 해석하면 얼마나 위험한지 모릅니다.

이것도 대위의 대칭입니다. 단, 시간을 포함한 것입니다. 함께 있 다가 떨어졌다가 다시 돌아오는 시간적으로 된 대응이 있는 것입니 다. 이것을 수학으로 이야기하면 'Ordinality'입니다. 즉, 서열이 있는 수에 대한 것입니다. 다시 들어가 보세요. 탕자의 이야기가 무슨 이야 기입니까? 예수께서 지금 이야기하시는 것이 전체 인류 구원사를 비 유법으로 알려주는 것입니다. 하나님께서 인간을 하나님의 최고의 작 품을, 그래서 자기의 생명을 넣어서 하나님의 자식으로 그렇게 만들 었는데 그만 이것이 마귀의 유혹에 넘어가서 그다음에 하나님과 소외 되고, 자연과 소외되고, 인간과 인간끼리 소외된 그런 상태에서 살고 있는 것 아닙니까? 이제 다시 회개하고 하나님께 돌아가는 것입니다. 인류의 구원사를 간략하게 한 겁니다.

그런데 구원사 가운데 뭐가 문제냐 하면 맏아들과 둘째 아들이에 요. 하나님이 맏아들과 둘째 아들을 어떻게 취급했나 다시 돌아가 보 세요. 맏아들에게는 뭐라고 그래요? 작은아들처럼 죄짓고 회개하고 돌아오면 하나님이 즐거워서 향연을 베푼다? 아닙니다. 근사한 파티 를 열어준다는 이야기가 아닙니다. 큰아들하고 작은아들하고 관계가 어떻게 되는 것입니까?

가만히 들어보세요. 여기 아버지의 입장은 아주 철저합니다. 뭐가 철저하냐 하면 작은아들이 내게서 나갔지만, 이것도 내 자식이라는 것입니다. 아들이라는 말을 몇 번이나 씁니다. 이젠 아시겠어요? 하나님이 아직 우리를 아들로 보신다는 겁니다. 내가 믿지 않아서 문제이지 큰아들의 입장은 동생은 나갔기 때문에 동생이 아니고, 아들이 아니라고 간주했으면 좋겠다는 겁니다. 그때 아버지의 대답은 뭡니까? 너는 평생 집에 있었고, 항상 내 아들이었다고 하지 않습니까? 항상 내 아들이라고 그러는 겁니다. 이거 무서운 이야기에요. 아들이라면 아버지의 재산, 유산이 다 그 아들 것이 되는 겁니다. 그래서 여기에 있어서 하나님께서는 심정을 보세요. 하나님은 맏아들도 아들이고, 둘째가 집을 나갔어도 아들이라는 거예요.

우리가 남의 집에 가서 종살이하는 것을 다시 하나님의 아들이 되게 하는 것이 주님의 소임이었습니다. 이 아들이라는 것을 조심해서 들으세요. 성경에 있어서 종과 아들은 완전히 다릅니다. 하나님의 입장에서 이걸 처리할 때 아들이라는 것을 중요시했습니다. 그래서 재산을 없애는 것, 그런 것이 문제가 아니에요. 내 아들이 나가서 방탕했지만, 하나님의 입장에서는 아들로 돌아올 때까지 기다리는 것, 아들로 받아들이는 것, 거기에 중점을 두고 한 말씀입니다.

그다음에는 마태복음 25장 1절서부터 13절까지 봅시다.

그때에 천국은 마치 등을 들고 신랑을 맞으러 나간 열 처녀와 같다 하리니 그중에 다섯은 미련하고 다섯은 슬기 있는지라. 미련한 자들은 등을 가지되 기름을 가지지 아니하고 슬기 있는 자들은 그릇에 기름을 담아 등

과 함께 가져갔더니 신랑이 더디 오므로 다 졸며 잘 새 밤중에 소리가 나
되 보라 신랑이로다 맞으러 나오라 하매 이에 그 처녀들이 다 일어나 등
을 준비할새 미련한 자들이 슬기 있는 자들에게 이르되 우리 등불이 꺼져
가니 너희 기름을 좀 나눠 달라 하거늘 슬기 있는 자들이 대답하여 가로
되 우리와 너희의 쓰기에 다 부족할까 하노니 차라리 파는 자들에게 가서
너희 쓸 것을 사라 하니 저희가 사러 간 동안에 신랑이 오므로 예비하였
던 자들은 함께 혼인잔치에 들어가고 문은 닫힌지라. 그 후에 남은 처녀
들이 와서 가로되 주여 주여 우리에게 열어주소서. 대답하여 가로되 진실
로 너희에게 이르노니 내가 너희를 알지 못하노라 하였느니라. 그런즉 깨
어 있으라 너희는 그날과 그 시를 알지 못하느니라.

이거 어떻게 생각해요? 밤새도록 열 사람이 다 기다렸습니다. 단지
뭐가 다르냐 하면 한 편은 기름을 준비했고, 한 편은 준비하지 않았는
데 천당에 가고 못 가는 것은 기름 준비하는 것에 달려 있답니다. 그러
니까 사람들이 뭐를 준비하면 천당 가고, 뭐를 준비 못 하면 지옥 간다.
이렇게 알아요. 기름을 준비하면 결혼하고, 기름을 준비 못 하면 결혼
못 한다는 겁니까?

여러분, 여기에 등불은 사실 아주 좋은 비유입니다. 이런 결혼식은
없어요. 이스라엘에 가도 이런 결혼식은 없어요. 여자가 등불을 들고
불을 켜고 있으면 남자가 들어가서 결혼을 한다는 건 없고, 이것은 가
상적인 겁니다. 그러니까 이 이야기의 내용이 꼭 열 처녀 시집가는 문
제로 보지 마세요.

여러분, 구약과 신약의 관계를 생각하세요. 예를 들자면 안식일에
너희가 노동하지 말라 했으니까 하지 말라는 부정으로 나온 것 기억

하시지요. 이것이 광고지인데, 광고지 아닌 것이 뭡니까? 광고지 아닌 것은 천국도 포함되어 있어요. 즉, 광고지만 빼면 다 해당됩니다. 이것이 바로 부정논리입니다. 사람이 부정 언어를 쓰면 그 내용이 한이 없어요. 그래서 어떤 것인지 몰라요. 사실 부정은 세계를 대칭으로 전제하고 한편을 부정하면 다른 한편이고, 다시 부정하면 돌아온다는 것을 의미할 때 쓰는 것입니다. 그래서 부정 두 번 하면 긍정이 되어버립니다. 이게 수학의 연산법칙(Operation Law)입니다. 그러니까 이런 것은 둘에 한해서 유효한데, 둘을 넘으면 부정을 못 해요. 왜 양자물리(Quantum Physics)가 어려운지 아세요? 거기는 세 단위에요. 논리적으로 하나 부정하면 둘이 나옵니다. 그래서 십계명에서 도둑질하지 말라고 그랬는데, 도둑질하지 않으면 다 됩니까? 도둑질을 빼면 아직도 뭘 해야 하는지 몰라요. 그래서 이걸 아주 조심해야 되는데 여기에서는 전제가 둘로 나누어져 있습니다. 하나는 등을 준비하고 기름을 가진 사람 또 하나는 등만 있고 기름이 없는 사람이라는 것입니다. 그렇게 하면 대칭이 됩니다.

바리새인들이 와서 율법을 가지고 예수를 많이 괴롭혔어요. 가령 안식일에 쉬라고 그랬다는 겁니다. 그래서 안식일에 손가락을 묶었습니다. 예배당도 멀리 있으면 못 갑니다. 몇 보 안에 교회가 있어야 다니지, 그 한계를 넘으면 큰일 나요. 그건 안식일 범했다는 겁니다. 그러나 예수께서는 안식일에 환자를 고치셨습니다. 왜 환자 고쳐 줍니까? 안식일은 하나님과 사람, 사람과 사람, 사람과 자연을 합해서 하나님의 뜻이 하늘에서 이룬 것 같이 땅에서 이루어지는 날이기 때문이라는 것입니다. 그렇게 하나님께 영광을 돌리는 것이 안식일의 본 목적이라는 것입니다. 그래서 바리새인이나 서기관들이 구약을 해석할 때 등은 있는데 속이 빠진 것입니다. 기름이 없어요. 그러나 다른 그룹은 등도 있고, 예수님 말씀이 기름이 되어서 있어요. 이것을 차별한 것입니다.

그러니까 여러분, 이 이야기가 이다음에 여러분 어디 먼 길 가실 때에 기름 한 병을 꼭 가져가라는 것이 아닙니다. (청중 웃음) 요새 추석이라고 멀리 자동차 타고 갈 텐데 시간 많이 걸리니까 트렁크에다가 가솔린 한 탱크를 준비해 가라는 말이 아닙니다. 그런 준비성은 말하자면 'Remainder Theirem'입니다. 남은 숫자의 문제입니다. 스페어 타이어, 스페어 기름을 준비하면 천당 간다고 해석하면 안 됩니다. 천당까지 가려면 기름을 충분하게 많이 준비해야 된다는 이야기가 아닙니다. 형식적인 바리새인이 하나님을 믿는다는 것이 옳지 않다는 것입니다. 그러니까 그 사람들 일주일에 몇 번씩 금식하는 것 또 사람들 앞에서 기도해야 한다는 것, 그런 것은 다 형식 아닙니까? 그리스도께서는 우리에게 내용을 강조하여 가르쳐 주셨습니다. 그래서 하나는 기름이 있는 불이요 또 하나는 기름이 없는 불이니 결국 빛을 못 발하는 불이 됩니다. 그것을 분간해 달라는 이야기입니다. 그런데 변질이 되어서 준비해서 천당 가자는 말이 되었습니다.

여러분, 천당 가려고 준비하면 되는 줄 아세요? 솔직하게 이야기해 보세요. 누가 준비하면 됩니까? 그건 말도 안 돼요. 언제 죽을지도, 어떻게 죽을지도 모르는데 준비를 어떻게 해요? 물론 우리가 수의는 준비할 수 있어요. 죽으면 입고 갈 옷은 준비할 수 있어요. 그러나 천당가는 것, 하나님과 관계되는 것은 내용이 있어야 되는 것이지 우리가 준비해서 되는 일이 아닙니다. 하나님의 아들이 되어야 하나님의 나라를 가는 것입니다.

보통 사람은 자꾸 준비하자 그러는데 준비하자면 지금 일을 못 해요. 내 목표를 향해서 나가려면 준비할 시간이 없어요. 그래서 오죽하면 실존주의 철학가들은 내던지라고 하는데, 그것을 해결 못 했습니다. 천당이란 준비해서 가는 것이 아닙니다. 천당은 하나님의 아들, 종이 아닌 아들의 성격이 기름으로 들어가 있어야 갈 수 있습니다. 늦게 올 수도 있고, 일찍 올 수도 있고, 그런 것을 상관하지 말고 하나님의 아들이 되어서 사세요. 그것이 중요합니다.

이젠 마태복음 18장 12절을 읽어주세요.

너희 생각에는 어떻겠느뇨 만일 어떤 사람이 양 일백 마리가 있는데 그중에 하나가 길을 잃었으면 그 아흔아홉 마리를 산에 두고 가서 길 잃은 양을 찾지 않겠느냐 진실로 너희에게 이르노니 만일 찾으면 길을 잃지 아니한 아흔아홉 마리보다 이것을 더 기뻐하리라.

여러분, 이거 어떻게 해석해요? 주님은 우리를 다 마귀한테 버려두고, 저기 어디 못된 망나니 하나 구하러 지금 가고 있습니까? 그렇다면 여러분 예전에 구원해줬다고 너무 좋아하지 마세요. 주님은 지금 저 망나니 구하러 갔으니까 당신은 광야 산 위에 방치해 놓은 것 아닙니까? 그리고 또 다수의 민주사회는 완전히 틀린 이야기가 됩니다. 99명이 다수지 어떻게 하나가 다수입니까? 이거 잘못하면 또 다수(Majority)가 통계학적으로 이야기할 때 어떻게 처신해야 되겠느냐 하는 통계학 문제가 됩니다. 그런데 이거 통계학도 성경 말씀에 해당되는 것이 아닙니다.

여러분, 이 말씀은 어떤 이야기와 같습니까? 탕자와 장자의 이야기를 기억하세요. 탕자가 가출했다가 돌아올 때 하나님이 아버지로서 기뻐하시는 것이기 때문에 장자가 집에 있었으면 늘 기뻐한 것입니다. 아버지가 늘 집에 있는 자식이라고 밤낮 욕합니까? 그거 아닙니다. 우리가 하나님께서 아버지라는 것을 이해하면 집에 있는 장자도 아들이요 돌아온 둘째도 아들이에요. 그러니까 기뻐했다는 말의 '콘텍스트'(Context)가 탕자가 회개하고 돌아와서 잃었던 아들을 찾게 되니까 기뻤다는 말 아닙니까? 잃어버렸던 양을 찾았다는 것도 같은 것입니다.

통계학적으로 성경 읽으면 큰일 납니다. 그래서 하나님이 어떻게 이럴 수 있냐, 그러니까 세상이 이렇게 나빠지지 않느냐, 아흔아홉 마리는 두고 한 마리를 따라가니까 세상이 이렇고, 하나님이 머리가 좀 이상하지 않느냐, 이런 말이 아닙니다. 탕자 이야기와 아흔아홉 마리의 양 이야기는 같은 이유가 있습니다. 하나는 늘 집에 있던 아들이에요. 그 사람에 대해선 그대로 좋다는 것입니다. 그런데 잃었던 아들을 다시 찾아서 그 탕자가 아들이 되었다는 의미에서 기뻐했다는 것이지 탕자가 더 좋다는 것이 아닙니다. 성경을 자세히 보세요. "너는 처음부터 내 아들이고, 모든 것이 네 것이 아니냐" 하고 이렇게까지 이야기하지 않아요? 넌 아니야, 너는 방탕하지 않아서 덜 사랑한다? 이게 아닙니다. 그러면 기독교는 큰일 납니다. 그래서 이 숫자에 대해서 잘 이해해야 합니다. 수학의 숫자 개념을 따라가다가는 사고가 납니다. 반드시 성경으로 돌아와서 성경에서 어떻게 된 의미인가를 잘 찾아보세요.

여러분, 잊지 마세요. 항상 기뻐하라, 쉬지 말고 기도하라, 범사에 감사하라. '항상'이나 '쉬지 말고'나 '범사'라는 전체에 대한 숫자가 들어 있으면 사람보고 이야기한 것이 아닙니다. 이것은 하나님의 숫자입니다. 사도행전 1장 6절에서부터 8절을 봅시다.

> 저희가 모였을 때에 예수께 묻자와 가로되 주께서 이스라엘 나라를 회복하심이 이때니이까 하니 가라사대 때와 기한은 아버지께서 자기의 권한에 두셨으니 너희의 알 바 아니요 오직 성령이 너희에게 임하시면 너희가 권능을 받고 예루살렘과 온 유대와 사마리아와 땅끝까지 이르러 내 증인이 되리라 하시니라.

지금 여기에 많은 사람이 선교를 나가려고 한답니다. 그러면 어디까지 가야 하느냐? 땅끝까지 가려고 합니다. 이것도 잘못하면 하나님의 숫자를 우리가 가지려고 하는 것이 됩니다. 사실 구체적으로 이야기해 볼까요? 보통 헌금한 것으로 독도도 못 갑니다. (청중 웃음) 독도 한번 다녀와 보세요. (청중 웃음) 그러면 또 어떻게 해석하느냐? 하나님이 능력을 주셔서 물고기 두 마리로 오천 명을 먹이듯이 이걸 부풀려 주신다고 합니다. 그러면 하나님이 고리대금 해야 됩니까?

여러분에게 하나 물어보겠습니다. 요즈음 아프가니스탄의 사막 이야기가 많이 나오는데 사실 그곳이 사람이 못 살 곳이에요. 한번 가 보세요. 그곳에 카이퍼 패스라고 제일 험악한 동쪽으로 오는 길이 있습니다. 그런 것을 보면 알렉산더(Alexander)는 무서운 사람입니다. 그런 곳으로 자기 군대를 몰고 가는데 그 당시에 이미 첩보와 사회조직과 정치적 구성을 다 하면서 정복해 갔습니다. 보통 역사학자들이 해석하기를 알렉산더가 역시 포부가 크다고 하고, 남자는 그만해야 영웅이라고 했습니다. 여러분은 그렇게 할 수 있습니까?

알렉산더가 왜 땅끝까지 갔습니까? 어떤 사람은 영토 확장이라고 하는데 그것이 욕심으로 확장하는 것이 아닙니다. 알렉산더를 가만히 공부해 보세요. 영토가 아니요 확장이 아닙니다. 그 시대에 임금들이란 신이 택한 사람이고, 곧 임금이 곧 신이 되어야 하는 것입니다. 그것을 어떻게 증명합니까? 온 천하가 다 내 통치 아래 있어야 증명이 되는 것입니다. 결국은 온 천하가 다 통치하에 있으면 자기가 신의 사람이란 것이 증명이 되는 겁니다. 그래서 그는 임금일 뿐 아니라 신이 되는 것입니다. 알렉산더가 땅끝까지라고 말할 때는 자신이 곧 신이라는 것을 증명하려고 하는 것입니다. 이거 보통 일이 아닙니다. 임금이 곧 하나님이 되고, 기독교의 용어로는 다시 말하자면 하나님의 아들이 증명되는 것입니다.

그러니까 성경에서 '땅끝까지'라는 말이 뭡니까? 당신들 보고 땅끝까지 가라고 하는 줄 아세요? 지금 막강하다는 미국 사람도 아프가니스탄에 못 가고 있는데, 미국 사람들이 못 들어가면 선교사도 못 들어갑니다. 그러면 미군이 아프가니스탄을 모두 정복한 후에 선교사가 들어갈 텐데 도대체 어떻게 하자는 말입니까?

그래서 항상, 쉬지 말고, 범사에, 이런 것은 전부를 다 포함한 용어입니다. 이건 사람의 용어가 아니에요. 하나님의 용어입니다. 하나님이 이렇게 하신다는 것입니다. 하나님께서 땅끝에도 자기의 나라를 세우십니다. 하나님께서 땅끝까지 다스리십니다. 우리가 요새 한국에서 비행기 타고 선교 가면 받아주지를 않아요. 가지고 가는 성경은 또 영어입니다. 그러면 제국주의의 용어가 되는데 어떻게 땅끝을 들어갑니까? 그런 말이 아닙니다. 하나님의 천지를 다 하나님의 나라로 이루었는데, 땅끝에서도 당신의 증인을 부르시고 이곳에서도 부르신다는 말입니다. 조심하세요. 괜히 우리가 자화자찬해서 뭐 어디 나가서 선교한다고 떠들지 맙시다. 우리가 뭔데 나가서 하나님의 복음을 증거할 자격이 있어요? 내가 땅끝까지 가는 줄 알면 안 됩니다. '땅끝까지'란 하나님께 해당되는 용어입니다.

> 이 천국 복음이 모든 민족에게 증거되기 위하여 온 세상에 전파되리니 그
> 제야 끝이 오리라(마태복음 24:1).

언제 하나님의 나라가 오겠습니까? 그러니까 말세가 언제냐는 것입니다. 이런 것은 하나님이 하시는 일이라는 것이 나옵니다. 끝이 어느 때입니까? 그것은 하나님 아버지가 관계하는 일이다. 이거 보세요. 전체 숫자, 하나님과 관계한 숫자는 하나님이 하시는 일이란 의미입니다. 우리가 다루는 숫자가 아닙니다. 조심하세요. 성경에 분명히 있습니다. 그래서 '항상', '범사'에 이렇게 나오면 이건 우리의 숫자가 아닙니다. 우리는 서열을 따라서 행할 수밖에 없는 제한된 존재입니다. '항상'이 안 되고 '모든'이 안 되고, '범사'가 안 돼요.

또 주님이 땅끝까지 가실 때가 언제입니까? 그것도 하나님이 아시는 숫자입니다. 하나님의 숫자를 함부로 건드리지 마세요. 그건 하나님의 숫자로 두세요. 성경 안에서는 성경에 따라서 숫자를 해석해야지 우리 멋대로 밖으로 나가서 해석하면 안 됩니다.

> 그러므로 그리스도 안에 무슨 권면이나 사랑에 무슨 위로나 성령의 무슨
> 교제나 긍휼이나 자비가 있거든 마음을 같이하여 같은 사랑을 가지고 뜻을

합하며 한 마음을 품어 아무 일에든지 다툼이나 허영으로 하지 말고 오직 겸손한 마음으로 각각 자기보다 남을 낫게 여기고 각각 자기 일을 돌아볼 뿐더러 또한 각각 다른 사람들의 일을 돌아보아 나의 기쁨을 충만케 하라. 너희 안에 이 마음을 품으라 곧 그리스도 예수의 마음이니 그는 근본 하나님의 본체시나 하나님과 동등됨을 취할 것으로 여기지 아니하시고 오히려 자기를 비어 종의 형체를 가져 사람들과 같이 되었고 사람의 모양으로 나타나셨으매 자기를 낮추시고 죽기까지 복종하셨으니 곧 십자가에 죽으심이라. 이러므로 하나님이 그를 지극히 높여 모든 이름 위에 뛰어난 이름을 주사 하늘에 있는 자들과 땅에 있는 자들과 땅아래 있는 자들로 모든 무릎을 예수의 이름에 꿇게 하시고 모든 입으로 예수 그리스도를 주라 시인하여 하나님 아버지께 영광을 돌리게 하셨느니라(빌립보서 2:1-11).

마지막으로 제로(Zero)에 관하여 이야기합시다. 만사를 이야기하고, 모든 것을 이야기하는 것과 대칭되는 것이 비우는 것에 대한 이야기입니다. 빌립보서 2장에 있어서 예수 그리스도가 자신을 비우셨다는 것은 0을 만드신 것입니다. 하나님의 성품을 비웠다는 것입니다. 그러니까 이 비운다는 것도 사실상 사람이 못합니다. 감리교회에 성화(Sanctification)의 교리라는 것이 있습니다. 잘못 해석하면 내가 어떻게 해야 하나님 앞에 온전히 거룩하게 되겠냐는 문제가 되는데 그 뜻이 아닙니다. 온전히 거룩하신 하나님이 우리를 온전하게 다루신다는 말이지 우리가 온전하다는 말이 아닙니다. 늘 조심해야 됩니다. 그래서 해석할 때 조금만 잘못하면 하나님이 하신 일을 마치 내가 한 것으로 생각이 될 수 있습니다.

비운다는 것 얼마나 무서운 이야기인 줄 아세요? 제가 아주 간단한 이야기를 해드리겠습니다. 여러분, 사람이 이 건물을 지었습니다. 설계했고, 그다음에 기초공사를 설계대로 하고, 그다음에 담을 쌓고 천장을 덮었습니다. 그런 것은 다 우리가 한 것입니다. 제가 여러분에게 묻겠어요. 여러분이 어디에서 삽니까? 예를 들어 의자도 우리가 다 만들었는데 우리가 의자 안에 들어가서 삽니까? 벽에 들어가서 살아요? 다시 한번 생각하세요. 사람이 했다는 것은 자기가 쓰지 못해요. 꼭 기억하세요. 학문도 그래요. 학문 다 해봤자 그 안에 들어가서 못 삽니다. 꼭 벽과 같아요. 정성을 들여서 벽을 만들었는데 벽에 들어가서 사는 사람은 없어요. 그래서 잊지 마세요. 궁극적으로 보세요. 인간이 했다고 하는 것들, 연구했다는 것, 만들었다고 그러는 것들, 그 안에 우리가 들어가 살지 못합니다. 우리가 어디에서 살고 있습니까? 우리가 만들지 않은 이 빈 공간에서 살고 있어요. 잊지 마세요. 평생 잊지 마세요. 무엇이건 일할 때 머리에 두고 일하세요. 내가 만든 것은 울타리에 불과합니다. 내가 만든 것은 지붕에 불과합니다. 그 지붕 안에 들어가서 살지 못해요. 살 수도 없고, 들어가면 죽어요. 그래서 여러분이 신학 공부할 때도 머리로 하늘을 만들지 마세요. 그곳에 계신 하나님은 당신이 믿을 수도 없고, 당신이 의지할 수도 없는 하나님입니다. 그래서 비운다는 것이 아주 중요합니다. 빈 것이 바로 기초입니다. 모든 것의 반대가 빈 것인데 이것도 하나님의 숫자입니다. 그러니까 현실적으로도 우리가 빈자리에서 산다는 것은 하나님 안에서 산다는 것으로 표현할 수밖에 없습니다. 군이 번역하자면 그래요. 그래서 누구의 말 듣고 겸손하려면 겸손할 수도 없어요. 형식으로 겸손하려니까 결국 뭐가 됩니까? 위선자가 됩니다.

오늘날 기독교인같이 위선자가 없습니다. 갑자기 하나님이시여,

이 죄인이 어쩌고 하다가 그다음에는 다른 사람보고 의로워지라고 해요. 도대체 무슨 죄를 지었냐고 진지하게 묻고 싶어요. 정말 큰 죄를 한번 지어 보고나 그런 말을 하는지 모르겠습니다. 세세한 것, 정말 눈에도 들지 않는 그런 것 가지고 하나님 앞에서 그럽니까? 그런 것은 하나님 눈에 보이지도 않아요. 그걸 사해달라고 하는 것은 다 위선입니다. 우리가 만들어 놓은 죄를 우리가 사해달라고 한다는 것은 죄 사함도 받지 못하고 그 안에서 살아나지도 못해요. 그러니까 꼭 기억하세요. 인간이 만든 것 안에는 인간이 들어가서 못삽니다. 인간이 만들지 않은 그 무엇에서 우리가 사는 겁니다. 그러면 그게 무엇입니까. 바로 하나님 안에서 사는 것입니다. 이것이 0(Zero)에 대한 성경의 의미입니다.

오랫동안 마치 주머니 속에 있는 것을 다 버리면 비우는 것인 줄 알았습니다. 죄가 있는데 사해주면 비우는 줄 알았습니다. 이런 의미가 아닙니다. 비운다는 것은 우리가 한 일이 아닙니다. 하나님의 바탕 위에서 그리고 신앙의 바탕 위에서 나온 용어입니다. 오늘날 종교가 천해졌습니다. 자꾸 위장적인 기초 위에다가 교회를 지으려니까 이것은 모래 위에 지은 것이 됩니다. 잘못하면 교회가 무너질 것입니다. 그러니 여러분은 꼭 하나님 말씀을 진실하게 깨달아 살아주세요. 자, 우리 함께 주님 가르치신 대로 기도합시다.

하늘에 계신 우리 아버지여,
이름이 거룩히 여김을 받으시오며,
나라가 임하옵시며
뜻이 하늘에서 이룬 것 같이 땅에서도 이루어지이다.

오늘날 우리에게 일용할 양식을 주옵시고,

우리가 우리에게 죄지은 자를 사하여 준 것 같이

우리 죄를 사하여 주옵시고,

우리를 시험에 들게 하지 마옵시고,

다만 악에서 구하옵소서.

나라와 권세와 영광이 아버지께 영원히 있사옵나이다.

아멘.

(2002년 9월 19일 연세대학교)

제12강

종합과 실험

여호와는 나의 목자시니 내가 부족함이 없으리로다. 그가 나를 푸른 초장에 누이시며 쉴 만한 물가로 인도하시는도다. 내 영혼을 소생시키시고 자기 이름을 위하여 의의 길로 인도하시는도다. 내가 사망의 음침한 골짜기로 다닐지라도 해를 두려워하지 않을 것은 주께서 나와 함께 하심이라 주의 지팡이와 막대기가 나를 안위하시나이다. 주께서 내 원수의 목전에서 내게 상을 베푸시고 기름으로 내 머리에 바르셨으니 내 잔이 넘치나이다. 나의 평생에 선하심과 인자하심이 정녕 나를 따르리니 내가 여호와의 집에 영원히 거하리로다(시편 23:1-6).

오늘은 마지막 시간입니다. 그래서 먼저 그동안에 11번 이야기한 것을 종합해 드리겠습니다. 그다음에 시편 23편 1절에서부터 6절의 말씀을 가지고 여러분과 실험을 해보겠습니다. 실험이라는 것은 시험이 아닙니다. 마귀의 시험에 들지 않게 해주옵소서 했는데 시험이라면 안되니까 우리는 실험을 해보겠어요. (청중 웃음) 그동안 살펴본 것을 재해석할 것인데 여러분의 해석이 어떻게 나오나 제가 보겠고 또 여러분이 어떻게 수정을 하는지 그것을 보도록 하겠습니다.

1) 우리가 성경의 기초 인식 태도가 어떻게 되었는가를 살펴보았습니다. 그래서 구약에 있는 십계명하고, 신약에 있는 주기도문을 살

펴보았습니다. 구약의 십계명에 따르면 처음 세 가지 계명은 우상 만들지 말라, 절하지도 말라, 하나님의 이름을 망령되이 부르지 말라고 했습니다. 이것은 하나님과 사람의 관계에 대한 내용입니다. 그런데 신약에서는 이 셋이 **이름을 거룩하게 하옵시고**, 이렇게 한마디로 되어 있습니다.

그다음에 부모를 공경하고, 살인하지 말고, 간음하지 말라고 했는데 이것은 사람과 사람의 관계에 관하여 이야기한 것입니다. 그런데 신약에서는 **우리가 우리의 죄를 사해 준 것 같이, 우리의 죄를 사해 주옵소서**라고 했습니다. 그래서 인간 대 인간의 소외된 것이 다시 하나가 되기를 간구하는 것입니다.

그다음에는 사람과 물질의 관계입니다. 남의 물건을 도둑질하지도 말고 탐내지도 말고 법정에 가서 거짓 증언하지도 말라고 했습니다. 이것도 신약에서는 **우리에게 일용할 양식을 주옵시고**라고 되어 있습니다. 이렇게 신약과 구약이 하나의 틀입니다. 구약 십계명의 부정적인 표현을 신약 주기도문에서는 긍정의 표현으로 다루었습니다. 하나님과 사람, 사람과 사람 그리고 사람과 자연, 이 셋을 가지고 틀이 이루어지는데 이것이 단지 세 가지로 되었다고만 생각하지 마세요.

안식일이라는 것이 있어요. 안식일이라는 날은 모든 일에서 쉬며 형제자매 종들이 다 모여서 하나님을 공경하라고 한 것이므로 세 관계를 다시 묶은 것 아닙니까? 십계명에는 안식일로 표현되었고, 주기도문에는 그 내용이 '**하나님의 나라**'로, 즉 **뜻이 하늘에서 이룬 것 같이 땅에서도 이루게 해달라**는 것으로 나옵니다. 그리고 마지막에 찬양하는 마음으로 **나라와 권세와 영광이 하나님께 영원히 있을 것**이라고 하나님 앞에 찬송하는 것입니다. 여러분, 기도를 그렇게 해야지 "주여 이 사람이 잘못했는데, 용서하소서", "저 사람이 힘이 없는데 힘을 주옵시고" 하는데, 그렇다면 하나님이 몰랐습니까? 하나님이 만든 그 사람인데 자기가 만든 것도 몰라요?

그래서 처음에는 성경의 제일 큰 틀, 우리가 어떤 틀로 공부해야 하는가를 살펴보았는데, 재미있는 점은 하나는 구약에 있고 하나는 신약에 있어서 이걸 맞추어 볼 수가 있어요. 단지 하나로 단역으로 해서는 맞춰지지 않습니다. 내가 틀렸는지 옳은지를 모릅니다. 물론 많은 사람이 성서로 성서를 해석하겠다고 했는데 결국은 성서 밖으로 나갔어요. 제일 쉽게 성서 바깥으로 나간 것이 어디로 나간 줄 아세요? 사도신경으로 나갑니다. 제 말은 사도신경이 틀렸다는 말이 아닙니다. 그러나 성경 밖에서 생긴 것입니다. 그러니까 주님 후에, 한 100여 년 후에서 약 300년 걸려서 성립이 되었습니다. 이왕이면 성경 안의 틀로 성경을 해석하는 것이 옳지 않겠습니까? 그래서 구약과 신약을 맞춰보세요. 하나님이 그렇게 만드셨다고 하는데 우리로서는 인간의 머리로 맞춰 놓아야 됩니다.

2) 예수의 탄생과 3) 창조와 타락입니다. 하나님이 어떻게 천지를 창조하셨습니까? 거기에도 세 가지, 즉 하나님과 사람, 사람과 사람, 사람과 물질의 관계가 나오지 않습니까? 이 주제가 신약에서는 예수의 탄생으로 나옵니다. 창조 후 타락이 일어나는데 신약에서는 예수께서 시험당하시는 문제로 나옵니다. 그러니까 여기에도 같은 구조입니다.

예수의 탄생에는 천지를 다시 복원하려고 하는 그런 뜻이 들어 있습니다. 요한복음에 "태초에 말씀이 있으니" 하는데 그 말씀이 무엇입니까? 요한복음이 전하는 말씀이라는 것은 '로고스'(Logos)가 따로 있다는 것이 아닙니다. 하나님께서 "빛이 있으라 하시니" 할 때의 그 하시는 말씀이에요. 괜히 그리스철학에 옮겨 말씀의 뜻이 무엇이냐고 찾는데 하나님 가라사대의 가라사대, 즉 왈(曰)이 바로 로고스입니다.

창조에 있어서 어두움과 빛의 문제가 요한복음에 와서는 그 어둠에 다시 빛을 비춰주는 것으로 나옵니다. 그래서 여러분에게 두 번째와 세 번째에는 창조하고 타락, 예수님의 탄생하고 시험을 이야기했습니다. 여러분, 예수님 당하신 시험 세 가지 기억나십니까? 돌로 떡 만들라는 것, 그거 자체가 틀린 것이 아니에요. 우리 그때도 이야기했지만, 하나님의 말씀을 떠나서 돌로 떡 만들라는 것이 잘못된 것입니다. 하나님, 사람, 자연 이 셋이 연결돼야 하지 않습니까? 이것을 분리해 시험하는 것입니다. 사람과 물질 관계만 보라는 겁니다. 그러니까 예수께서는 사람은 떡으로만 사는 것이 아니요 하나님의 말씀으로 살아야 한다고 하신 것입니다. 옛날 생각처럼 마귀 쫓기 위해서 하나님 말씀이 필요한 것이 아닙니다. 천지인(天地人)의 그 하나님의 말씀 안에서 기적도 행해야 한다 이겁니다. 그렇게 된 겁니다. 그리고 성전 위에서 뛰어내리라는 시험은 사람 위의 사람이 한번 되어 보라는 것이고, 그다음에 마귀가 자기 앞에 절하라는 것은 생각하는 일을 이루기 위해서 하나님을 배반하라는 것입니다.

예수께서는 이러한 세 가지 시험을 이기셨지만, 그만 아담은 이기지 못하고 타락되어 우리의 육체가 죽어 없어지게 되고, 인간과 인간은 소외가 되고, 인간은 하나님 앞에서 쫓겨 나가는 그런 상태에 놓였다는 것을 성경이 말해주고 있습니다. 성경의 한 부, 한 부가 완전히 연관되어서 이야기되는 겁니다.

4) 출애굽의 유월절과 성만찬을 살펴보았습니다. 여러분이 늘 출애굽기를 보면서 어떻게 파라오의 압제 아래서 이스라엘이 나와서 가나안 땅으로 들어가냐에 관심을 가지지만, 사실 이것은 주변적인 이야기입니다. 정말 중요한 메시지는 노예 상태의 인간, 죄 아래서 하나님과 분리되어 죽음에 이른 인간이 다시 하나님의 자녀로 변하는 것입니다. 파라오 안에서 노예가 된 인간을 위해서 파라오에게 저주를 내리고 노예에게 해방을 주시면서 하나님의 자제가 되는 그 과정이 중요한 것입니다.

또 성만찬이라는 것은 다른 것이 아닙니다. 여러분이 뭐 요만큼 떡 먹고, 포도주 조금 먹고, 그런 것은 다 후기의 일이고, 초기에는 유월절을 지킨 것입니다. 성경의 유월절은 우리가 추석을 지내는 것만큼 요란하게 크게 잔치를 합니다. 그래서 예수께서는 그 잔치를 지내기 위해서 당신은 집도 없고 안정된 배경이 없기 때문에 아무개 여유 있는 댁에 가서 '내가 가겠다'고 이야기하라고 하신 것입니다. 그래서 상을 크게 차려놓은 것입니다. 그리고 떡도 먹고 잔도 들면서 유월절 절기를 지켰습니다. 그런데 여러분, 여기에서 후에 '포도주가 예수의 피냐?' '기도하면 예수의 피가 된다!' 하면서 또 싸움이 일어났는데 사실 본래 의미는 그런 것에 있지 않습니다. 예수의 피와 살을 먹으라는 것은 예수와 같이 되라는 것입니다. 다시 말해서 예수께서 하나님의 아들이신 것 같이 우리도 하나님의 아들이 되라는 것입니다. 그때 우리가 예수의 혈육이 되는 것 아닙니까? 그래서 노예의 상태에서 하나님의 아들이 되는 그 과정을 그리고 있는데 그동안 우리는 자꾸 다른 문제에 한눈을 팔아서 잘못 보아온 것입니다.

5) 예수의 교훈을 다루었습니다. 이 주제에 관하여 여덟 가지 행복에 관하여 말씀드렸습니다. **가난한 자는 복이 있나니, 천국이 저희 것이요.** 여러분 이것을 얼핏 들으면 궤변이에요. 가난해지면 천국이 자기 것이다? 그래서 이게 지금 기독교인에게 잠재의식에 다 들어가 있습니다. 참 이상하게 들어가 있어요. 그래서 예를 들어 '내가 청빈해야 한다'라고 합니다. 청빈해야 복 받는다고 하는데 이거 다 틀린 소립니다. 본 의미는 천국이 저희 것이요 하나님의 아들이라 일컬음을 받는다는 것에 있습니다. 가난하면 복 받는다는 의미가 아닙니다.

사람들은 자꾸 여기에서의 복이 어떤 복이냐 하는데 마태복음에서 다 나오지 않습니까? 그래서 무엇을 먹을까, 무엇을 입을까 걱정하지 말라고 하셨어요(마태복음 6:25-34 참조). 그래서 하나님의 아들이 되고, 하늘나라의 백성이 되는 것을 행복으로 깨닫자는 것입니다.

6) 예수의 행적, 이 주제에 대해서는 안식일에 이런 일을 해야 되느냐, 안 해야 되느냐 하는 이야기를 살펴보았습니다. 유대교와 바리새파 사람들은 안식일 날 모든 일에서 쉬며, 일하지 말라고 합니다. 그러나 안식일의 본의는 일하지 말라는 것에 있는 것이 아닙니다. 부정적으로 이야기하는 것이 아니라 하나님의 아들로서 긍정적으로 주장하는 것입니다. 그래서 과거에 자연과 소외되었던 병, 인간과 인간이 소외되었던 적개심, 하나님과 멀어져서 우상을 섬기던 불신앙을 다시 하나로 회복해서 하나님 앞에 돌아오는 것입니다. 그러므로 예수께서 안식일에 병을 고쳐 주셔야 됩니다. 유대 사람은 안식일에 병 고치면 안 되는 줄 알아요. 그것을 예수께서 분간해 주신 것입니다. 예수의 행적에서 중요한 것은 구약에서 부정적으로 해석한 율법이냐 아니면 주

기도문에 의해서 긍정적으로 말씀하신 바와 같이 하나님의 뜻이 하늘에서 이룬 것 같이 땅에서도 이루자는 것이냐의 투쟁을 보여주는 것이었습니다.

7) 사도 바울의 입장에서 믿음과 소망과 사랑, 그 중의 제일은 사랑이라고 그랬습니다. 그런데 고린도전서 13장의 전체 말씀의 의미는 믿음이 곧 사랑이요 사랑이 곧 믿음이요, 이렇게 됩니다. 그래서 사랑은 어떤 것이라고 정하면서 하나하나 나누려고 하지 마세요. '에로스와 아가페?' 그렇게 꼭 나누지 마세요. 다 하나님이 하시는 일인데, 다른 것이 아닙니다. 장미꽃밭에서 속삭인다고 하면 다 에로틱한 겁니다. 그런데 찬송가에서 그렇게 사용하면 그건 괜찮고, 다른 데서 그렇게 하면 또 문제가 되는데, 사랑이란 그렇게 분리되는 것이 아닙니다.

하나님께서 자기 아들을 보내서 인간이 하나님과 이탈된 그 상태를 건너야 돼요. 그래서 예수는 죽음을 통과해야 되는데 그것은 육체의 죽음입니다. 그다음에 다른 사람도 아니고 제자들로부터 버림받아야 되었습니다. 그다음에 하나님에게 버림받아야 되었습니다. "왜, 나를 버리시나이까" 이 죽음의 과정을 건너서, 부활해 하나님의 첫 열매가 되어서, 하나님의 아들로서 다시 살아나는 겁니다. 그래서 우리 모든 믿는 자로 하여금 하나님의 자녀가 되게 하시고, 다시 또 우리로 하여금 하나님의 백성이 되게 하는 것입니다. 이것이 사랑의 의미입니다.

8) 믿는 자에게는 능치 못한 일이 없다는 말씀도 그렇습니다. '모든 것'이라는 용어 기억나시지요? 그건 하나님에게 속한 숫자입니다. '하나님이 모든 것을 하실 수 있다는 것을 믿는 자가 보리라' 이렇게

된 것인데, 우리말로 번역이 조금 이상하게 되어서 믿는 자가 다 할 수 있다는 식으로 오해가 된 것입니다. 그러므로 내가 믿으면 내가 능치 못한 일이 없다는 뜻이 아닙니다.

9) 앞으로 소망이 무엇이냐 하면 마지막 묵시록에 쓴 내용을 이야기하세요. 이것도 또 하나님의 이야기입니다. 인간의 이야기가 아닙니다. 요한묵시록을 봐도 3단계로 아주 묘하게 잘 쓰여졌습니다. 처음엔 구약의 두루마리로 나옵니다. 그런데 구약이 해석이 되어 있지를 않아요. 그래서 봉인이 된 것입니다. 그런데 이 봉인은 누가 개봉할 수 있느냐 하면 바로 하나님의 어린 양만이 열 수 있다는 것입니다. 그러니까 그리스도의 말씀으로 구약이 재해석된다는 겁니다. 그럼 재해석된다고 하면 무엇을 해석하느냐? 선지자들의 뜻을 해석하겠다는 것입니다. 이것이 바로 둘째 단계입니다. 셋째는 그것이 구체적으로 나올 때 무엇이 상정되느냐의 문제인데 바로 언약궤가 나옵니다. 그래서 세 번째 단계에서 언약궤가 나오는데 그것은 하나님이 우리의 아버지가 되고, 하나님이 우리를 백성으로 삼으시겠다는 그 언약이 실천되겠다는 것입니다. 그래서 묵시록이 3단계로 기록되었는데, 이 묵시록을 쉽게 여기지 마세요.

10) 욥기에서는 사탄이 하나님과 대결해서 욥을 시험합니다. 그래서 욥에게 아주 극한 재앙이 내렸습니다. 여러분, 이 욥기의 내부적인 줄기를 간단히 설명하자면 이렇습니다. 욥이 지금 친구가 셋이 찾아왔습니다. 사실은 친구가 셋이고, 젊은 사람이 한 명 와서 전체가 넷입니다. 이 사람들이 와서 욥과 이야기하면서 욥이 재앙을 받는다고 하

면 이게 결과이므로 원인을 찾았습니다. 결국은 욥이 죄를 지은 것이고 그것이 원인이라고 해석합니다. 친구들이 말한 것을 한마디로 이야기하자면 인과론(Causality)이고 또 정의에 따라 하나님은 의로우시니까 절대 인과의 비중은 차이가 나지 않을 것이라고 이렇게 전제하고 욥을 공격했습니다. 그런데 그때마다 욥이 대답을 아주 쉽게 합니다. 가령 악한 놈들도 세상에 잘 살았는데 그건 어떻게 말해야 하느냐는 것입니다. 인과론을 인과론으로 공격하니까 친구들이 당해내지를 못합니다. 하나님이 인과에 의해서 정확하게 정의롭다면 악인들이 벼락 맞아서 이 순간에 죽어야 되는데 오히려 왜 그렇게 잘 사냐는 것입니다. 그래서 욥은 하나님이 나타나면 왜 이렇게 하셨는지 묻겠다고까지 그랬어요. 그거 아주 용감성 있게 묻겠다고 그랬어요. 난 왜 벌을 받느냐고 하나님께 묻겠다는 겁니다. 그런데 얼마나 원통했는지 그런 말을 세 번이나 했습니다. 그래서 이 말을 기록하겠다고 했습니다. 서서 기록할 뿐 아니라 돌에다가 연으로 박아서 내가 죽어 뼈가 없어져도 하나님 보고 대답하시라는 겁니다. 정말 이건 하나님의 사람다운 용기입니다. 여러분도 신앙을 그렇게 가져야 됩니다. 하나님에게 비굴하지 마세요. 하나님도 비굴한 것 싫어하십니다. 그건 종이나 그러는 겁니다. 하나님의 자식이라면 당당하게 인품을 가진 인격이 되어야 합니다.

마지막에 욥에게 하나님이 나타나십니다. 그리고 '내가 너한테 먼저 물어보겠다'라고 하셨습니다. 물음으로 물음을 응답하신 것입니다. 마지막에는 욥도 몰라서 그랬노라고 고백을 하며 진심으로 용서를 구합니다. 여러분, 남의 문제 해결하려고 하지 마세요. 누가 아프다면 달려가서 주여, 낫게 해주십시오 하는데 당신이 하나님입니까? 병

나게 하신 것도 하나님인데…, 허튼소리 하지 마세요. 신앙이 이렇게 되면 문제가 심각한 겁니다. 신앙은 남의 문제 풀어주려는 것이 아닙니다. 그 사람이 하나님과 대면하게 해서 그 사람의 문제 자체가 성립되지 않는다는 것을 알게 해주는 것입니다. 즉, 해소되어 버리게 만들어야 됩니다. 기독교인들이 자꾸 어떤 답을 주옵소서 그러는데, 하나님이 왜 당신이 던진 문제에 답을 해야 하십니까? 문제를 던진 사람에게 하나님께서 잡혀야 됩니까?

11) 마지막에는 성경의 수(數)에 관하여 살펴보았습니다. 어떤 문제는 우리의 문제가 아니고 하나님의 문제라는 것을 알기 위해서 그랬습니다. 하나님의 문제라는 것 이제 아시겠습니까? "모든 것", "항상", "쉬지 말고", 이런 내용은 하나님밖에 감당 못 해요. 세상 끝의 일, 창조, 이런 것도 다 하나님에게 속한 문제입니다. 그래서 인간에게 속한 문제가 있고 하나님에게 속한 문제가 있다는 것을 성경의 수를 통해서 잘 구분하시고 바르게 적용하세요.

12) 여러분, 구약과 신약을 연결하고 그것이 맞느냐는 것을 보는데 이것을 논리학에서는 유사논법(Analogy)이라고 합니다. 성경에 유사논법이 많아요. 비유 같은 것이 좋은 예입니다. 성경에는 비유가 참 많아요. 그런데 이 비유를 해석하는데 몇 가지 주의해야 합니다.

성만찬하고 출애굽의 이야기가 연결되는 것이고, 천지창조와 성탄이 연결될 수 있는 것입니다. 상등(相等)하던가 전후에 있는 것은 같이 비교하세요. 가령 십계명하고 주기도문은 서로 상등한 것입니다. 그러니까 함께 볼 수 있습니다. 그러나 때로는 하나가 주(主)가 되고 하나가 종(從)이 됩니다. 유사논법 쓰는데 이러한 주종의 관계를 철저히 주의해야 합니다. 여러분에게 쉽게 사례를 이야기하자면 부활절에 목사님들이 이런 오류를 많이 합니다. 마치 달걀 안에서 병아리가 나오듯이, 그렇지 않으면 애벌레가 나비가 되듯이라고 하면서 부활을 설명합니다. 여러분, 조심하세요. 마치 애벌레에서 나비로 변하는 것 같이 그리스도도 죽었다가 부활하셨다고 하면 이해하시겠습니까? 여러분 어떤 것이 주가 되고 어떤 것이 종이 되었습니까? (청중 웃음) 여러분, 예수가 부활했다고 믿어야 할 근거가 무엇이 되는 것입니까? 누에 같아야 하기 때문에? 여러분 머리 안에 주종을 잘못 설정해 놓으면 큰일 납니다.

시편의 말씀으로 실험을 해 봅시다.

> 여호와는 나의 목자시니 내가 부족함이 없으리로다. 그가 나를 푸른 초장에 누이시며 쉴 만한 물가로 인도하시는도다. 내 영혼을 소생시키시고 자기 이름을 위하여 의의 길로 인도하시는도다(시편 23:1).

그렇다면 여호와가 목자란 말입니까? 성경을 머리 안에서 생각하면서 정신 차려 봐야 합니다. 어떤 말의 기본 전제를 전제해 놓고 하나님보고 대답하라는 식이 되면 안 됩니다. 아까 욥의 친구들이 어떻게 했어요. 하나님은 의로우니까 벌을 받는 놈은 반드시 죄를 지어서 벌을 받는다고 했습니다. 이건 욥의 친구들이 전제하고 나온 것입니다. 그러니까 이런 것에서 벗어나야 됩니다. 그러니까 함부로 하나님을 의롭다고 그러지 마세요. 하나님의 사랑이라고 그러지도 마세요. 하나님을 의에 예속시키고, 사랑에다가 예속시키는 것입니다. 제일 무서운 겁니다. 또 하나님은 믿음직하다? 믿음직하다는 것에다가 또 하나님을 예속시키지 마세요. 이걸 바로잡아 놓아야 됩니다. 그렇지 않으면 큰일 나요. 당신이 주인이고 하나님이 종이 되는 것입니다.

하나님께서 하시는 일이 바로 의로운 일입니다. 의로워서 하나님이 그 일을 하시는 것이 아닙니다. 하나님이 하신 것은 우리 신앙 입장에서는 의로운 일이고, 그것이 사랑스러운 일이고, 그것이 하나님의 뜻이고, 이렇게 되어야지 하나님의 뜻은 첫째 의로워야 되고, 둘째 공익이어야 되고, 셋째 깨끗해야 되고…, 이런 것은 다 인간이 만들어 낸 것입니다. 이거 큰일날 소리입니다. 여러분 여기에 빠지면 안 됩니다. 유사논법을 우리가 많이 쓰게 되는데 제발 어느 것이 주가 되고 어느 것이 종속되는지 분명히 분간해서 봐야 합니다.

내가 부족함이 없다고 했는데, 기도해도 목사 시험 다 떨어진다고 그럽디다. (청중 웃음) 어떻게 시험에 떨어질 수 있습니까? (청중 웃음) 또 미안하지만, 우리 기독교인들이 아이들 입학시키는데 보면 아주 재미있어요. 입학철에 연세대학 정문 앞에 별난 것이 다 붙습니다. 찰떡이 붙어 있지를 않나, 엿이 붙어 있지를 않나, 어떤 사람은 주여, 주여 그러면서 기도하는 사람도 있습니다. 이것은 모두 하나님이 전능하니까 기도하면 된다는 전제를 머리 안에 가지고 기도하는 것입니다.

여러분, 하나님이 안 하시는 일도 하나님 맘대로 하시는 것입니다. 우리가 뭔데 마음대로 구해서 필요한 대로 전제를 합니까? 그렇게 하면 하나님이 피동적이 되라는 것입니다. 하나님이 차등이 되는 것입니다. 그러면 하나님이 아니고 둘째님입니다. (청중 웃음) 꼭 기억하세요, 꼭. 그래서 성경을 읽을 때는 언제든지 하나님은 하나님으로 경외하세요. 그리고 우리는 그의 자녀가 되고 그의 나라의 백성이 되어야 합니다.

여러분, 예수에 관한 그림들 어떻게 그렸습니까? 한 손엔 양을 안고 다른 한 손에는 지팡이를 들고, 그 옆에는 냇가가 흘러요. (청중 웃음) 이건 종속적인 그림을 갖다가 본화에 붙여서 예수를 그려내는 것입니다. 여러분 이젠 무슨 말인지 아시겠어요? 다윗은 자기가 목자 출신이에요. 그러니까 자기가 다 해 본 일이에요. 그러니까 자신의 경험으로 하나님을 이해하려고 노력하는 겁니다. 그건 분간하셔야 됩니다. 그런데 다윗에게는 이게 타당해요. 왜냐? 자기가 직접 해 본 일이니까. 그러나 여러분, 양 키워봤어요? 그게 얼마나 고약한 놈인 줄 아세요? 착하고 순하고 깨끗하고 하는 것은 다 모르는 소리입니다. 사막 모래 밭에서 더러운 곳을 문지르고 다니다가 털은 엉켜 그 안에 더러운 것이 들어가고, 미안하지만 그 안에 별 오물이 다 섞여서 있습니다. (청중 웃음) 또 사람들 머리에 하나님은 수염도 달리고 이런 식의 생각으로 건너가요. 종속적인 그림에다 놓고, 본체를 생각하면 큰일 납니다.

> 내가 사망의 음침한 골짜기로 다닐지라도 해를 두려워하지 않을 것은 주께서 나와 함께 하심이라 주의 지팡이와 막대기가 나를 안위하시나이다 (시편 23:4).

내가 어려움을 당해도 주님이 나와 같이 있어서 어려움에서 벗어날 수 있다고 생각하면 완전히 또 종속적인 생각입니다. "내가 사막의 음침한 골짜기를 다닐지라도"가 무슨 말입니까? 내가 위험을 당한다고 해도 하나님이 양을 끌고 나오듯이 나를 끌고 나오겠다는 것입니까? 아닙니다. 이게 종속적인 생각입니다.

인간이 타락되었습니다. 죄악 안에 들어가지 않았습니까? 그리스도께서 하나님의 아들로 오셔서 죄 아래 있는 종에서 다시 하나님의 아들로 들어 올려주는 것입니다. 그런데 우리가 머리를 얻어맞으면 하나님이 철모를 씌워주고 때린 놈은 망치로 때려준다는 생각을 가지고 삽니다. 그래서 살아나려고 하는 기독교인같이 나약한 인간이 없어요. 살아나려고 하는 사람은 급하면 다 항복해요. (청중 웃음)

종속적으로 생각하지 말고 원래대로 생각하세요. 하나님의 구원사를 이 안에 쓰고 있는 것입니다. 다시 읽어보세요. 나로 하여금 푸른 초원에 눕게 하시고 물가에 인도하시도다? 너희는 입을 것, 먹을 것 걱정하지 말라고 했는데 여기 이 말씀이 우리 원하는 대로 해주겠다는 말씀입니까? 또 유대 땅에 푸른 잔디하고 잔잔한 냇가가 있는 줄 아십니까? 가보세요. 또 요단강 건너가 다시 만나리 그러는데 그 요단강이 넓은 줄 아세요? 청계천 만해요. (청중 웃음) 그거 뭐 건너가고 말고 할 것도 없어요. (청중 웃음) 여러분, 너무 상상으로 천당을 만들고 그러면 안 됩니다. 유대 사람은 우리의 한강 같은 복이 없어요. 유대 사람이 선민이라고 떠들지만 이런 복이 없어요. 혹시 기회가 있으면 이라크, 이란, 아프가니스탄, 파키스탄, 우즈베키스탄, 그런 곳에 가보세요. 가서 고생 죽도록 하다가 한국에 오면 정말 천국에 오는 감이 생겨요. (청중 웃음) 유대 지역은 호수가 생겨도 아래가 허옇습니다. 뭔 줄 아세요? 아래 다 소금이 있어요. 위에는 색깔이 벌겋게 됩니다. 가나안 복지라고 했습니까? 여러분, 냉정히 이야기합시다. 기독교인들 뭘 우습게 바라고 있습니까? 바라지 마세요. 기독교의 희망이 돈 벌기 위해 복권 당첨되는 그런 희망이 아닙니다. 다만 하나님의 아들, 하나님의 나라 거기에만 희망을 두세요.

주께서 내 원수의 목전에서 내게 상을 베푸시고 기름으로 내 머리에 바르셨으니 내 잔이 넘치나이다(시편 23:5).

자 여러분, 이걸 또 보세요. 아까 누가 이 말씀으로 북한선교 하겠다고 했습니까? 이북 사람들은 그 안에서 맞아 죽고 고통받는데, 다시 이거 읽어보세요. 이북에서는 죽을 때 머리에 기름 바른 사람이 드뭅니다. (청중 웃음) 똑똑히 성경 읽으세요. 그래서 자꾸 자기중심의 종속적인 것으로 구원사를 제한해서 해석하면 사고가 나는 것입니다.

나의 평생에 선하심과 인자하심이 정녕 나를 따르리니 내가 여호와의 집에 영원히 거하리로다(시편 23:6).

자, 이제 시편 23편의 주제가 무엇입니까? "하나님의 집에 영원히" 있겠다는 것입니다. 하나님의 나라에 가서 참여하는 것 아닙니까? 이것이 중심 메시지인데 이것을 유사논법의 종속적인 것으로 본형을 해석하려니까 여러 가지 오류가 생기는 것입니다. 이 점은 여기 여러분들이 학문하는 데 있어 참 조심해야 합니다. 종속적인 것으로 모델을 삼아 원형으로 접근해서 일반화하려고 하면 문제가 됩니다.

"하나님의 집에서 영원하게", 이것이 바로 다윗의 주제입니다. 그러므로 그 앞의 내용은 여기에 비추어 해석될 수 있는 것입니다. 그렇지 않으면 자기의 중심대로 다 각각으로 해석되어 결국은 종속적인 것에 예속됩니다. 그래서 믿는 자에게는 능치 못한 일이 없다는 말씀의 본래 의미도 하나님이 하시는 일에는 능치 못함이 없음을 믿는 자가 볼 수 있으리라는 것입니다. 그래서 내가 믿으면 능치 못한 일이 없다는 것이 아닙니다. 능치 못한 일이 없다는 것은 '전부'라는 것이며 그러므로 하나님의 수에 속하는 것입니다. 그것은 하늘의 숫자입니다. 그래서 시간적인 문제에 있어도 사람들이 그리스도께 언제 다시 오시냐고 물어보니까 하나님의 시간이니 우리는 알 수 없다고 하신 것입니다. 여러분, 기억하세요. 기독교인들이 쓸데없이 과장하고 쓸데없이 거만해지면 안 됩니다.

그래서 이걸 꼭 기억하세요. "네가 내 이름으로 기적을 행했고 예언을 하고, 귀신을 쫓아낸다고 해도, 널 결코 모른다"(마태복음 7:21-23)고 하셨습니다. 왜 모르느냐? 우리가 하나님의 자녀가 되었다는 것을 믿지 않고 종속적인 다른 것에다 마음의 중심을 두었기 때문입니다. 그래서 믿음으로 마귀를 쫓았다, 병을 고쳤다, 뭐 이런 것으로는 하나님 나라의 백성이 되지 못한다는 것입니다. 열 처녀가 등은 준비했는데, 어리석은 다섯 처녀는 예수님이 말씀하신 기름, 즉 긍정적인 내용은 준비하지 않았어요(마태복음 25:1-13). 여러분, 등이란 것은 다 형식적인 것입니다. 그러니까 그것으로는 불을 밝힐 수가 없습니다. 이런 점을 다 주의해서 읽어주세요.

여러분, 지난 열두 주일 동안 참 감사한 일입니다. 태풍이 불었지요. 장마가 있었지요. 하루도 평안할 날이 없었어요. 사실 여기 모인다는 것이 쉬운 일이 아닙니다. 그런데 우리가 이렇게 하나님의 말씀을 공부하는 것을 예정대로 마치게 되었다는 것은 참 감사한 일입니다. 그런데 여러분, 공부하는 것이나 여기 와서 배웠다는 것에서 감사하게 생각하지 마세요. 하나님의 아들이 되었다는 것으로 감사하고, 하나님의 나라가 이루어지는 것에 감사합시다. 자, 우리 다 함께 주님 가르치신 대로 기도합시다.

　　하늘에 계신 우리 아버지여,

　　이름이 거룩히 여김을 받으시오며,

　　나라가 임하옵시며

　　뜻이 하늘에서 이룬 것 같이 땅에서도 이루어지이다.

　　오늘날 우리에게 일용할 양식을 주옵시고,

　　우리가 우리에게 죄지은 자를 사하여 준 것 같이

　　우리 죄를 사하여 주옵시고,

　　우리를 시험에 들게 하지 마옵시고,

　　다만 악에서 구하옵소서.

　　나라와 권세와 영광이 아버지께 영원히 있사옵나이다.

　　아멘.

(2002년 9월 26일 연세대학교)